Astrid Christ
Martin Marktl

Alpe Adria Trail

Vom Großglockner nach Triest

Alle Etappen des AAT sowie der 3-Länder-Rundtour

ROTHER
BERGVERLAG

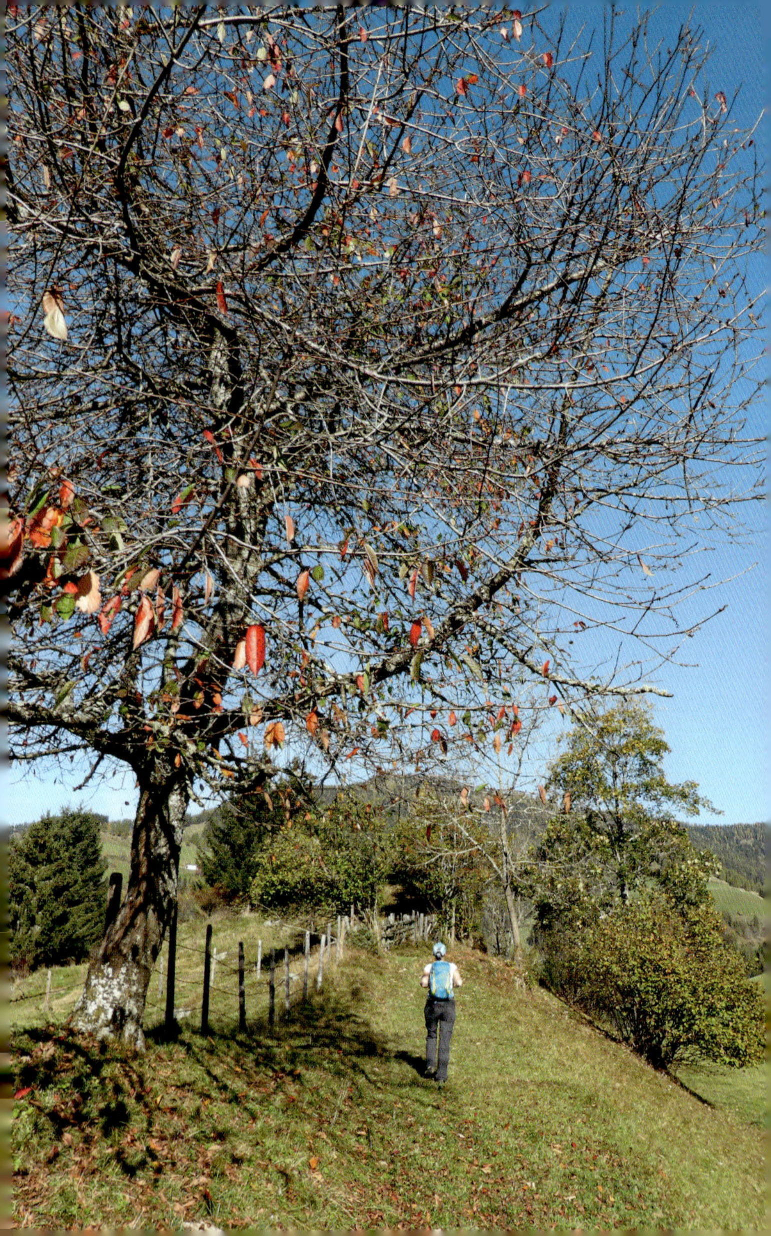

Vorwort

Etliche Jahre sind ins Land gezogen, seit wir uns 2012 auf der Franz-Josef-Höhe in das Abenteuer Alpe-Adria-Trail stürzten. Mehr als die Planungsunterlagen gab es damals nicht – und so waren wir 6 Wochen später die ersten Gesamtbegeher überhaupt. Eine Wegmarkierung war naturgemäß ebenfalls noch nicht vorhanden, doch das hat sich bis zur feierlichen Eröffnung 2013 natürlich geändert.

Alle drei Länderbüros waren hochmotiviert: Der Weg wurde markiert, dreisprachiges Infomaterial erstellt, die Wegführung endgültig festgelegt. Seither haben wir viele Tage auf dem AAT verbracht: Wegvarianten wurden begutachtet, Quartiere und Sehenswürdigkeiten besucht, neues Fotomaterial gesammelt.

Auch am Büchermarkt tat sich einiges. Derzeit gibt es in den Regalen drei Wanderführer zu diesem Trail. Auch englische Wanderliteratur ist inzwischen erhältlich, womit der Weg nun viersprachig beschrieben ist. Nicht zuletzt gibt es auch aus dem Projektbüro des Alpe-Adria-Trails ein Büchlein zum Weg, in dem sich – nach Etappenzielen sortiert – alle Partnerbetriebe des Projekts nachlesen lassen. Doch auch mit dieser Auflage bleiben wir die einzigen Autoren, die in der Region zu Hause sind und alles, was sich entlang des Weges tut, direkt mitbekommen.

Der Alpe-Adria-Trail ist insgesamt eine Wohlfühlstrecke, die es dem Wanderer ermöglicht, sich auf die Schönheiten am Wegrand zu konzentrieren. Genusswandern steht im Vordergrund, und getreu diesem Schlagwort passt es nur allzu gut zum Wegverlauf, dass es sich über die gesamte Strecke auch ganz gut essen und trinken lässt.

Und nicht nur darin unterscheidet sich der Trail von anderen Hüttentreks im Alpenraum: Wenn man auch tagsüber oft stundenlang keiner Menschenseele begegnet, so hat man doch am Abend die Gelegenheit, die Kultur einer Region kennenzulernen – sei es in einem ehemaligen Knappenhaus im Mölltal, das als Dorfwirtschaft weiterlebt, auf der gemütlichen Terrasse eines Privatvermieters im Sočatal oder bei einem Stadtspaziergang durch Cividale.

Es würde uns sehr freuen, von Ihren Reiseerlebnissen zu hören (Kontaktdaten am Ende des Buches), gleichzeitig bitten wir um Info, wenn im Buch etwas fehlt bzw. sich vor Ort etwas geändert hat. Darüber hinaus möchten wir uns für die vielen positiven Rückmeldungen und Anregungen bedanken, die uns auch bei dieser Auflage eine große Hilfe waren.

Wir wünschen Ihnen genauso viel Spaß unterwegs, wie wir ihn beim Verfassen dieses Buches hatten!

Kärnten, im Frühjahr 2023 — Astrid Christ und Martin Marktl

Unterwegs in den südlichen Ausläufern der Kärntner Nockberge (Etappe 15).

Inhaltsverzeichnis

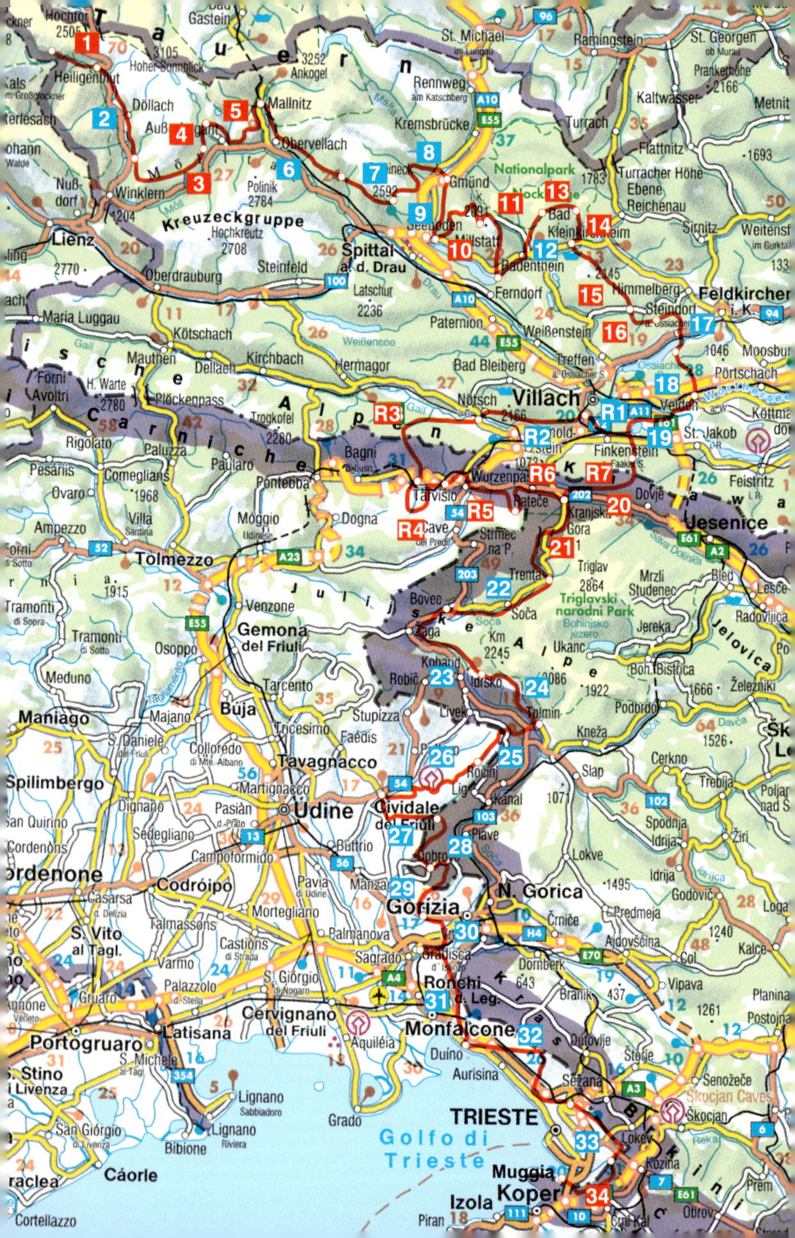

Hochtor
2505
Heiligenblut
Döllach
Winklern
Lienz
Hoher Sonnblick
3105
Ankogel
3252
Mallnitz
Obervellach
Polinik
2784
Kreuzeckgruppe
Hochkreutz
2708
Gastein
St. Michael im Lungau
Rennweg am Katschberg
Kremsbrücke
Gmünd
Nationalpark Nockberge
Seeboden
Millstatt
Spittal a. d. Drau
Radenthein
Bad Kleinkirchheim
Himmelberg
Steindorf a. Ossiacher S.
Feldkirchen i. K.
Ramingstein
St. Georgen ob Murau
Prankerhöhe
2166
Kaltwasser
Metnitz
Turrach
Flattnitz
Turracher Höhe
Ebene Reichenau
Sirnitz
Weitensfeld im Gurktal
Oberdrauburg
Steinfeld
Latschur
2236
Ferndorf
Paternion
Weißenstein
Maria Luggau
Kötschach
Mauthen
Dellach
Kirchbach
Hermagor
Weißensee
Bad Bleiberg
Treffen a. Ossiacher S.
Villach
Velden
Pörtschach
Moosburg
Köttmannsdorf
St. Jakob
Finkenstein
Feistritz
Forni Avoltri
H. Warte
2780
Plöckenpass
Trogkofel
2280
Nötsch
Dobratsch
2166
Rigolato
Paluzza
Paularo
Pontebba
Bagni di Lusnizza
Tarvisio
Wurzenpass
Rateče
Kranjska Gora
Dovje
Jesenice
Pesariis
Comeglians
Ovaro
1968
Villa Santina
Moggio Udinese
Dogna
Cave del Predil
Strmec na P.
Trenta
Triglav
2864
Triglavski narodni Park
Mrzli Studenec
Bled
Lesce
Radovljica
Ampezzo
Forni di Sotto
Tolmezzo
1915
Tramonti di Sopra
Tramonti di Sotto
Venzone
Gemona del Friuli
Osoppo
Bovec
Žaga
Soča
Krn
2245
Bohinjsko jezero
Ukanc
Jereka
Boh. Bistrica
Jelovica
1666
Železniki
Meduno
Tarcento
Kobarid
Robič
Idrsko
2086
1922
Podbrdo
Maniago
Majano
Buja
Tricesimo
Stupizza
Faedis
Livek
Tolmin
Kneža
Davča
1526
Spilimbergo
S. Daniele del Friuli
Colloredo di Mte. Albano
Tavagnacco
Pulfero
Ročinj
Slap
Cerkno
Trebija
Poljane nad Š.
San Quirino
Dignano
Pasian di Prato
Martignacco
Udine
Cividale del Friuli
Kanal
1071
Spodnja Idrija
Žiri
Cordenons
Sedegliano
Campoformido
Buttrio
Plave
Lokve
Idrija
Pordenone
Casarsa d. Delizia
Codróipo
Pavia di Udine
Mortegliano
Manzano
Dobrovo
N. Gorica
1495
Godovič
Logatec
Gorizia
Predmeja
Črniče
1240
S. Vito al Tagl.
Talmassons
Castions di Strada
Palmanova
Sagrado
Gradisca d'Isonzo
Ajdovščina
Col
Kalce
Varmo
Palazzolo d. Stella
S. Giorgio di Nogaro
Ronchi d. Leg.
Dornberk
643
Branik
437
Vipava
Planina
Gruaro
Cervignano del Friuli
Aquileia
Monfalcone
Dutovlje
1261
Postojna
Portogruaro
Latisana
S. Michele al Tagl.
Duino
Aurisina
Štorje
Senožeče
S. Stino di Livenza
Sežana
Škocjan Caves
Škocjan
Lignano Sabbiadoro
Lignano Riviera
Grado
TRIESTE
Lokev
Reka
San Giorgio di Livenza
Bibione
Golfo di Trieste
Kozina
Prem
Eraclea
Cáorle
Muggia
Koper
Izola
Piran
Črni Kal
Obrov
Cortellazzo
Tauern
Karnische Alpen
Karawanken
Julijske Alpe
Alpi Giulie
Kras
Brkini
Drau
Gail
Möll
Soča
Tagliamento
Idrijca
Baca
Sava Dolinka
Wörthersee
Ossiacher See
Millstätter See
1
2
3
4
5
6
7
8
9
10
11
12
13
14
15
16
17
18
19
20
21
22
23
24
25
26
27
28
29
30
31
32
33
34
R1
R2
R3
R4
R5
R6
R7
A10
E55
A11
E61
A2
A23
A4
A3
E70
H4

Allgemeines

Anforderungen

Obwohl die Topografie der einzelnen Etappen unterschiedlicher nicht sein könnte, folgt der Alpe-Adria-Trail durchwegs guten, sicheren Wegen. Wer immer am Weg bleibt, hat bei normalen Wetterbedingungen keine technisch anspruchsvollen Stellen zu befürchten und benötigt daher auch keine Ausrüstung, die über das übliche Gepäck für eine Mittelgebirgswanderung hinausgeht. Allerdings stellen einige Etappen hinsichtlich Kondition und Ausdauer größere Ansprüche als andere. Hinweise zu einzelnen Passagen, die etwas Trittsicherheit erfordern oder beispielsweise bei Nässe gefährlich rutschig sein können, sind unter »Anforderungen« im Infoblock zur jeweiligen Etappe aufgelistet. Grundlegende Fitness und Kondition werden vorausgesetzt, weshalb auch tagesfüllende Touren mitunter in die Kategorie »blau« fallen. Gleichzeitig erlaubt das dichte Netz an öffentlichen Verkehrsmitteln und Ruftaxis vor allem im Kärntner Abschnitt ein beinahe beliebiges Anpassen der Tourenlänge an die eigenen Vorstellungen. Abstecher in die Gipfelregionen der beiden Nationalparks fallen in höhere Schwierigkeitsgrade.

Symbole und Abkürzungen

Symbole

- Ort mit Einkehrmöglichkeit
- bewirtschaftete Hütte, Gasthaus
- Übernachtungsmöglichkeit
- unbewirtschaftete Hütte
- Campingplatz
- Busanschluss
- Bahnanschluss
- Schiffsanlegestelle
- Seilbahn / Sessellift
- P eingerichteter Parkplatz
- † Gipfel
-)(Pass, Sattel
- Aussichtspunkt
-)(Brücke
- Kirche, Kapelle
- Burg, Schloss, Ruine
- archäologische Stätte
- Picknickplatz
- Abzweig links / rechts
- Bademöglichkeit
- Quelle

Abkürzungen

AAT	Alpe-Adria-Trail
f&b	Freytag & Berndt (Karten)
K	Kompass (Karten)
T	Tabacco (Karten)
SP / SS	Strada Provinciale / Statale (ital. Provinz- / Staatsstraße)
T I	Tourismusinformation

Etappenübersicht

Etappe (Werte gerundet)		Strecke (km)	Gehzeit (Std.)	Auf-/Abstieg (Hm)
Franz-Josefs-Höhe – Gmünd (149 km)				
1	Franz-Josefs-Höhe – Heiligenblut	13	5.00	140/1230
2	Heiligenblut – Mörtschach	18,5	5.30	400/740
3	Mörtschach– Stall	22	7.30	1050/1150
4	Stall – Innerfragant	18,5	7.30	1100/900
5	Innerfragant – Mallnitz	21,5	7.30	1170/1050
6	Mallnitz – Danielsberg	18,5	6.30	480/700
7	Danielsberg – Hühnersberg	20	6.10	670/620
8	Hühnersberg – Gmünd	16	4.00	220/500
Gmünd – Bad Kleinkirchheim (111,5 km)				
9	Gmünd – Seeboden	14,5	4.30	350/470
10	Seeboden – Alexander Alm	21	7.45	1600/430
11	Alexander Alm – Döbriach	25,5	7.30	580/1740
12	Döbriach – Erlacherhaus	17	5.30	1060/50
13	Erlacherhaus – Falkerthaus/Lärchenhütte	14,5	5.30	830/910
14	Falkerthaus – Bad Kleinkirchheim	18,5	9.00	1200/1670
Bad Kleinkirchheim – Kranjska Gora (109 km)				
15	Bad Kleinkirchheim – Arriach	19	7.00	1200/1330
16	Arriach – Gerlitzen	15	5.30	1210/200
17	Gerlitzen – Ossiach	16	5.30	120/1520
18	Ossiach – Velden	17,5	5.30	600/660
19	Velden – Baumgartnerhof	21	5.45	550/80
20	Baumgartnerhof – Kranjska Gora	21	8.30	1150/1260
Kranjska Gora – Cividale (129 km)				
21	Kranjska Gora – Trenta	22,5	8.30	920/1120
22	Trenta – Bovec	20	6.00	200/360
23	Bovec – Drežnica	22	7.30	550/470
24	Drežnica – Tolmin	21,5	7.30	820/1160
25	Tolmin – Tribil di Sopra	19,5	7.45	1340/900
26	Tribil di Sopra – Cividale	24,5	7.15	550/1050
Cividale – Muggia (168,5 km)				
27	Cividale – Golo Brdo	13	3.45	150/100
28	Golo Brdo – Šmartno	26,5	7.45	750/680
29	Šmartno – Cormons	15	5.00	430/640
30	Cormons – Gradisca	20	5.00	230/250
31	Gradisca – Duino	27,5	7.30	650/640
32	Duino – Banne	30,5	8.15	690/370
33	Banne – Bagnoli della Rosandra	28	8.30	400/690
34	Bagnoli della Rosandra – Muggia	23,5	8.15	950/1010

3-Länder-Rundtour (139,5 km)				
R1	Baumgartnerhof – Warmbad Villach	16	4.15	130/550
R2	Warmbad Villach – Nötsch/Feistritz	22,5	6.00	360/260
R3	Nötsch/Feistritz – Camporosso	19	7.45	1320/1090
R4	Camporosso – Tarvisio	24,5	8.30	1060/1150
R5	Tarvisio – Rifugio Zacchi	20	7.15	1180/530
R6	Rifugio Zacchi – Kranjska Gora	16,5	6.00	500/1070
R7	Kranjska Gora – Baumgartnerhof	21	8.45	1300/1190

Jede Etappenbeschreibung ist durch eine Farbe gekennzeichnet, die eine Einschätzung des Schwierigkeitsgrades ermöglicht. Es bedeuten:

Leicht Gut markierte Wanderwege, die keine Bergerfahrung verlangen und auch bei schlechtem Wetter relativ gefahrlos von Familien mit Kindern begangen werden können. Gutes Schuhwerk und eine gewisse Ausdauer sind allerdings für diese Touren notwendig.

Mittel Etappen im alpinen Gelände mit einzelnen schwierigeren Stellen. Es handelt sich meist um schmale Pfade und Steige, die auf kurzen Passagen auch mal etwas ausgesetzt sein können. Trittsicherheit und etwas Bergerfahrung sind deshalb Voraussetzung, außerdem ist Kondition und ein gutes Orientierungsvermögen erforderlich.

Etappenübersicht

Um Ihnen die Planung Ihrer Tour zu erleichtern, haben wir den Weg in einwöchige Teilstücke aufgeteilt (siehe Tabelle links). Unter »Anreise« (ab Seite 24) finden Sie weiterführende Informationen dazu, wie die vorgeschlagenen Startpunkte am besten zu erreichen sind.

Gehzeit

Alle Gehzeiten verstehen sich ohne Pausen. Individuelle Faktoren wie Gruppengröße, Gepäck, Wetterlage und nicht zuletzt die eigene Kondition sind natürlich ebenfalls zu berücksichtigen.

Die Gehzeit basiert auf den Normwerten der DIN 33466, sodass jeder nach den ersten Etappen eine gleichbleibende persönliche Abweichung berücksichtigen kann. Die DIN geht bei geraden Wegen von 4 Marschkilometern pro Stunde

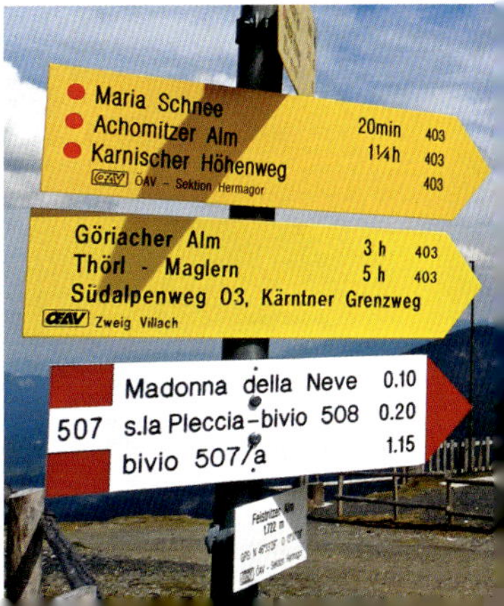

Wer Italienisch kann, spart sich 10 Minuten.

GPS-Tracks und Koordinaten der Ausgangspunkte

Auf **gps.rother.de** stehen zu diesem Wanderführer GPS-Tracks und die Koordinaten der Ausgangspunkte zum kostenlosen Download bereit. Dieser QR-Code führt direkt zum Download.

5. Auflage, Passwort: **443105mur**

Die GPS-Tracks können in die **Rother App** importiert werden. In der App kann man unterwegs stets sehen, wo man gerade ist und wo es langgeht. **Anleitungen dazu: rother.de/gps**

Trotz sorgfältiger Prüfung können wir Fehler und zwischenzeitliche Veränderungen nicht ausschließen. Verlassen Sie sich für die Orientierung niemals einzig und allein auf die GPS-Daten, sondern beurteilen Sie die Verhältnisse vor Ort.

aus. Für je 300 Höhenmeter im Aufstieg bzw. 500 Höhenmeter im Abstieg kommt eine halbe Stunde hinzu. Diese Werte haben wir mit unseren eigenen Gehzeiten abgeglichen und die Wegbeschaffenheit berücksichtigt. Vor allem im Hochsommer raten wir zu einem möglichst frühen Aufbruch, um so der Hitze auszuweichen und die Gefahr durch Wärmegewitter zu minimieren.

Wegenetz und Markierungen

Der Wegverlauf des Trails wird in allen drei Ländern durch das einheitliche Logo kenntlich gemacht. Bei den Kärntner Abschnitten handelt es sich bei der Beschilderung in der Regel um quadratische Tafeln, die meist auch mit Pfeilen die weitere Marschrichtung anzeigen. Entlang des Weges wurden im Zuge der Wegmarkierung auch offizielle Start- und Endpunkte mit Informationen zur Region installiert. Das Buch folgt bis auf wenige Ausnahmen, wo uns eine andere Einteilung vorteilhafter erschien, dieser Etappengliederung. Die Wanderungen enden dabei in vielen Fällen bei der Tourismusinformation, wo sich die Quartierfrage besser klären lässt.

ALPE ADRIA TRAIL®

Wie bei Weitwanderwegen üblich, bedient sich der Alpe-Adria-Trail bereits existierender, regionaler Wege. In den Etappen wird stets auf deren Wegkennung bzw. -nummer hingewiesen. Es kommen daher oft Aufkleber zum Einsatz, die die Beschilderung dieser Wanderwege ergänzen. Hin und wieder sieht man das (gemalte) Logo auch auf Baumstämmen – doch meist erst recht spät, da die Farben sich in Wald und Wiese vom Umland nicht gut abheben.

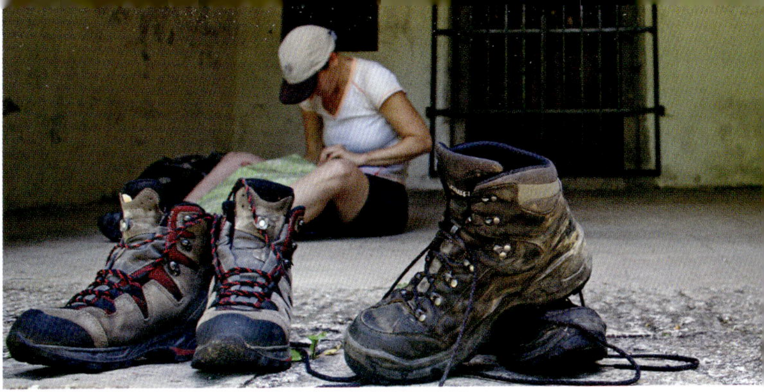

Pause bei der Kirche St. Nicolò (Etappe 26).

Das Projektbüro des Alpe-Adria-Trails bietet eine Übersicht über gesperrte Wegabschnitte. Die Tabelle ist unter alpe-adria-trail.com zu finden
Wichtiger Hinweis: Alle Markierungsarbeiten sowie die genaue Wegführung liegen in den Händen der jeweils zuständigen lokalen Tourismusorganisation. Es kann aus diesem Grund vor Ort zu Änderungen des Wegverlaufes kommen. Bei Abweichungen von den Tourenbeschreibungen in diesem Buch oder vom GPS-Track ist in der Regel der lokalen Markierung der Vorzug zu geben. Außerdem ist die Qualität der Markierungen unterwegs sehr unterschiedlich, sodass wir ausdrücklich die Mitnahme eines GPS-Gerätes bzw. eines Smartphones mit entsprechender App oder von exaktem Kartenmaterial (siehe Seite 27) empfehlen!

Tipps für die Ausrüstung

- Nicht allzu schwere Trekkingschuhe (Bezeichnung im Fachhandel: Kategorie A–B) mit guter Dämpfung
- Trekkingsocken (im Zweifelsfall haben dickere Socken bei langen Touren die besseren Trageeigenschaften)
- Zip-Off-Trekkinghose
- Funktionsunterwäsche
- Funktions-Shirts bzw. Wanderhemden kurz und lang
- Dünner Fleecepullover (100 g/m^2)
- Wanderjacke (Softshell)
- Regenschutz
- Mütze, Handschuhe
- Leichte Freizeitkleidung inkl. Schuhe für den Abend
- Evtl. Badekleidung
- Rucksack und Regenüberzug (ca. 40 l Fassungsvermögen sind normalerweise ausreichend; mit Fotoausrüstung bis 65 l)

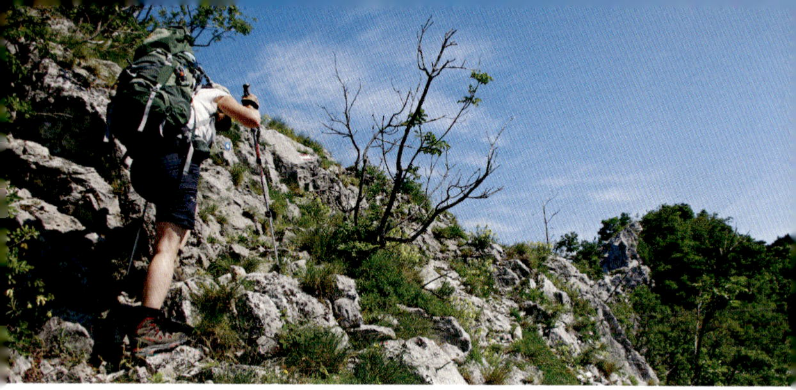

Am Cippo Comici (Etappe 34).

- Trinkbeutel, Faltbecher
- Teleskopstöcke
- Erste-Hilfe-Set, Medikamente
- Waschzeug, Sonnenschutz
- Reisedokument, Bankomat- und Kreditkarte, Bargeld
- Karten, Wanderführer, GPS- und Ladegerät, evtl. Kompass
- Mobiltelefon, Ladegerät
- Taschen- oder Stirnlampe
- Persönliche Gegenstände und »Krimskrams« wie z.B. Müsliriegel, Taschenmesser, Nähzeug, Fotoausrüstung, Tagebuch ...

Gefahren / Notrufnummer

Obwohl die Wegführung durchwegs sicheren Straßen, Wegen oder Steigen folgt, gelten die üblichen Vorsichtsmaßnahmen für Wandertouren, insbesondere bei unsicherer Wetterlage. Selbst im Hochsommer sind Schneefälle in den alpinen Regionen sowie Gewitter nicht auszuschließen. Eine genaues Bild über die zu erwartende Wetterlage ist daher unerlässlich. (Nähere Hinweise auf besonders exponierte Bereiche finden sich bei den jeweiligen Etappen.)
In der Wegbeschreibung haben wir den Verlauf so skizziert, dass er gegebenenfalls auch bei schlechter Sicht nachvollziehbar ist. Die Mitnahme eines Kompasses ist dafür empfehlenswert, da wir bei fehlender Beschilderung den Weg unter anderem anhand der einzuschlagenden Himmelsrichtung beschreiben.
Einzelne Abschnitte des AAT zählen zum Verbreitungsgebiet von Zecken. Einer durch Zeckenbiss übertragenen FSME-Infektion kann man durch eine Schutzimpfung vorbeugen. Dabei sind gegebenenfalls die Vorlaufzeiten der Grundimmunisierung zu berücksichtigen (Infos unterzecken.at).
In allen drei Ländern wählt man in Notfällen die Euro-Notrufnummer 112.

Die Highlights entlang des Alpe-Adria-Trails

Eiszeit

Bereits auf den ersten Metern der knapp 800 km langen Reise zeigt sich uns ein unvergessliches Bild. Der imposante Pasterzengletscher liegt – eingerahmt von der Hochgebirgskette des Glocknermassivs – eindrucksvoll zu unseren Füßen (Etappe 1).

Bio-Hüttenübernachtung

Hoch über dem Millstätter See wartet eine ganz besondere Nächtigungsmöglichkeit auf uns. Die Bio-Sennerei Alexander Alm bietet ein reiches Sortiment an bäuerlichen Produkten aus eigener Produktion. Unbedingt probieren: Kaiserschmarrn mit Apfelmus (Etappe 10)!

Rausch der Almen

Zu den großen Momenten in Kärnten zählt in den frühen Sommermonaten (Juni–Juli) eine Wanderung durch die kräftig roten Wiesen der blühenden Alpenrose, auch Almrausch genannt. Besonders in den Nockbergen bieten sich vielfältige Fotomotive (Etappen 11–14).

Niedrigpuls am See

Wiederholt haben wir unterwegs die Chance, direkt an einem der Kärntner Gewässer die ersten oder letzten Minuten des Tages zu erleben. Denn die Etappenziele Seeboden, Döbriach, Ossiach und Velden liegen alle direkt am See. Wer sich zur richtigen Zeit mit dem Fotoapparat auf einen Steg setzt, wird es nicht bereuen (Etappen 9, 11, 17, 18).

Prädikat »Smaragd«

Immer der türkisfarbenen Soča entlang: Der Weg von Trenta nach Bovec gehört zu den Dingen, die man einmal im Leben gemacht haben muss! Mehrmals wird der Fluss auf spektakulären Hängebrücken überquert. Und unter den Füßen zwängen sich die Fluten durch den engen Canyon (Etappe 22).

Ganz entspannt

Slowenisch-italienische Gastfreundschaft, gepaart mit kulinarischen und önologischen Genüssen – so lässt sich der Aufenthalt in den Weinbergen von Collio und Brda zusammenfassen. Wer die Chance verstreichen lässt, einen oder mehrere Abende in den kleinen Dörfern am Weg zu verbringen, hat etwas verpasst! Besonders gut gefallen hat es uns in Drežnica und in Tribil di Sopra (Etappen 23, 25).

Einsamer Karst

Eine unerwartet bizarr-schöne Landschaft versüßt das nahe Ende der Reise. Nur durch einen letzten Bergkamm von der Adria entfernt befindet sich das versteckte Rosandra-Tal. Eine wilde Vegetation, eingebettet zwischen steilen, schroffen Felswänden, lässt völlig vergessen, dass man hier nur wenige Kilometer von Triest entfernt ist (Etappe 34).

Kurz & gut

Der einwöchige Dreiländer-Rundweg vereint das Beste aus allen Welten. Neben dem Streifzug durch die Kulturlandschaften der Länderpartner besuchen wir die Berge der Karnischen und Julischen Alpen. Und beschließen die Runde mit einer Überquerung des Karawankenhauptkammes (Rundtour R 1–R 7).

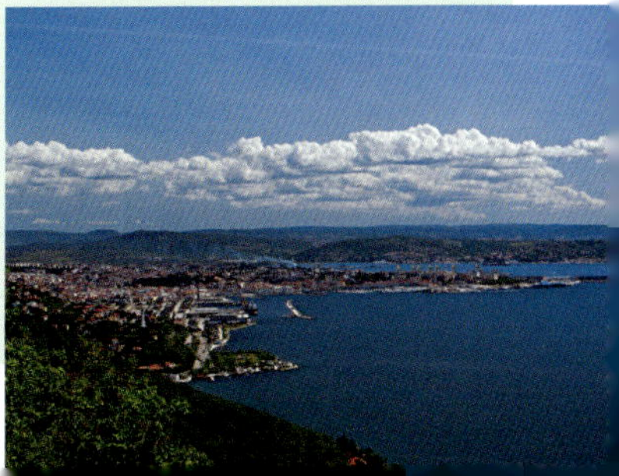

Blick auf Triest.

Natur und Umwelt

Kärnten

Das südlichste Bundesland Österreichs umfasst mit einer Fläche von rund 9500 km² elf Prozent des Staatsgebietes und stellt mit 560.000 Einwohnern den sechstgrößten Bevölkerungsanteil. Das Gebirgsland Kärnten lässt eine flächendeckende landwirtschaftliche Nutzung in den westlichen Landesteilen nicht zu. Trotzdem ist der Anteil der Landwirtschaft in extremen Steillagen nirgendwo so hoch wie in den Hohen Tauern, wobei die Internationalisierung der Nahrungsmittelversorgung auch hier zur Aufgabe von Grenzertragsstandorten geführt hat.
Kärnten ist ein Transitland, geprägt durch einen schrägen Durchgang, der in seiner gesamten Ausdehnung vom Baltikum zum Mittelmeer reicht. Daneben führt die einzige bedeutende Nord-Süd-Verbindung östlich des Brennerpasses durch das Land. Villach ist daher eine der Drehscheiben des europäischen Fernverkehrs. Die relative Abseitslage des Landes wurde bereits Anfang des 20. Jahrhunderts mit dem Bau der Tauernbahnlinie kompensiert. Die Bahn ermöglichte den besseren Warenaustausch mit Deutschland, das nach der Grenzziehung zu Jugoslawien und Italien als Folge des Ersten Weltkrieges zum wichtigsten Handelspartner Kärntens aufstieg.
Entlang der gesamten Landesgrenze Kärntens bilden Gebirgszüge die natürliche Grenze zu den Nachbarn. Im Westen sind dies die Glockner- und Schobergruppe. Ein einziger befahrbarer Tauernübergang überwindet hier das Hochgebirge, und auch das nur in den Sommermonaten: Die Großglockner-Hochalpenstraße kommt an ihrer höchsten Stelle am Hochtor über 2500 Höhenmeter hinaus.
Auf der Großglockner-Hochalpenstraße beginnt auch der Alpe-Adria-Trail. Sein weiterer Wegverlauf führt hinab ins Mölltal, durchquert dieses fast in seiner gesamten Länge, um über Gmünd ins Nockgebiet zu wechseln. Die Nockberge sind der südwestliche Anteil der Gurktaler Alpen, sie reichen bis ins Mittelkärntner Seenland. Ossiacher See, Wörther See und Faaker See sind daher auch die charakterisierenden Landschaftselemente im letzten Drittel des Kärntner Abschnittes.
Wenn Kärnten allerdings manchmal als »Land der Seen« bezeichnet wird, dann nicht wegen des Anteils der Wasserflächen an der Gesamtfläche, sondern weil auf relativ kleinem Gebiet eine große Zahl vielgestaltiger Seen vorhanden ist. Die Wasserfläche aller stehenden Gewässer des Landes beträgt 60 km², davon haben allein die vier großen Seen (Wörther See, Millstätter See, Ossiacher See, Weißensee) einen Anteil von 50 km².
Die Einbettung der Gewässer in die fotogene Gebirgslandschaft trägt ihr übriges zur Beliebtheit der Seen bei. Immerhin liegen von den 1270 stehenden Gewässern allein 630 in einer Höhenlage über 1000 m. Darüber hinaus lie-

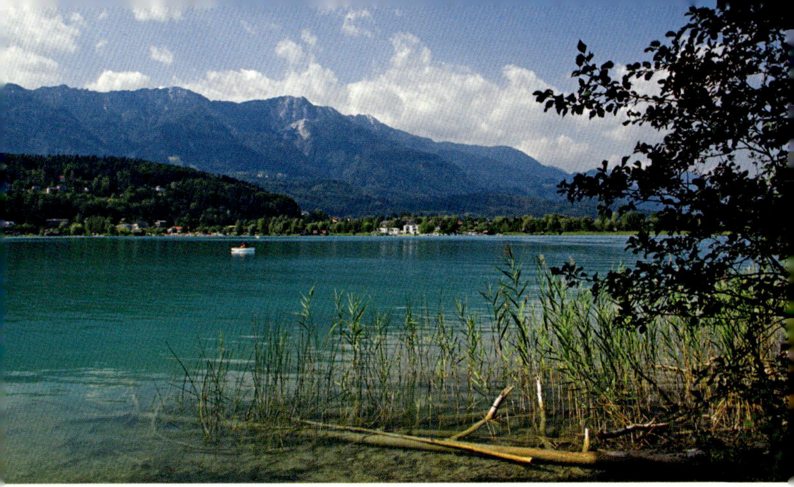

Abstecher auf die Insel im Faaker See.

gen fast alle Seen Kärntens abseits der Hauptentwässerungslinie, was eine vergleichsweise langsame Wassererneuerung zur Folge hat. So kann sich an der Oberfläche der Seen eine etwa 5–8 m tiefe Warmwasserschicht bilden, die in Ufernähe nach langen Schönwetterperioden Temperaturen von 26–28 °C erreichen kann.

Die Fauna entlang des Alpe-Adria-Trails ist in erster Linie von den reichen Waldbeständen des Landes (60 Prozent der Gesamtfläche) geprägt. Der Untergrund entlang unseres Weges ist zumeist Silikatgestein. In Mittelkärnten (Ossiacher Tauern, Hügelland um Velden) würden hier von Natur aus Buchen wachsen, die jedoch durch menschlichen Einfluss zurückgedrängt wurden. An ihrer Stelle findet man hier wie auch im Nockgebiet und den Hohen Tauern schon vom Talboden an Fichtenbestände.

Die gegenwärtige Waldgrenze ist vielerorts das Resultat jahrhundertelanger Almnutzung. Seit dem Mittelalter wurden Waldflächen in Weideflächen für das Vieh verwandelt und auf Wiesen Almheu für den Winter gemäht. In der Folge wurde die Waldgrenze je nach Gelände um bis zu 300 Höhenmeter herabgesenkt. Im Nockgebiet finden sich auf diesen Flächen baumfreie Zwergstrauchbestände aus Alpenrosen (»Almrausch«) und überweidete, nährstoffarme Rasenflächen. Rund um Ställe hingegen verursachte Viehdung eine starke Stickstoffanreicherung. Die überdüngten Flächen sind an den dichten Alpenampferbeständen erkennbar.

Neben den Flächen, die in Tallagen für den Ackerbau genutzt werden, findet man im Westen des Landes vorwiegend Mähwiesen bzw. sogenannte Grasäcker zur Heugewinnung.

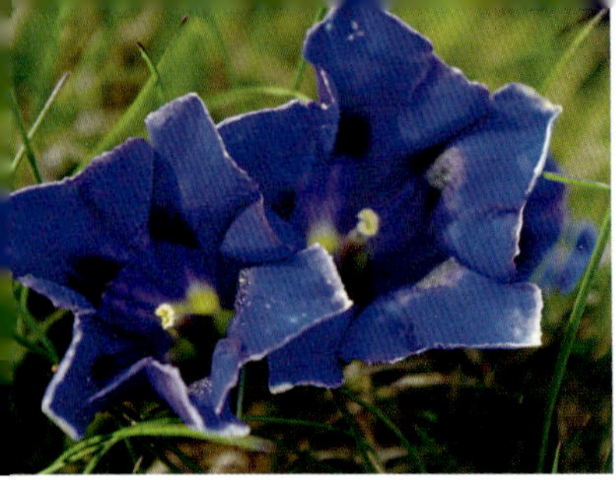

Enzian.

Rund 15.000 Tierarten sind in Kärnten bekannt. In der alpinen Stufe finden wir Gämsen, Steinböcke, Schneefinken, Käuze, Murmeltiere und Steinböcke. Rehe und Hirsche lassen sich unterhalb der Waldgrenze öfter sehen, andere weit verbreitete Alpentiere wie Marder oder Schneehuhn zeigen sich seltener.
In der Waldstufe findet man den unter Naturschutz stehenden Alpenbock mit seinen für einen Käfer auffallend langen Fühlern. Zu den häufigsten Brutvögeln Kärntens zählen Hauben- und Tannenmeise, die überall vorkommen, wo es Nadelwälder gibt.

Der Triglav-Nationalpark in Slowenien

Der 2864 Meter hohe Triglav steht mit seinem Namen Pate für den einzigen Nationalpark Sloweniens. Er ist Nationalsymbol, Teil der Landesflagge und Schicksalsberg der Einheimischen: Eigentlich gilt nur der als echter Slowene, der zumindest einmal im Leben den Gipfel erklommen hat. Imposant ist vor allem die Nordwand, die mit ihren rund 1500 Höhenmetern zu den höchsten Wänden der Ostalpen zählt. Sie und der markante Gipfelaufbau sind verantwortlich dafür, dass sich der Triglav bereits vom ersten Gipfel des Alpe-Adria-Trails (Tschiernock) aus leicht identifizieren lässt.
Auf rund 840 km² umfasst der umliegende Nationalpark den gesamten slowenischen Anteil der Julischen Alpen und schließt somit im Nordwesten an die Mangartgruppe an, die bereits zum italienischen Teil der »Julier« zählt. Das italienisch-slowenische Grenzgebiet der Julischen Alpen ist Teil des Drei-Länder-Rundweges.
Im Nationalpark befindet man sich inmitten schroffen Kalkgesteins. Nur eine Straße durchquert den Park; so ist es möglich, über die Route Kranjska Gora – Vršič-Pass – Trenta – Bovec das Gebirge von unterschiedlichsten Startpunkten aus zu Fuß zu erkunden. Dabei gilt es, die strengen Naturschutzauflagen einzuhalten. Belohnt wird man dafür mit einer der ursprünglichsten Naturlandschaften der Alpen!
Die äußerst reichhaltige Pflanzenwelt der Region weckte bereits im 18. Jahrhundert das Interesse der Wissenschaft und leistete so der Erschließung der hiesigen Bergwelt Vorschub. Etliche endemische, also nur hier vorkommende Pflanzen gibt es zu entdecken, wie den Schmalblättrigen Eisenhut oder die Felsaugenwurz, beide im südlichen Teil der Julier beheimatet. Andere, wie der Julische Alpenmohn oder der Triglav-Enzian, tragen ihr lokal begrenztes Vorkommen bereits im Namen. Viele der streng geschützten Pflanzen lassen sich im Alpengarten Juliana südlich der Mlinarica-Klamm bewundern.

Der Umwelt zuliebe ...

Auch beim Wandern hinterlassen wir einen ökologischen Fußabdruck, aber im Einklang mit der Natur unterwegs zu sein, ist gar nicht so schwer!

VORBEREITUNG UND ANFAHRT

- Sich vorab informieren, worauf in Bezug auf Natur und Umwelt in der jeweiligen Wanderregion besonders zu achten ist.
- Soweit möglich mit Bahn und Bus anreisen, Wander- und Rufbusse nutzen.
- Ist eine Anfahrt mit dem Auto nötig, Fahrgemeinschaften bilden.
- Bei weiten Anfahrten Mehrtagestouren planen oder von einem Quartier vor Ort aus mehrere Touren absolvieren.
- Flugreisen möglichst reduzieren und durch Beiträge zu Klimaschutzprojekten kompensieren.

KLEIDUNG UND AUSRÜSTUNG

- Beim Kauf von Outdoor-Kleidung auf umweltfreundliche und faire Herstellung achten und Kleidungsstücke möglichst viele Jahre nutzen.
- Ausrüstung kann man eventuell auch gebraucht kaufen oder ausleihen.
- Reparieren statt neu kaufen.

VERPFLEGUNG

- Beim Einkauf Bio-Ware, regionale und saisonale Erzeugnisse bevorzugen.
- Hütten und Gasthäuser auswählen, die regionale Produkte verwenden.
- Auf Einwegflaschen und Plastikverpackungen verzichten, stattdessen wiederverwendbare Trinkflaschen und Brotzeitboxen benutzen.

ÜBERNACHTUNG

- Bei lokalen Anbietern buchen, damit Menschen vor Ort profitieren.
- Auf Hütten und in anderen Unterkünften Strom und Wasser sparen.

UNTERWEGS

- Wege benutzen und Abkürzer vermeiden.
- Sperrungen von Wegen und Schutzgebieten respektieren.
- Keine Blumen pflücken und keine Pflanzen entnehmen.
- Waldbrandgefahr beachten.
- Müll wieder mit nach Hause nehmen und dort entsorgen.
- Toilettengänge in freier Natur möglichst vermeiden.
- Lärm vermeiden.
- Hunde an die Leine nehmen.

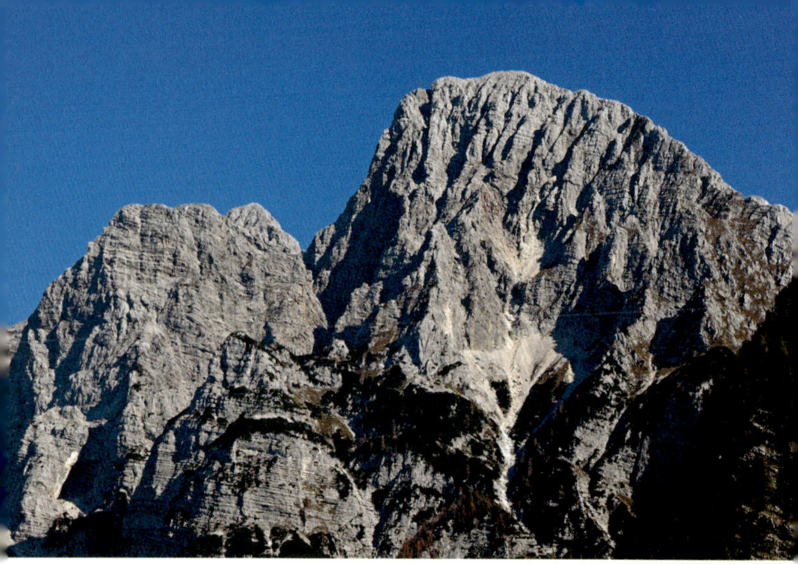

Blick von Trenta auf die Westflanke des Triglav (Etappe 21).

Die Waldgrenze verläuft entlang unserer Wegstrecke etwa auf 1700 m. Dieser Umstand ermöglicht uns am Vršič-Pass (höchster Punkt außerhalb Österreichs) eine freie Sicht auf die darunterliegenden dichten Wälder des Soča-Quellgebiets. Der Baumbestand wird hier überwiegend aus Fichten gebildet, die sich, je weiter man nach Süden vordringt, zugunsten von Buchen zurückziehen. Oberhalb der Waldgrenze breiten sich hingegen dichte Latschenfelder aus.

Die Fauna im Nationalpark steht der Flora in nichts nach. Die beinahe ausgerotteten Steinböcke wurden erfolgreich wieder angesiedelt, zudem sieht man Gämsen und – seltener – Rotwild. Auer- und Birkhühner, Murmeltiere, Kreuzottern, Feuersalamander, Spinnen und Skorpione stellen die bodennahe Bevölkerung.

In der Soča findet man inzwischen wieder die ebenfalls fast ausgerottete Marmorata-Forelle vor, an deren Bestandsdezimierung die hier vor Jahrzehnten eingesetzte Regenbogenforelle Schuld trug. Sie verdrängte den Urbestand. Doch die Bemühungen der letzten Jahre, die Marmorata wieder anzusiedeln, tragen bereits Früchte.

Friaul-Julisch Venetien

Im Nordosten des Landes gelegen, ist Friuli-Venezia Giulia (Friaul-Julisch Venetien, kurz FJV) eine der 20 italienischen Regionen. Auf rund 7800 km²

leben hier etwa 1,25 Mio. Menschen. FJV ist wiederum in die Provinzen Gorizia, Pordenone, Triest und Udine unterteilt. Zu Friaul gehören rund 90 Prozent der Region. Die verbleibenden 10 Prozent, die zu Julisch Venetien gehören, bestehen aus der Provinz Triest und dem Großteil von Görz.
Die Region FJV grenzt im Osten an Slowenien, im Norden an Österreich und im Westen an Venetien – die Einflüsse der Nachbarländer sind sowohl auf kulturellem als auch kulinarischem Gebiet nicht zu übersehen. Sprachlich hat die bewegte Geschichte der Region ebenfalls Spuren hinterlassen: Neben Italienisch als offizieller Amtssprache sind Furlanisch (= Friaulanisch) und Slowenisch als Minderheitensprachen anerkannt. Mit 50.000–100.000 Mitgliedern lebt heute noch eine große slowenische Minderheit vor allem im Umland von Triest. Die ehemalige Hafenstadt der Österreichisch-Ungarischen Monarchie ist mit rund 206.000 Einwohnern Hauptstadt und größtes Industrie- und Tourismuszentrum der Region.
Auffallend ist die landschaftliche Vielfalt Friauls, die von den schroffen Kalkriesen der Julischen Alpen im Norden über die Friulanische Tiefebene mit den breiten Schotterbetten ihrer Flüsse bis zum Hügelland der Colli Orientali und weiter bis zur (an der Oberfläche) wasserarmen Karstregion Julisch-Venetiens reicht.
Zwei wichtige Flüsse Friauls werden im Zuge des Alpe-Adria-Trails berührt. Einerseits ist das die Soča, die in Italien Geschlecht und Namen wechselt: Der Isonzo ist in Italien zu einem breiten, wesentlich ruhigeren Gewässer herangewachsen und begegnet uns das letzte Mal im Lauf jener Etappe, bei der wir an die Adria gelangen. In Cividale queren wir auf der Teufelsbrücke den Natisone – Namensgeber für jenes idyllische Tal im Osten der Stadt, in dem wir erstmals italienischen Boden betreten.
Die Vegetation des italienischen Abschnittes ist äußerst abwechslungsreich. Das Spektrum reicht von hochalpinen Pflanzen im Norden des Landes bis zur vorwiegend mediterran geprägten Flora der Hügel- und Küstenzone. Begünstigt durch dieses Klima ist FJV stark von der Landwirtschaft geprägt. Obst-, Gemüse-, Acker- und Weinbau dominieren die Tiefebene, Vieh- und Holzwirtschaft den alpin geprägten Norden.
Die Landwirtschaft beeinflusst naturgemäß auch die regionstypische Küche: Am Po werden Mais und Reis angebaut und sind als Beilage traditioneller Gerichte nicht wegzudenken. Wo das Meer nicht weit ist, dominieren Fisch, Muscheln und Garnelen die Speisekarte. Die Wurst- und Käsespezialitäten sind überregional bekannt, man denke nur beispielsweise an den Montasio, einen nach dem Montasch benannten würzigen Schnittkäse, an den Karst- oder den luftgetrockneten San-Daniele-Schinken. Durch das vielfältige Gemüse- und Obstangebot kommen auch Vegetarier unterwegs auf ihre Kosten. Abschließend sei noch auf die hervorragenden Rot- und Weißweine, die aufgrund des hohen Qualitätsniveaus ebenfalls grenzüberschreitende Anerkennung genießen, hingewiesen.

Touristische Informationen

Reisezeit

Alle Etappen einschließlich der Rundtour sind in der Zeit von Mai bis Oktober begehbar. Eine Ausnahme bildet hier nur der Startpunkt: Die Franz-Josefs-Höhe liegt deutlich über der Baumgrenze, hier könnten sich auf den ersten Kilometern noch Altschneefelder halten. Außerdem ist eine Anreise mit öffentlichen Verkehrsmitteln erst im Juni möglich.

Der Frühsommer ist hingegen für die südlichen Abschnitte perfekt: Die angenehmen Temperaturen und die in der Blüte stehende Vegetation sind für Weitwanderer, die vor den Sommerferien auf Tour gehen, vielleicht sogar ein Anreiz, die Tour in umgekehrter Richtung in Angriff zu nehmen. Der Süden ist übrigens auch im Spätherbst sehr hübsch. Vor allem die Regionen Brda und der Karst zeigen um diese Jahreszeit ein faszinierendes Farbenspektrum.

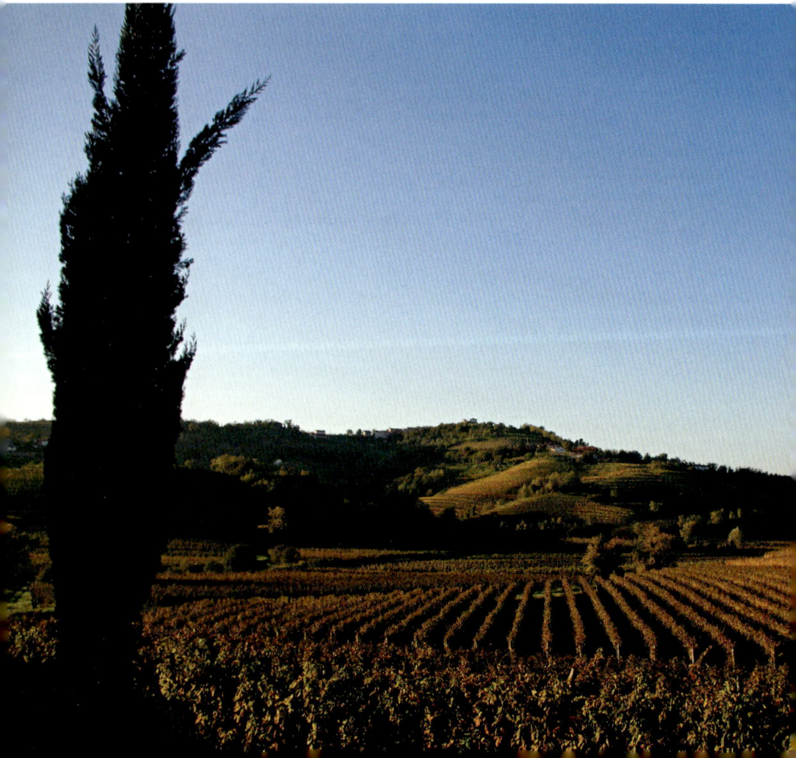

Beste Jahreszeit – Übersicht

	Etappe	Monate 1	2	3	4	5	6	7	8	9	10	11	12
1	Franz-Josefs-Höhe – Heiligenblut						■	■	■	■	■		
2	Heiligenblut – Mörtschach				■	■	■	■	■	■	■	■	
3	Mörtschach – Stall					■	■	■	■	■	■		
4	Stall – Innerfragant					■	■	■	■	■	■		
5	Innerfragant – Mallnitz					■	■	■	■	■	■	■	
6	Mallnitz – Danielsberg				■	■	■	■	■	■	■	■	
7	Danielsberg – Hühnersberg				■	■	■	■	■	■	■	■	
8	Hühnersberg – Gmünd				■	■	■	■	■	■	■	■	
9	Gmünd – Seeboden				■	■	■	■	■	■	■	■	
10	Seeboden – Alexander Alm					■	■	■	■	■	■		
11	Alexander Alm – Döbriach				■	■	■	■	■	■	■		
12	Döbriach – Erlacherhaus				■	■	■	■	■	■	■		
13	Erlacherhaus – Falkerthaus					■	■	■	■	■	■		
14	Falkerthaus – B. Kleinkirchheim					■	■	■	■	■	■		
15	Bad Kleinkirchheim – Arriach				■	■	■	■	■	■	■		
16	Arriach – Gerlitzen					■	■	■	■	■	■		
17	Gerlitzen – Ossiach					■	■	■	■	■	■		
18	Ossiach – Velden				■	■	■	■	■	■	■		
19	Velden – Baumgartnerhof				■	■	■	■	■	■	■	■	
20	Baumgartnerhof – Kranjska Gora					■	■	■	■	■	■		
21	Kranjska Gora – Trenta				■	■	■	■	■	■	■		
22	Trenta – Bovec				■	■	■	■	■	■	■		
23	Bovec – Drežnica			■	■	■	■	■	■	■	■		
24	Drežnica – Tolmin				■	■	■	■	■	■	■		
25	Tolmin – Tribil di Sopra				■	■	■	■	■	■	■		
26	Tribil di Sopra – Cividale			■	■	■	■	■	■	■	■		
27	Cividale – Golo Brdo		■	■	■	■	■	■	■	■	■	■	■
28	Golo Brdo – Šmartno			■	■	■	■	■	■	■	■	■	
29	Šmartno – Cormons			■	■	■	■	■	■	■	■	■	
30	Cormons – Gradisca	■	■	■	■	■	■	■	■	■	■	■	■
31	Gradisca – Duino			■	■	■	■	■	■	■	■	■	
32	Duino – Banne			■	■	■	■	■	■	■	■	■	
33	Banne – Bagnoli della Rosandra			■	■	■	■	■	■	■	■	■	
34	Bagnoli della Rosandra – Muggia			■	■	■	■	■	■	■	■	■	
R1	Baumgartnerhof – Warmb. Villach				■	■	■	■	■	■	■		
R2	Warmbad Villach – Nötsch/Feistritz				■	■	■	■	■	■	■		
R3	Nötsch/Feistritz – Camporosso					■	■	■	■	■	■		
R4	Camporosso – Tarvisio					■	■	■	■	■	■		
R5	Tarvisio – Rifugio Zacchi				■	■	■	■	■	■	■		
R6	Rifugio Zacchi – Kranjska Gora					■	■	■	■	■	■		
R7	Kranjska Gora – Baumgartnerhof				■	■	■	■	■	■	■		

Am späten Nachmittag bei Medana (Etappe 29).

Öffentliche Verkehrsmittel – Übersicht

Ort	Verkehrsmittel	Kommentar
Franz-Josefs-Höhe	PB	
Heiligenblut	NPWT, PB	
Schachnern	NPWT	
Apriacher Stockmühlen	NPWT	
Döllach	NPWT, PB	
Mörtschach	NPWT, PB	
Stall	NPWT, PB	
Innerfragant	NPWT	
Außerfragant	PB	
Flattach	NPWT, PB	
Himmelbauer	NPWT	
MALLNITZ	NPWT, ÖBB, PB	FVB Abschnitt F.-J.-Höhe – Kolbnitz
Obervellach	NPWT, PB	
Penk	NPWT	
Danielsberg	NPWT	
Kolbnitz	NPWT, PB	
Hühnersberg	NPWT	
Trebesing	PB	
Gmünd	PB	
Seeboden	Nockmobil, PB	
SPITTAL	ÖBB, PB	FVB für Gmünd – Bad Kleinkirchheim
Pichlhütte	Nockmobil	
Sommeregger Hütte	Nockmobil	
Hansbauerhütte	Nockmobil	
Schwaigerhütte/ Alexander Alm	Nockmobil	über Schwaigerhütte (ca. 20 Min.)
Lammersdorfer Hütte	Nockmobil	
Matzelsdorf	Nockmobil	
Döbriach	PB, Nockmobil	
Radenthein	PB, Nockmobil	
Erlacherhaus	Nockmobil	
Falkerthaus/Lärchenhütte (Wanderparkplatz)	Nockmobil	St. Oswald/Schranke Falkerth./Lärchenh.
Falkertsee	Nockmobil	
Bad Kleinkirchheim	PB, Nockmobil	
Arriach	PB	
Gerlitzen	k.ö.V.	Seilbahn nach Annenheim mit Anbindung an PB und OSS
Steindorf	OSS, ÖBB, PB	
Ossiach	OSS, PB	
VILLACH	ÖBB, RB	FVB Abschnitt Arriach – Velden
Velden	ÖBB, PB	
Baumgartnerhof	k.ö.V.	Abholservice Baumgartnerhof
Warmbad Villach	ÖBB, PB	
Nötsch	ÖBB, PB	Bahnhof Nötsch

Ort	Verkehrsmittel	Kommentar
Camporosso	SAF	
Tarvis	MICOTRA	Zug Villach – Tarvis – Udine
Rifugio Zacchi	k.ö.V.	
Kranjska Gora	diverse ST	etliche Haltestellen am Weg zwischen Kranjska Gora und Bovec (nur Sommer)
Trenta	diverse ST	
Bovec	diverse ST	
Drežnica	k.ö.V.	
TOLMIN	SZ, NO	SZ ab Most na Soči (5 km), Busverbindung Laibach – Tolmin – Bovec
Tribil di Sopra	SAF	morgens Rg. Cividale Centro Intermodale, nachmittags nach Tribil
CIVIDALE	SAF, TI, APT	FVB Abschnitt Tribil – Gradisca
Golo Brdo	k.ö.V.	Taxi Brda: Tel. + 386 51 366182
Dobrovo / Šmartno	NO	Busse Rg. Nova Gorica; Taxi Brda: s. o.
Cormons	TI, APT	
Gradisca	APT	TI über Bhf Sagrado, weiter mit Bus
Duino	TT	Linie 44 zur Piazza Oberdan
Prosecco	TT	Linie 42
Banne	TT	Linie 39
Bagnoli della Rosandra	TT	Linien 40, 41, 49
Muggia	TT, Fähre	Linie 20
TRIEST	TT, TI, Fähre	FVB Abschnitt Duino – Muggia

Wandertaxis in Kärnten

Heiligenblut, Oberes Mölltal	+43 664 3836311	taxi-fleissner.info
Mallnitz und Unteres Mölltal	+43 664 1278579	bergsteigerdoerfer.org
Nockmobil	+43 123 50044424	nockmobil.at

Abkürzungen		Fahrpläne im Internet
APT	Azienda Provinziale Trasporti	aptgorizia.it
FVB	Fernverkehrsbahnhof	
k.ö.V.	keine öffentlichen Verkehrsmittel	
NPWT	Nationalpark Wandertaxis	nationalpark-hohetauern.at mobilitaet-vor-ort/
MICOTRA		oebb.at/de/entdecken/micotra
NO	Nomago	nomago.si
PB	Postbus	postbus.at
ÖBB	Österreichische Bundesbahnen	oebb.at
OSS	Ossiacher See Schifffahrt	schifffahrt.at/ossiachersee/
RB	Regional-/Radbus	connect.visitvillach.at
SAF	Bus Friaul	tplfvg.it
ST	Sočatal (mehrere Anbieter)	soca-valley.com, julian-alps.com
SZ	Slowenische Staatsbahn	slo-zeleznice.si/en
TI	Italienische Staatsbahn	trenitalia.com
TT	Trieste Trasporti	triestetrasporti.it

Anreise, Verkehrsinfrastruktur, Standquartiere

Um etwaigen unliebsamen Überraschungen vorzubeugen, empfehlen wir, die aktuellen Fahrpläne für den jeweiligen Abschnitt vor der Reise auszudrucken. Alle in der Übersicht auf Seite 22/23 gelisteten Verkehrsunternehmen bieten Online-Fahrpläne an, leider nicht überall mehrsprachig. Geben Sie bei der Onlinesuche auch immer Ihre Reisezeit an – bei einigen Linien weichen die Fahrpläne der Sommersaison erheblich von der restlichen Betriebszeit ab.

Die in der Tabelle in Großbuchstaben geschriebenen Orte eignen sich gut für die Anreise per Bahn. Von diesen Bahnhöfen können Sie mit den jeweils angeführten Regionallinien zum Startpunkt weiterfahren.

Etliche der Etappen lassen sich bequem von einem Standquartier aus begehen. Alle fettgedruckten Orte eignen sich dafür als »Basislager«. Von diesen Orten aus ist es möglich, die Etappenstartpunkte mit öffentlichen Verkehrsmitteln (und leichtem Gepäck) anzufahren, und in der Regel auch am Etappenziel eine Verbindung zurück vorzufinden.

Die Anreise zum Startpunkt mit öffentlichen Verkehrsmitteln ist von Kärntner Seite über die Buslinie Spittal bzw. Mallnitz – Obervellach – Heiligenblut möglich. Von Heiligenblut fährt der Bus mehrmals täglich auf die Franz-Josefs-Höhe. Wer über die Salzburger Seite der Großglockner-Hochalpenstraße anreist, findet in Fusch ein privates Busunternehmen, das den Startort mehrmals wöchentlich anfährt (siehe Etappe 1).

Wer mit dem eigenen Fahrzeug anreist, fährt von Deutschland Richtung Salzburg und weiter auf die Tauernautobahn A 10. Für den Mölltaler Abschnitt empfiehlt es sich, in der Hauptreisezeit auf die Tauernschleuse Böckstein-Mallnitz auszuweichen. Dazu verlässt man die A 10 bei der Abfahrt 47 Pongau/Bischofs-

Eine »heiße« Etappe (Etappe R 2).

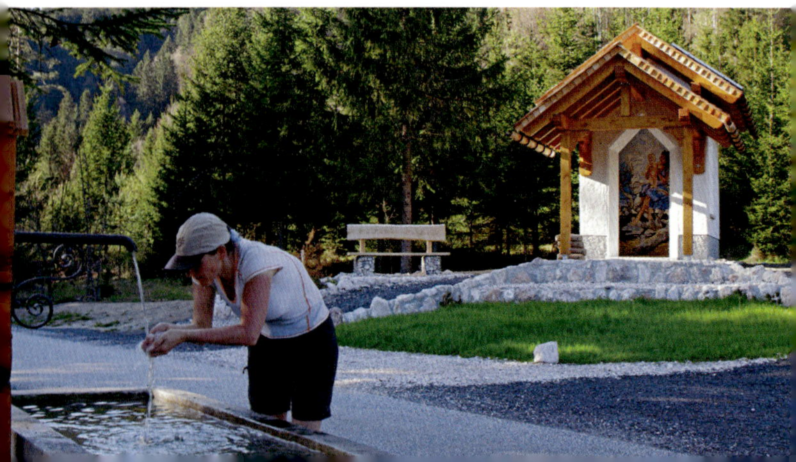

hofen und folgt der Beschilderung durch das Gasteiner Tal bis zur Schleuse. Die weiteren Kärntner Etappen erreicht man ebenfalls über die A 10 (Ausfahrten Spittal, Villach, weiter A 2 Warmbad, Faaker See). Um nach Kranjska Gora zu gelangen, verlässt man die Autobahn bei der Ausfahrt Villach Warmbad und fährt über den Wurzenpass nach Kranjska Gora.

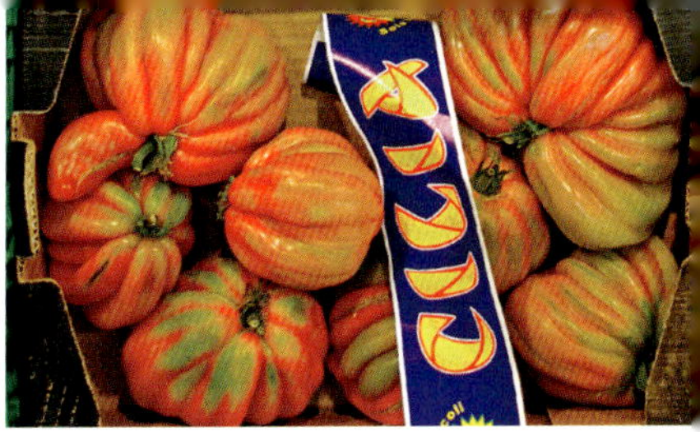

Am Trail bietet sich immer wieder die Möglichkeit, sich mit Gemüse zu versorgen.

Die slowenischen Orte rund um den Triglav-Nationalpark werden über die italienische Autobahn A 23 (Ausfahrt Tarvis) und den Predilpass angefahren, alle weiteren Orte erreicht man ebenfalls über die A 23 über Ausfahrten zwischen Udine Nord und Triest.
Aus der Schweiz reist man über München – Salzburg an (für den Kärntner Abschnitt und den Triglav-Nationalpark) oder nimmt die Südspange über Mailand – Venedig (alle weiteren Orte).
Aus dem Osten kommend erreicht man den Knoten Villach über die A 2 Südautobahn und folgt ab hier sinngemäß der oben stehenden Beschreibung. Aus Westösterreich fährt man die Mölltaler Abschnitte über die Felbertauernstraße, alle weiteren Kärntner Abschnitte sowie den TNP über Salzburg – Villach (siehe oben) an. Alle südlicheren Orte erreicht man über Brenner – Pustertal – Tolmezzo – Udine.
Ein Tipp für jene, die mit dem Auto anreisen und vorhaben, den Weg in seiner gesamten Länge zu begehen: Lassen Sie das Auto in Spittal an der Drau (kostenlose Parkplätze in Bahnhofsnähe bei der Talstation der Goldeck-Seilbahn). Egal, wo Sie die Tour beenden – nach Spittal kommen Sie immer. Von Spittal aus ist der Startpunkt mit öffentlichen Verkehrsmitteln gut erreichbar. Wenn Sie bis Muggia gehen, kommen Sie bei der Rückreise mit der Fähre oder mit dem Bus von Muggia zum Hauptbahnhof Triest und weiter mit dem Zug über Udine und Villach nach Spittal.

Unterkunftsarten

Mit der Ausnahme von jenen Orten, die ein ohnehin vielseitiges Angebot an Nächtigungsmöglichkeiten bieten, sind in diesem Buch alle Quartiere am Wegesrand erfasst und bei den jeweiligen Etappen mit Kontaktdetails aufgelistet. Bei vielen Abschnitten ergibt sich durch das Quartierangebot ein großer Gestaltungsspielraum zur Anpassung der gewünschten Weglänge. In größeren Orten haben wir nach Möglichkeit Häuser in unterschiedlichen Preiskategorien ausgewählt. Alle im Buch aufgeführten Unterkünfte wurden von uns vorab kontaktiert. Wir möchten damit vermeiden, dass in diesem Buch Quartiergeber Erwähnung finden, die nicht für nur eine Nacht vermieten.

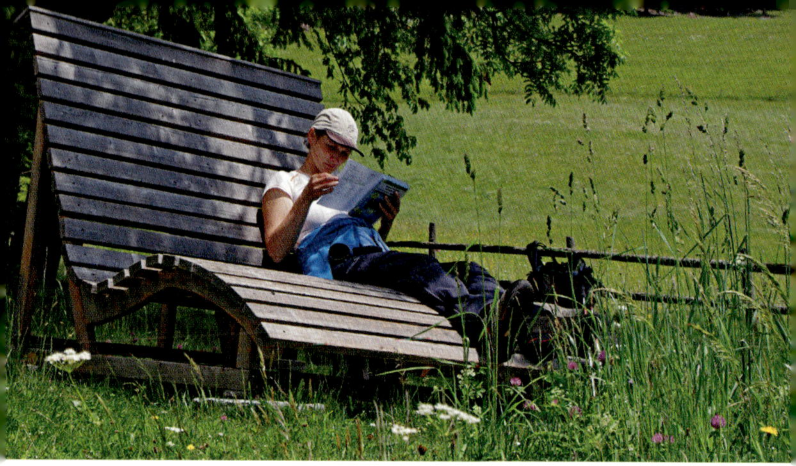

Rastplatz oberhalb von Arriach (Etappe 15).

Außerdem haben wir bei jeder Etappe auf Einkehr- und Einkaufsmöglichkeiten hingewiesen. Wenn es für einen Abschnitt von Bedeutung ist, findet man im Text auch Hinweise, wie es unterwegs mit Trinkwasser aussieht.

Literatur

Literatur zu den Regionen am Weg gibt es zuhauf. Im Folgenden eine Aufstellung jener Bücher, die uns bei der Tourenvorbereitung geholfen haben:

- Kärnten, Gunnar Strunz, Trescher.
- Der Kärntner Kulturführer, Cornelia Mathis-Haider und Arnold Pöschl, Carinthia Verlag.
- Friaul-Julisch Venetien, Eberhard Fohrer, Michael Müller Verlag.
- Kärnten – Natur, herausgegeben von Paul Mildner und Helmut Zwander, Naturwissenschaftlicher Verein für Kärnten.
- Genusswandern in Kärnten, Dieter Buck, Styria Verlag.
- Slowenien mit Triest, Friedrich Köthe und Daniela Schetar, Reise Know-How Verlag.
- Transromanica – Auf den Spuren der Romanik in Kärnten, Wilhelm Deuer und Johannes Grabmayer, Verlag Heyn.
- Wanderführer Friaul-Julisch Venetien, Helmut Lang, Rother Bergverlag.
- Wanderführer Julische Alpen, Helmut Lang, Rother Bergverlag.
- Wanderbuch Kärnten, Evamaria Wecker, Bergverlag Rother.
- Wanderführer Kärntner Seen, Helmut Lang und Günter Lehofer, Rother Bergverlag.
- Wanderführer Nockberge, Helmut Lang, Alexandra Kimmer und Gerhard Baumhackl, Rother Bergverlag.

Karten

Für die Orientierung unterwegs sollten die bei jeder Etappe abgedruckten Wanderkarten-Ausschnitte genügen. Dennoch empfehlen wir zusätzlich die Mitnahme einer Karte der jeweiligen Region. Für Wanderer, die mehrere Etappen am Stück gehen möchten, bilden Blätter im Maßstab 1:50.000 einen guten Kompromiss zwischen Gewicht und Detailgenauigkeit. Zusätzlich sind in der nachfolgenden Wanderkarten-Auflistung – sofern verfügbar – auch Karten mit größeren Maßstäben aufgeführt. Darüber hinaus finden sich die zu jeder Region verfügbaren Karten in den Infos zur jeweiligen Touren aufgelistet.

Aus Platzgründen haben wir die Liste unserer Kartenempfehlungen auf drei Verlage beschränkt. Sowohl Freytag & Berndt als auch Kompass decken in Kärnten den gesamten Tourenverlauf ab. Für die Abschnitte in Slowenien und Italien empfehlen wir die topografischen Karten von Tabacco (Carte topografiche per escursionisti).

Wanderkarten – Übersicht

Verlag	Karte	Gebiet	Maßstab
freytag & berndt	WK 120	Großglockner – Sonnblick – Kaprun – Zell am See	1:50.000
freytag & berndt	WK 141	Julische Alpen	1:50.000
freytag & berndt	WK 221	Liesertal – Maltatal – Millstädter See	1:50.000
freytag & berndt	WK 222	Bad Kleinkirchheim – Nockberge – Turracher Höhe	1:50.000
freytag & berndt	WK 224	Faaker See – Ossiacher See – Dreiländereck	1:50.000
freytag & berndt	WK 225	Mölltal – Kreuzeckgruppe – Drautal	1:50.000
freytag & berndt	WK 0233	Kärntner Seen – Karawanken – Villach – Klagenfurt am Wörthersee	1:50.000
freytag & berndt	WK 5141	Nationalpark Triglav – Kranjska Gora – Planica	1:35.000
Kompass	WK 40	Gasteiner Tal – Goldberggruppe	1:50.000
Kompass	WK 48	Lienz – Schobergruppe	1:50.000
Kompass	WK 49	NP Hohe Tauern Süd – Mallnitz, Mölltal, Maltatal	1:50.000
Kompass	WK 50	NP Hohe Tauern (3-teiliges Kartenset)	1:50.000
Kompass	WK 61	Wörthersee – Karawanken West	1:50.000
Kompass	WK 062	Villach – Faaker See	1:25.000
Kompass	WK 62	Ossiacher See – Feldkirchen	1:50.000
Kompass	WK 063	Bad Kleinkirchheim – Nationalpark Nockberge	1:25.000
Kompass	WK 63	Millstätter See – Nockgebiet	1:50.000
Kompass	WK 64	Villacher Alpe – Unteres Drautal	1:50.000
Kompass	WK 066	Millstätter See	1:25.000
Kompass	WK 66	NP-Region Nockberge – Liesertal	1:50.000
Kompass	WK 064	Julische Alpen – Nationalpark Triglav	1:25.000
Tabacco	019	Alpi Giulie Occidentali – Tarvisiano	1:25.000
Tabacco	041	Valli del Natisone – Cividale del Friuli	1:25.000
Tabacco	047	Carso Triestino e Isontino	1:25.000
Tabacco	054	Collio – Brda – Gorizia	1:25.000

1 Franz-Josefs-Höhe – Heiligenblut

5.00 Std.
↑140 ↓1230

Los geht's

Was für ein Auftakt! Der Sprung ins Abenteuer Alpe-Adria-Trail könnte spektakulärer nicht sein: Schon die ersten Meter führen uns hinab zu den Ausläufern der Pasterze. Blickt man vom Ausgangspunkt ins Tal hinab, kann man die Ausmaße erahnen, die diese Eiszunge einmal hatte. Die Erderwärmung ließ den Gletscher in den letzten 150 Jahren beinahe auf die Hälfte seiner einstigen Größe zusammenschmelzen. Bis zum Margaritzenspeicher folgen wir den gut sichtbaren Spuren der Eiszeit, um dann über die Hochalmen des Mölltalschlusses nach Heiligenblut abzusteigen.

Ausgangspunkt: Franz-Josefs-Höhe, 2370 m. Zufahrt mit dem Bus von Ende Mai bis Ende September von Spittal/Drau oder Zell/See möglich (mehrere Haltestellen unterwegs, Info auf grossglockner.at, Suchwort »Glocknerbus«).
Anforderungen: Hochalpine Tour mit Passagen in steilem Gelände, aber keine ausgesetzten Passagen. Bis in den Frühsommer Schneefelder im oberen Bereich möglich.
Einkehr: Kaiser-Franz-Josef-Haus (Franz-Josefs-Höhe); Briccius Sennerei Sattelalm; Heiligenblut.

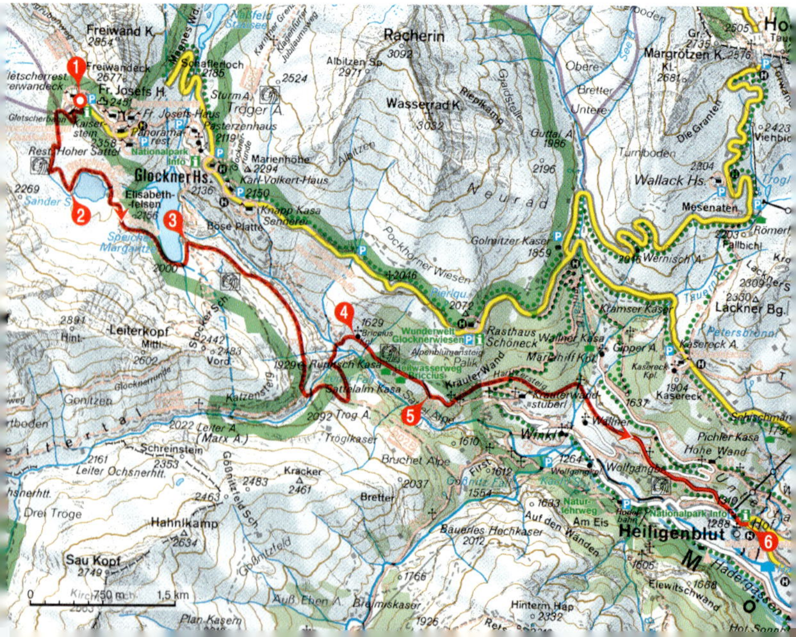

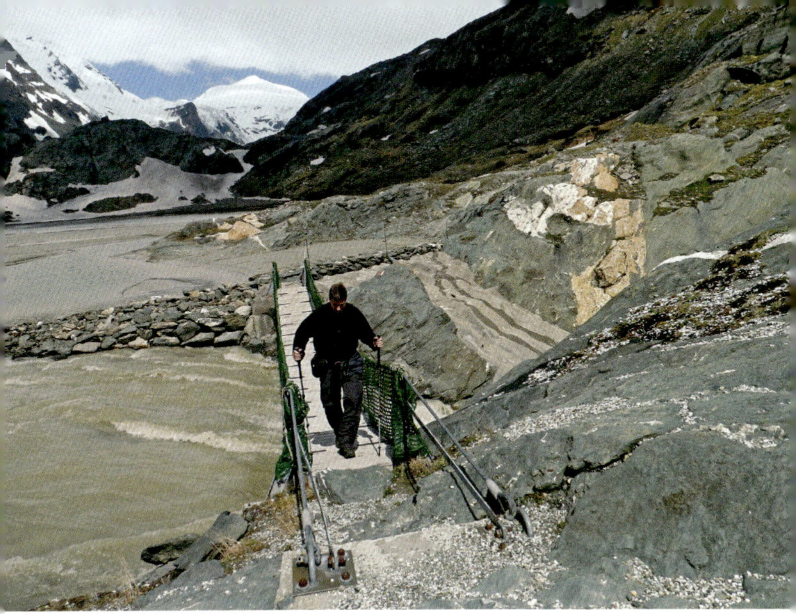

Die spektakuläre Brücke über den Sandersee-Abfluss.

Unterkunft: Am **Großglockner:** Kaiser-Franz-Josef-Haus (Franz-Josefs-Höhe), Tel. +43 4824 2512, grossglockner.co.at/de/kaiser-franz-josef-haus; Glocknerhaus, Tel. +43 4824 24666, dasglocknerhaus.at; Karl-Volkert-Haus, Tel. +43 4824 2518. – **Heiligenblut:** mehrere, z. B. Berghotel Hois, Tel. +43 4824 2015, berghotelhois.at; Chalet Hotel Senger, Tel. +43 4824 2215, romantic.at; Bio-Bauernhof Ederhof, Tel. +43 4824 2411, ederhof-heiligenblut.at.
Einkauf: Franz-Josefs-Höhe (Souvernirgeschäft mit Lebensmitteln); Heiligenblut.
Information: GA Heiligenblut, Tel. +43 4824 2001, heiligenblut.gv.at; TI Heiligenblut/Großglockner, Tel. +43 4824 2700-20, heiligenblut.at.
Karten: f&b WK 225, K WK 50.

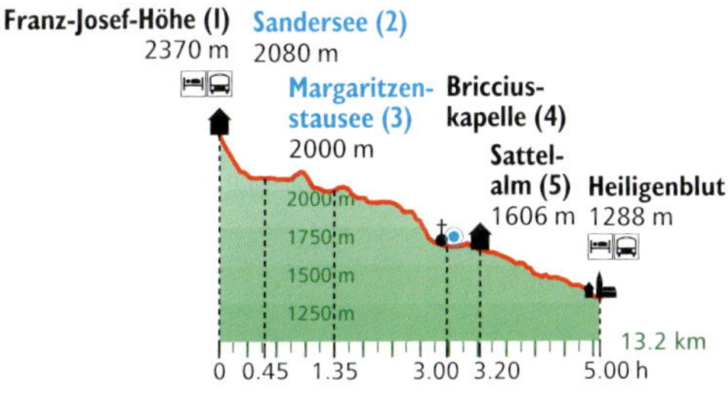

i *Die **Pasterze:** Vor mehr als einem halben Jahrhundert nahm hier, am Startpunkt des Alpe-Adria-Trails, die Pasterzen-Gletscherbahn ihren Betrieb auf. In den 1960er-Jahren befand sich die Talstation direkt am Rande des Eisfeldes. Heutzutage ist man zu Fuß mehrere Hundert Meter unterwegs, will man die Ausläufer des größten Gletschers der Ostalpen besuchen. Inzwischen weiß man jedoch, dass seine aktuelle Größe keineswegs außergewöhnlich ist. Im Gegenteil: Die Pasterze war seit der letzten Eiszeit oft auch bedeutend kleiner bis kaum vorhanden. Alte Baumstämme, die man im – wohl doch nicht so ewigen – Eis gefunden hat, lassen auf vormalige Waldbestände schließen. Seine größte Ausdehnung hatte der Gletscher übrigens 1856 – also just in dem Jahr, als Kaiser Franz Josef I. mit seiner Gemahlin Elisabeth die zu diesem Anlass nach ihm benannte Höhe besuchte. Der damals 26-jährige Monarch blickte auf ein Eismeer, das fast zwei Kilometer länger sowie an manchen Stellen rund 150 Meter höher war als heute.*

Der Start an der **Franz-Josefs-Höhe (1)**, 2370 m, befindet sich unmittelbar bei der Gletscherbahn-Bergstation (Blickrichtung Pasterze). In steilen Serpentinen schlängelt sich der Weg gleich zu Beginn knapp 250 m hinunter zu den Ausläufern des Pasterzengletschers. An einer markierten Weggabelung bietet sich die Möglichkeit, in wenigen Minuten zur Gletscherzunge aufzusteigen – mehrere naturwissenschaftliche Infotafeln führen hier durch einen kurzen Lehrpfad. Richtung Heiligenblut folgt man der gelben Beschilderung nach links (Süden). Während der Weg in den Serpentinen klar erkennbar ist, ist es hier am Talboden ratsam, auf Bodenmarkierungen und Orientierungsstangen zu achten.
Um einen Fels herum, auf dem hoch oben das Panoramarestaurant thront, führt der Weg zum **Sandersee (2)**, 2080 m. Der See, der noch in den 1970er-Jahren das untere Ende der Pasterze bildete, ist heute durch den herangespülten Gletschersand fast vollständig verlandet. Wir umgehen den See in Talrichtung auf der linken Seite und erreichen nach wenigen Minuten die spektakuläre Hängebrücke über den tosenden Gletscherabfluss.
Nach der Brücke halten wir uns eher rechts beim Seeufer (Markierungen beachten). Der Weg führt wenige Höhenmeter bergauf zum Steingarten – einem Platz, an dem im Laufe der Jahre unzählige Steinmännchen entstanden. Links von uns der nach der Kaiserin benannte Elisabethfelsen, 2156 m, der uns anfangs noch die Sicht zum **Margaritzensee** nimmt. Doch schon nach wenigen Minuten ist das Südufer sichtbar; an diesem entlang bis zur aussichtsreichen **Staumauer (3)**, 2000 m. Bis hierher reichte übrigens in der Mitte des 19. Jh. die Pasterze. Vor der Mauer rechts geht es nun wenige Meter hinauf, doch gleich wieder – stets geradeaus – bergab. Wir befinden uns hier auf klassischem Almweidegebiet, wo sich Lichtungen und »bestoßene« (so nennt man eine Almfläche, die mit Weidevieh bestückt ist) Wälder abwechseln. Der breite und gut erkennbare Weg bildet gewissermaßen das Gegenstück zur Großglockner Hochalpenstraße, die man immer wieder – rund 1 km

Luftlinie entfernt – auf der anderen Bergseite erkennen kann. Knapp 30 Min. später erreichen wir die Brücke über den Leiterbach – jenen Bach, dem wir bald in Form eines imposanten Wasserfalls begegnen werden. Doch zuerst erreichen wir die unbewirtschaftete **Trogalm**, 1860 m, wo eine Variante des Zentralalpenweges (702B) direkt nach Heiligenblut führt. Wir wenden uns aber nach links Richtung Bricciuskapelle und Sattelalm. In Serpentinen zieht ein Waldpfad steil bergab zum bereits angekündigten Leiterfall. Vereinzelt bieten Viehunterstände entlang des Weges Schutz bei Wetterumbrüchen. Über leichte Gegenanstiege und eine weitere Brücke über die Leiter erreichen wir auf einem Forstweg die **Bricciuskapelle (4)**, 1629 m.

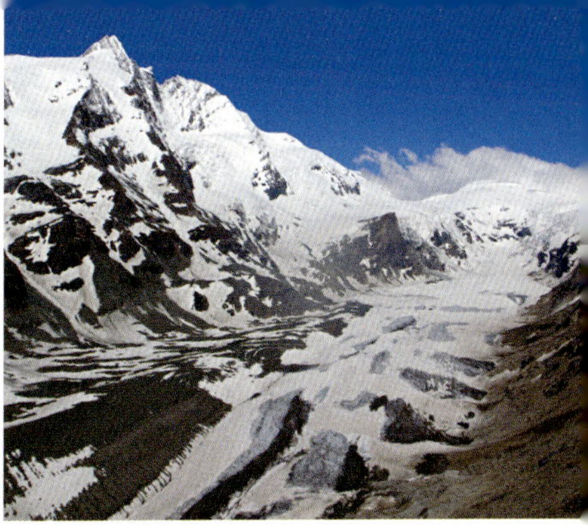

Pasterze.

Weiter den Forstweg entlang kommen wir rund 1 km später auf die **Sattelalm (5)**, 1606 m – der einzigen Einkehrmöglichkeit am Weg. Die Briccius Sennerei lockt mit regionalen Produkten. Für Wanderer, denen Höhenangst fremd ist, bietet sich unweit der Alm auf einer **Aussichtsplattform** ein schöner Blick auf Heiligenblut.

i *»**Briccius**, ein Däne von Geburt, wanderte nach Byzanz, wo er sich unter Kaiser Leo durch große Kriegstaten, auffallende Talente und einen ungemein frommen Lebenswandel auszeichnete, sodass er zum Liebling des Kaisers wurde. Doch stille Sehnsucht nach der lieben Heimat erfasste ihn, so bat er den Kaiser um seine Entlassung. Als er mit Mühe Gewährung seiner Bitte erhalten hatte, trat er, in Pilgerkleider gehüllt, den weiten Weg in die Heimat an. In Italien gelandet, zog er über die Julischen Alpen den Norischen entgegen. Unweit des Pasterzengletschers, da, wo jetzt die Bricciuskapelle steht, überfiel ihn ein Schneesturm und er fand darin den Tod.« Quelle: Franz Pehr, Kärntner Sagen, Klagenfurt 1913.*

Dem Forstweg weiter folgend gehen wir zuerst eine Linkskurve aus und erreichen bald darauf eine Rechtskurve, bei der wir geradeaus in den **Haritzersteig** (Beschilderung, Gatter) abbiegen. Dieser Weg, der anschaulich durch die bergbäuerliche Kulturlandschaft von Winkl führt, verläuft eben durch Wald, danach ein kurzes Stück auf einer Forststraße. Bei einer großen Infowand der Beschilderung Richtung Heiligenblut folgen. Unschwierig erreicht man in rund 30 Min. in stetigem leichten Bergab die Ortsmitte von **Heiligenblut (6)**, 1288 m.

2 Heiligenblut – Mörtschach

5.30 Std.

↑400 ↓740

Bergbau und Bergbauern

Zwei Themenbereiche sind es, die uns bei dieser Etappe wiederholt begegnen: Da ist zum einen der über Jahrhunderte betriebene Gold-, Silber- und Kupferabbau, der der Region einst großen Reichtum bescherte. Und wer nicht im Stollen tätig war, verdingte sich hier an den Ausläufern der Goldberggruppe als Bergbauer. Es ist den Bewohnern dieser Hanglagen hoch anzurechnen, dass sie sich auch heute noch um die Landschaftspflege kümmern. Auch wenn Maschinen die Heumahd wesentlich erleichtern: Hier im Mölltal wird man immer wieder auf Steilhänge treffen, die auch heute – trotz aller technischen Errungenschaften – nur händisch gemäht werden können, nicht selten mit Steigeisen an den Schuhen.

Ausgangspunkt: Heiligenblut, 1288 m.
Anforderungen: Unschwierige Etappe.
Einkehr: In Schachnern Zirbenhof; diverse in Döllach und Mörtschach. – Immer wieder Trinkwasser entlang des Weges.
Unterkunft: Döllach: diverse, z. B. Camping Gasthof Zirknitzer, Tel. +43 664 492 9624, camping-zirknitzer.at; Hotel(chen) Döllach, Tel. +43 4825 210, doellach.at. – **Mörtschach**; diverse Unterkünfte, z. B. Landgasthof Schwaiger, Tel. +43 4826 205, schwaigers-landgasthof.at.
Einkauf: Döllach.
Tipp: Der Abschnitt des Glocknerradweges zwischen Döllach und Mörtschach lässt sich auch mit den im Sommer regelmäßig verkehrenden Postbussen absolvieren.
Information: TI Großkirchheim, Tel. +43 4825 52121, grosskirchheim.gv.at/tourismus.html.
Karten: f&b WK 225, K WK 50.

Wir starten unsere Tour beim Parkhaus am östlichen Ortsende von **Heiligenblut (1)**, 1288 m. Hier an der Spitzkehre führt linker Hand die Großglockner Hochalpenstraße ins Fleißtal. Dort wollen wir auch hin, wählen jedoch eine Route abseits der Motoren. Dazu folgen wir der Bundesstraße wenige Meter talwärts, um bei erster Gelegenheit nach links abzubiegen. Vorbei an der Polizeistation führt ein als Schulweg bezeichneter, schmaler asphaltierter Weg unter einer Stadelbrücke durch. Weiter leicht bergauf, folgen wir der für das gesamte Mölltal typischen – in dunklen Holztafeln gehaltenen – Beschilde-

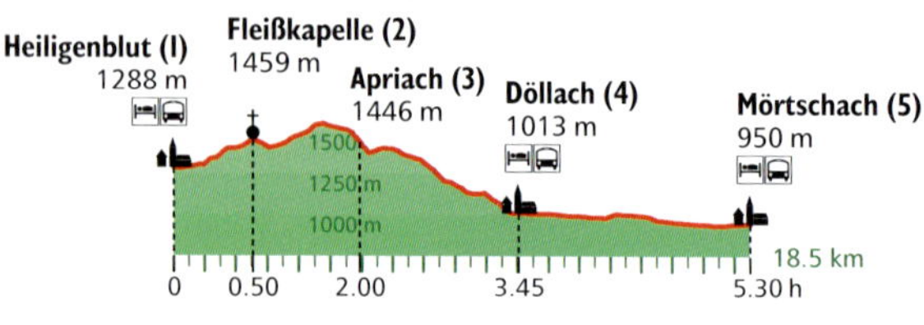

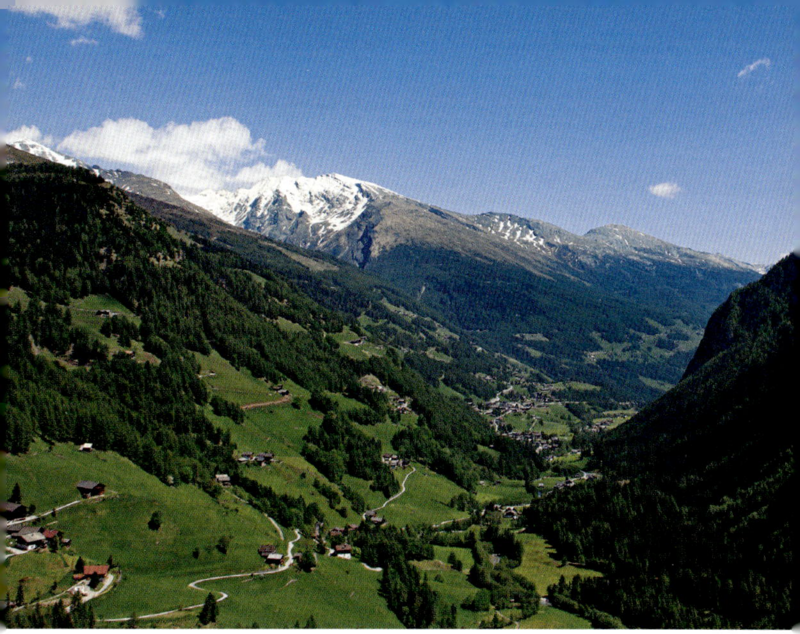

Blick ins Obere Mölltal.

rung Richtung Apriach. In einer Linkskurve weisen uns ebendiese Schilder den Weg zwischen zwei Hofgebäuden bergab. Auf der anderen Hangseite queren wir den Bach und folgen weiter den Holzschildern (Fleiss, Apriach). Entlang des kleinen Fleißbaches erreichen wir eine Abzweigung, an der man zum Goldgräberdorf aufsteigen kann. Wir halten uns weiterhin an die Beschilderung Richtung Apriach und steigen nach Überquerung einer Brücke in zackigen Serpentinen zur **Fleißkapelle (2)**, 1459 m, auf.
Ohne nennenswerte Höhenunterschiede erreichen wir Unterschachnern, wo wir auf die Apriacher Landesstraße treffen. Das ist auch unsere Richtung, jedoch verlassen wir den Asphalt gleich wieder und steigen in wenigen Höhenmetern hinauf nach Oberschachnern. Bei einer Weggabelung halten wir uns rechts und erreichen so direkt **Apriach (3)**, 1446 m, auf Höhe der Stockmühlen (letztes alpenländisches Stockmühlen-Ensemble, bedeutendes Kulturdenkmal).
Auf der (talwärts) linken Seite des Mühlbaches führt uns der Weg hinunter zur Apriacher Landesstraße, wo vor der Volksschule – weiterhin dem Bach folgend – der Weg in wenigen Minuten zum 400 Jahre alten **Mentlhof** (privat) geht.

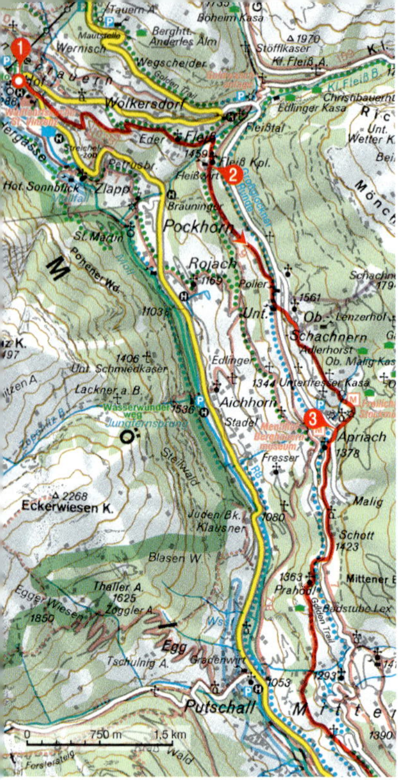

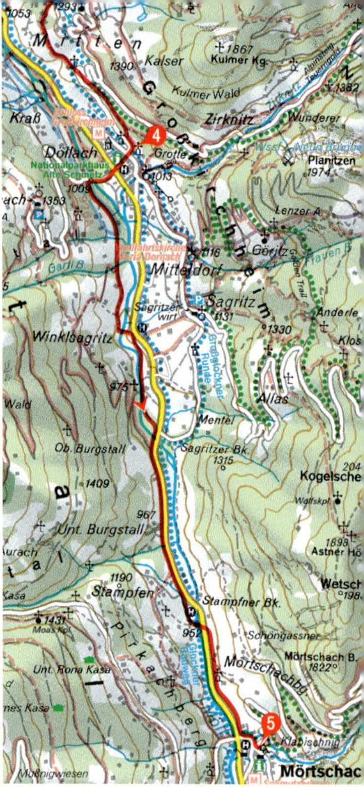

Vom Mentlhof bringt uns eine asphaltierte Straße zurück auf die Apriacher Landesstraße, der wir kurz Richtung Döllach folgen. Nach einigen Minuten vor einem allein stehenden, markanten Wirtschaftsgebäude rechts auf den Wanderweg biegen (Beginn einer Leitplanke), der zur Streusiedlung Prahödl führt. Bei einer privaten Kapelle betreten wir wieder Waldgebiet und erreichen in stetem leichten Bergab den Ortsteil Mitten, der bereits zu Döllach/Großkirchheim gehört. Durch ein Gehöft und ein Viehgatter wandern wir kurz auf der Straße zu einem Wiesenpfad. Dem Wegverlauf folgend wird ein Schotterweg erreicht, der in die Straße Döllach – Apriach mündet. Hier kurz bergauf bis zur ersten Kurve, wo ein Waldweg in den Ort **Döllach (4)**, 1013 m, führt.

Das letzte Teilstück nach Mörtschach folgt größtenteils dem Glocknerradweg R8. An der Seite des Zirknitzbaches, der durch die Ortsmitte Döllachs fließt, erreicht man die Mölltal-Bundesstraße auf Höhe der Bushaltestelle. Auf

i ***Bäuerliche Architektur im oberen Mölltal:*** *Auf den Bergbauernhöfen des oberen Mölltales findet man vor allem die Bauweise des* ***Paarhofes****. Das Anwesen ist in der Regel auf zwei Gebäude beschränkt: ein »Feuerhaus«, das als Wohngebäude dient, und das landwirtschaftlich genutzte »Futterhaus«. Die mehrgeschossigen Breitgiebelhäuser wurden in Blockbauweise errichtet, wobei die Firstachse des Daches nach der Falllinie des Hanges ausgerichtet ist.*
Als ***Stadel*** *werden die alpinen Längsscheunen bezeichnet, deren Einfahrt sich aufgrund der Hanglage meistens auf der Oberseite befindet. Fallweise sieht man neben den beiden Hauptgebäuden auch Kleinbauten wie Getreidespeicher, Badstuben und Trockengerüste (»Feldharpfen«).*

der gegenüberliegenden Straßenseite sehen wir die Möllbrücke und damit auch unseren Einstiegspunkt. Der Glocknerradweg durchläuft das gesamte Mölltal von Heiligenblut bis Möllbrücke und bringt es dabei auf knapp 80 km. Wir haben nun gut 1 Std. Gelegenheit, uns ein Bild von diesem Radweg zu machen, bevor wir nach rund 5 km in Stampfen Fluss- und Straßenseite wechseln. Hier befindet sich die Übernachtungsmöglichkeit Schwaiger – die Ortsmitte von **Mörtschach (5)**, 950 m, erreichen wir auf einem Weg, der parallel zur Bundesstraße verläuft.

Alter Heustadel.

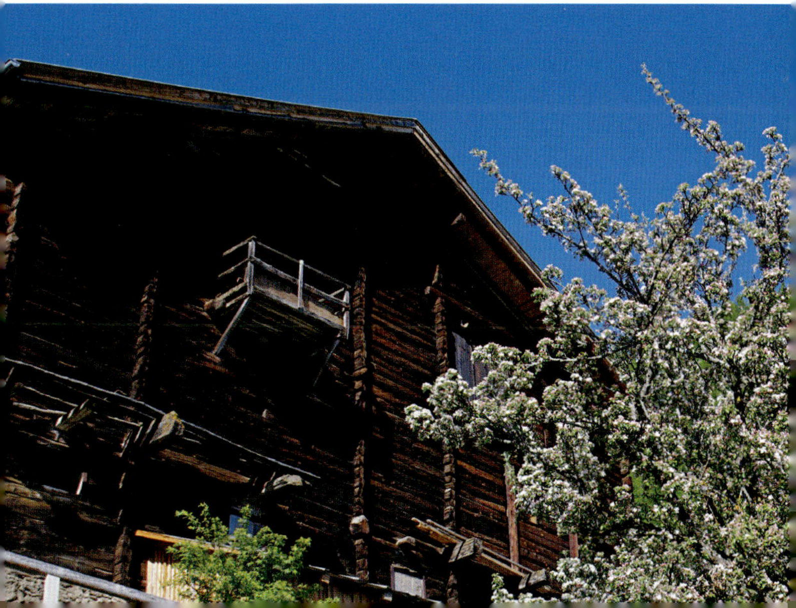

3 Mörtschach – Stall

7.30 Std.

↑1050 ↓1150

Auf alten Pilgerwegen

Bei dieser Etappe sollte man sich von den vielen Höhenmetern nicht entmutigen lassen: Der Weg verläuft im Aufstieg auf langen, wenig steilen Kehren, sodass ein kurzer, schweißtreibender Kraftakt gegen Ende der ersten Tourenhälfte die Ausnahme bildet. Die zweite Hälfte dieser aussichtsreichen Tour durch die südlichen Ausläufer der – nomen est omen – an Edelmetallen reichen Goldberggruppe führt unschwierig hinunter nach Stall. Wer den etwas kniffligen Einstiegspunkt östlich der Kirche von Mörtschach erst mal gefunden hat, kann den Rest der Zeit das großartige Panorama genießen.

Ausgangspunkt: Mörtschach, 950 m.
Anforderungen: Neben einer guten Ausdauer keine besonderen Anforderungen.
Einkehr: Alpengasthof Marterle; Gasthof Dorfschenke; Gasthof Reichhold, Tel. +43 2823 221 Gasthaus Postwirt, Tel. +43 4823 230.
Unterkunft: **Marterle:** Alpengasthof Marterle, Tel. +43 676 9373585, rangersdorf.at/unterkuenfte/alpengasthof-marterle. – **Stall:** Gasthof Dorfschenke, Tel. +43 4823 8102, dorfschenke.com. Gasthaus Postwirt, Tel. +43 4823 230.
Variante: Wer diese Etappe lieber zweiteilen möchte, kann gleich neben der Wallfahrtskirche Marterle einkehren und übernachten.
Information: TI Stall, Tel. +43 4823 8100-7, gemeinde-stall.at.
Karten: f&b WK 225, K WK 50.

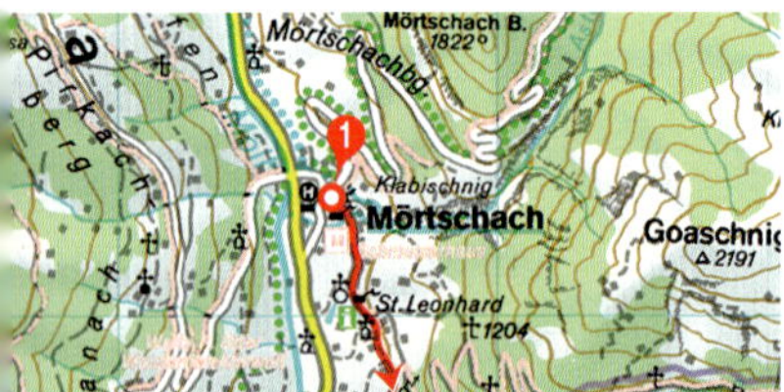

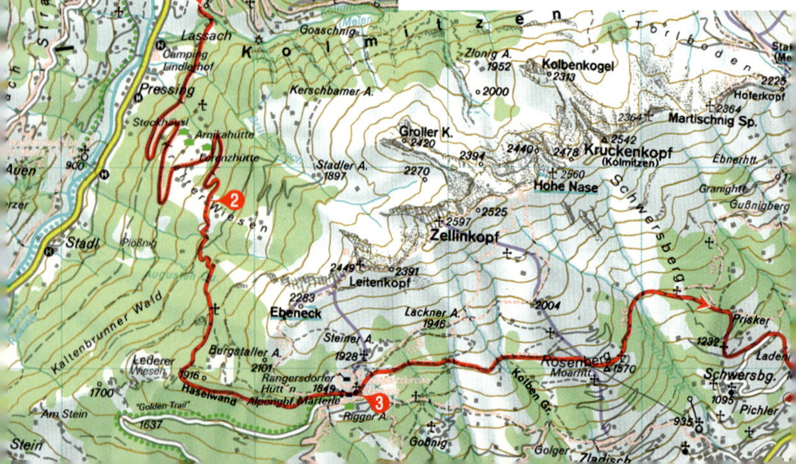

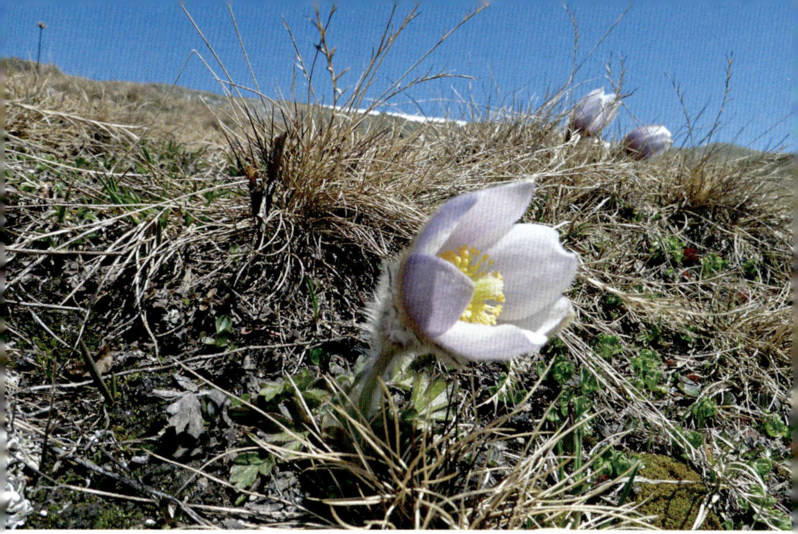

Frühsommer auf der Hochalm.

Wir starten unsere Tour bei der weithin sichtbaren, spätgotischen Leonhardskirche am südlichen Ortsende von **Mörtschach (1)**, 972 m. Die Dorfstraße steigt oberhalb der Kirche leicht bergan. Bei einer Weggabelung halten wir uns rechts (Rundweg Guggenberger) und erreichen beim letzten Haus einen Fuhrweg, wo man entlang der steilen Mölltalwiesen an Höhe gewinnt. Bald wird die kleine Brücke über den Kolmitzenbach erreicht, die wir queren. Bei einer markanten Gabelung halten wir uns links und passieren eine rot-weiße Schranke. Über mehrere lang gezogene Kehren kommen wir zu den Almweiden der **Kräuterwiesen (2)**, 1475 m (verschiedene Schreibweisen unterwegs; auch Greuterwiesen, Kreuterwiesen), wo die freien Flächen einen Blick zurück auf das Obere Mölltal und die Glocknergruppe erlauben. Wir bleiben auf der Forststraße, bis wir auf einer Seehöhe von rund 1530 m nahe einer scharfen Linkskurve rechts den Forstweg verlassen (Tafel »Marterle«). Hier beginnt

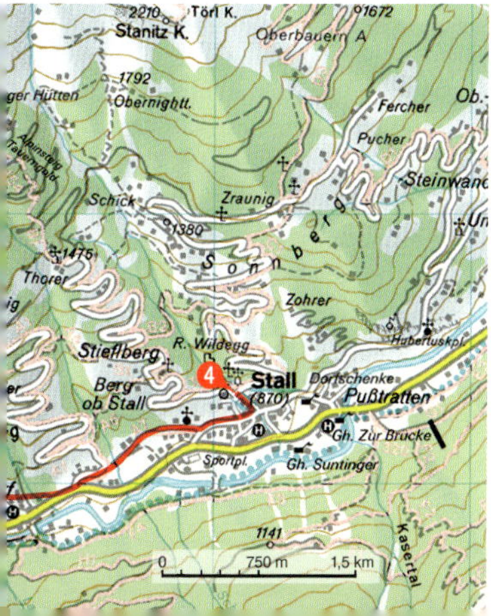

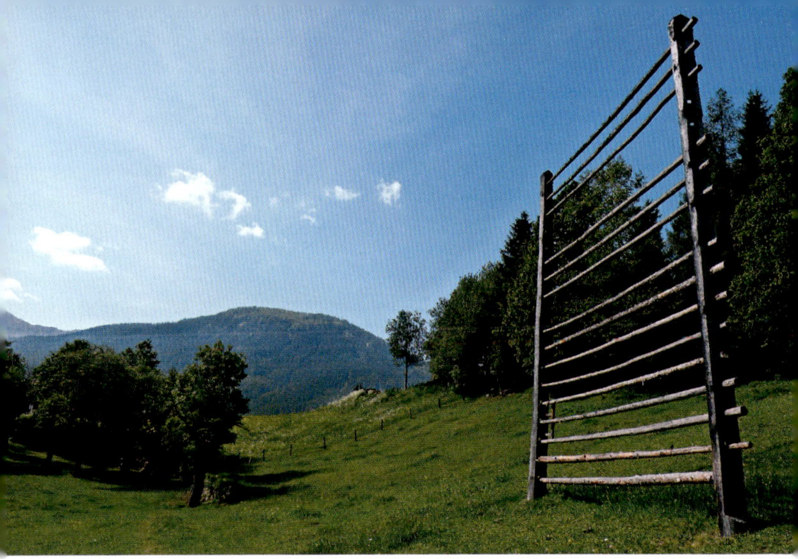

»Feldharpfen« zur Heutrocknung.

der anspruchsvollste Teil der Wanderung: Einem knackigen Aufstieg zu einem Rastplatz mit Pilgerkreuz folgt die gut ausgebaute, talseitig mit Fangseilen gesicherte Querung der **Haselwand**. Bald wird ein Forstweg erreicht, den wir aber nach wenigen Metern wieder – der rot-weißen Markierung folgend – verlassen. Nun trennen uns nur noch wenige Minuten vom Scheitelpunkt der heutigen Tour und der Wallfahrtskirche **Marterle (3)**, 1849 m.
Nach Stall folgen wir durchgehend dem beschilderten Staller Wallfahrtsweg. Der gut gepflegte Steig führt stets abwechselnd über Weiden und durch Wälder entlang der Mölltalleit'n – so der oft besungene Name der landwirtschaftlich genutzten Steilhänge. Gleich nach der Wallfahrtskirche passieren wir ein rot-weißes Weidegatter. Nach wenigen Metern verlassen wir den Almweg und steigen rechts über die Wiese ab (kaum Wegspuren – Markierungen am Boden beachten). Von einer Windfahne inmitten des Weidehanges sieht man zwei Hüttendächer. Der weitere Weg verläuft direkt oberhalb der Hütten in den Wald. Es folgt ein längerer Abstieg ohne Richtungswechsel, abschnittsweise auf Forstwegen. Bei Weggabelungen ist der Weiterweg nach Stall markiert. Nach einem relativ modernen Sennereigebäude mündet der teils grasbewachsene Almweg in einen Schotterweg. Weiter geht's bergab, jedoch wird der Weg unmittelbar nach einem Viehrost leicht bergauf verlassen. Immer der rot-weißen Markierung folgend passieren wir etliche leer stehende Bauernhöfe.

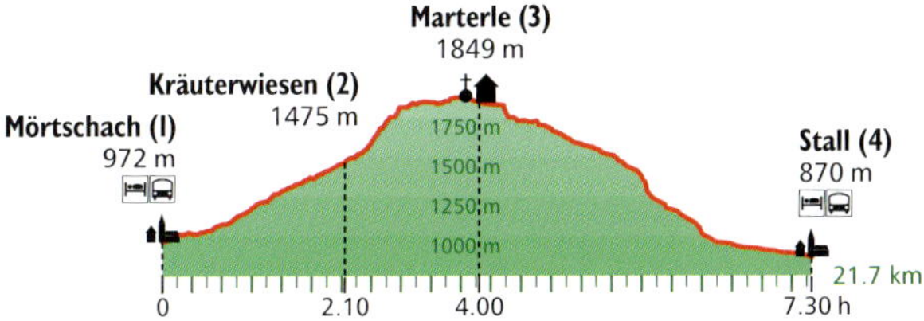

Kurz vor dem Gehöft Prisker oberhalb von Schwersberg zweigen wir rechts ab und steigen zur Dorfstraße auf Höhe der Siedlung Schwersberg hinunter. Wir folgen der Straße nach links und durchqueren die Häusergruppe. Nach den letzten Gebäuden erreichen wir den Wald und kürzen über die westliche Schulter des Loisengrabens die Schwersberger Zufahrtsstraße ab. Ist diese erreicht, folgen wir ihr bis in den Talboden, wo wir auf einer Nebenstraße zum Dorfwirt in der Ortsmitte von **Stall (4)**, 870 m, gelangen.

Am Marterle.

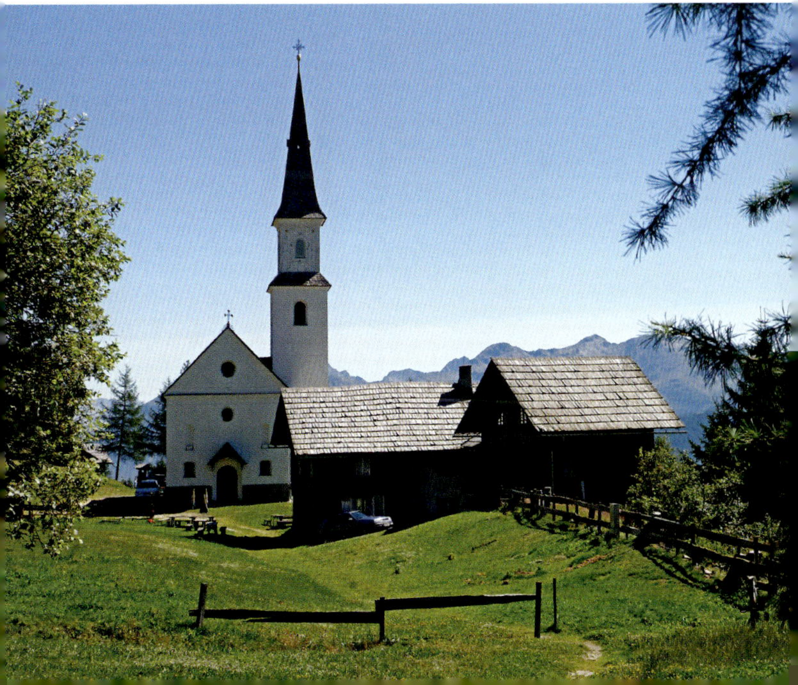

4 Stall – Innerfragant

7.30 Std.
↑1100 ↓900

Eine Hochalmwanderung mit Eisenbahnanschluss

Geschichtsträchtige Plätze, durch Hochalmen miteinander verbunden: Auch wenn uns die ersten Kilometer heute einiges abverlangen, ist dies doch eine der abwechslungsreichsten Etappen des Mölltal-Abschnittes. Über die aussichtsreichen Hänge des Sonnbergs gelangen wir auf die Almen des südöstlichen Sadnig-Gebirgszuges. Auf dessen Fraganter Seite steht heute der Rollbahnweg auf dem Programm, eine ehemalige Pferdeeisenbahntrasse, die auf knapp 1800 Metern Seehöhe inmitten der Großfraganter Steilhänge verlief.

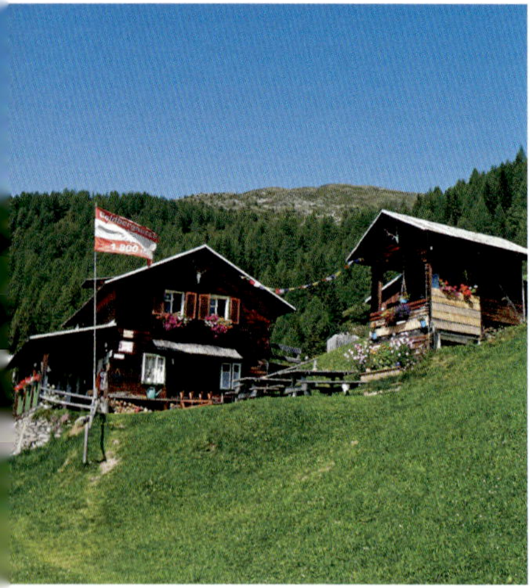

Ausgangspunkt: Stall, 870 m.
Anforderungen: Der Abstieg nach Innerfragant entlang des Fragantbaches ist stellenweise steil und wegen des Gerölls auch etwas ungemütlich. Stöcke leisten hier gute Dienste.
Einkehr: Goldberghütte, Innerfraganter Wirt.
Unterkunft: **Goldberghütte:** Auf Anfrage, Tel. +43 676 4604636. – **Innerfragant:** Innerfraganter Wirt, Tel. +43 4785 247, innerfraganterwirt.at.
Variante: Kleiner Umweg mit Einkehr und Nächtigung im Fraganter Schutzhaus, Tel. +43 4785 396, fraganterschutzhaus.at.
Information: TI Flattach, Tel. +43 4785 615, flattach.at.
Karten: f&b WK 225, K WK 50.

Die Goldberghütte.

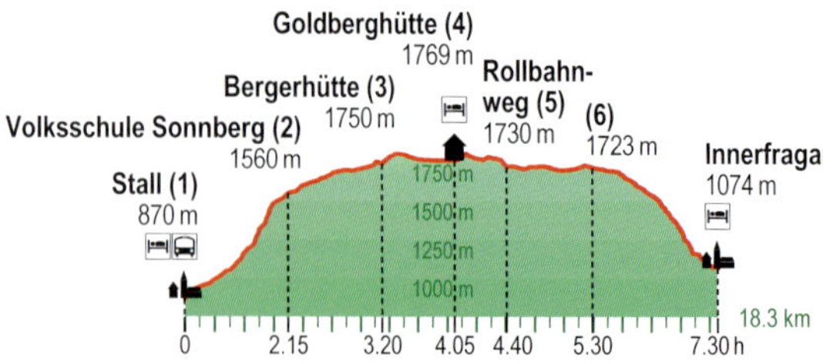

In **Stall (1)**, 870 m, folgen wir der Bergstraße auf den Sonnberg, können jedoch bereits am oberen Ortsende (Kreuzweg) einen Abkürzer nützen. Wieder an der Straße angelangt, folgen wir dieser über zwei Kehren. Wir erreichen eine Wiese, wo wir uns links halten und dem Weg, der hier stellenweise die Straße abschneidet, durch den Wald folgen. Zuletzt gelangen wir auf etwa 1400 m Seehöhe in flacheres Gelände und erreichen über den alten Aufstiegsweg die ehemalige Volksschule am **Sonnberg (2)**, 1560 m.

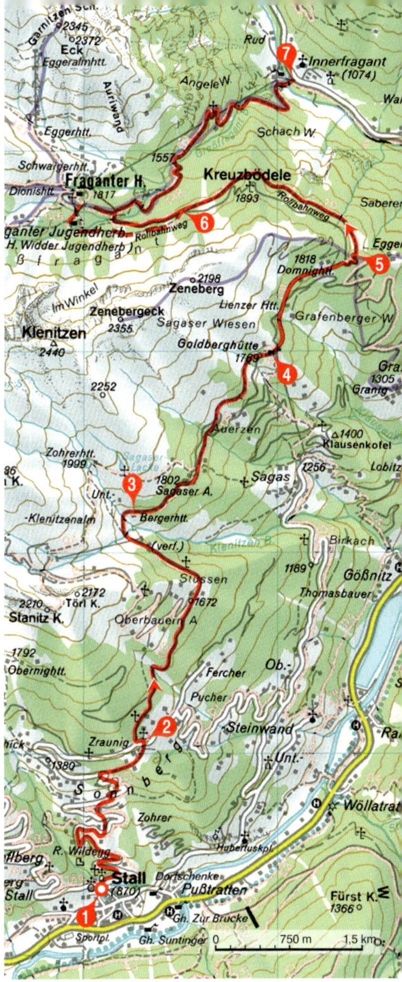

Inmitten der Häusergruppe oberhalb der Schule queren wir die Sonnberger Zufahrtsstraße (Panoramatafel, Beschilderung »Bodenhütte«) und folgen etwas unterhalb der Forststraße, die uns nun bis zur Bergeralm begleitet, einem schönen Waldweg. Wieder auf der Forststraße angelangt, schlagen wir alle Angebote, in spitzen Kehren die Marschrichtung zu ändern, aus. Fallweise ist die auf unserem Weg liegende Sagaser Alm beschildert. Bei der Lichtung auf der Stussen wird ein für Almverhältnisse sehr robustes Weidetor passiert. Weiter geht es dem Wegverlauf entlang (Linkskurve), die Freiflächen erlauben weite Blicke bis zur vergletscherten Hochalmspitze, 3360 m. Vorbei an einem Almkreuz mit Rastbank sowie einem weiteren untypischen Weidegatter erreichen wir das Ende der Forststraße kurz vor der privaten **Bergerhütte (3)**, 1750 m.

Oberhalb der Bergerhütte schlagen wir uns über gesteinsreichen Waldboden, um nach kurzer Zeit auf eine Forststraße zu gelangen. Diese relativ neue Straße ist noch nicht in allen Regionskarten erfasst – sie bringt uns direkt zur **Sagaser Alm**, 1802 m. Wir folgen der guten Erschließungsstraße an

den Hütten vorbei leicht bergab und erreichen nach wenigen Minuten eine Rechtskehre. Ein geradeaus verlaufender Steig bringt uns nach ca. 1 km direkt zur sehr sympathisch bewirtschafteten **Goldberghütte (4)**, 1769 m.
Bei der letzten Kehre der Hüttenzufahrt beginnt am Waldrand ein kurzer steiler Aufstieg, der wieder in einen Forstweg mündet. Wir folgen den Markierungen (Weg 11a), bis wir auf eine breite Schotterstraße treffen. Links führt die beschilderte Zufahrtsstraße zum Fraganter Schutzhaus. Wir halten uns jedoch rechts und erreichen nach zwei Schwüngen entlang der Forststraße den Parkplatz am Beginn des **Rollbahnweges (5)**, 1730 m, der zu Zeiten des Erzabbaus dem Gütertransport mittels Pferdeeisenbahn diente.
Die nächsten 3 km verlaufen daher auf ebenem Terrain. Trotz der gut erhaltenen Trasse ist es heute schwer vorstellbar, dass hier einst der Schwerverkehr rollte. Breite Wege und Sicherungen an den steileren Passagen sorgen dafür, dass diese Route auch gerne von Familien für einen Besuch des Fraganter Schutzhauses (siehe Variante) bewandert wird.
Gegen Ende der Rollbahn queren wir eine **Forststraße (6)**, 1723 m. Wer im Fraganter Schutzhaus, 1817 m, nächtigen möchte, bleibt am Rollweg (Weg 11a, ca. 30 Min.). Der Abstieg nach Innerfragant erfolgt hingegen ein kurzes Stück über die Forststraße, die nach Querung des **Fragantbaches** talseitig verlassen wird. Der Wanderweg 146 verläuft bergab stets nahe dem Fragantbach, der auch mehrmals überquert wird, und endet vor dem **Gasthaus Innerfragant (7)**, 1074 m, dem heutigen Etappenziel.

Der ganz junge Fragantbach.

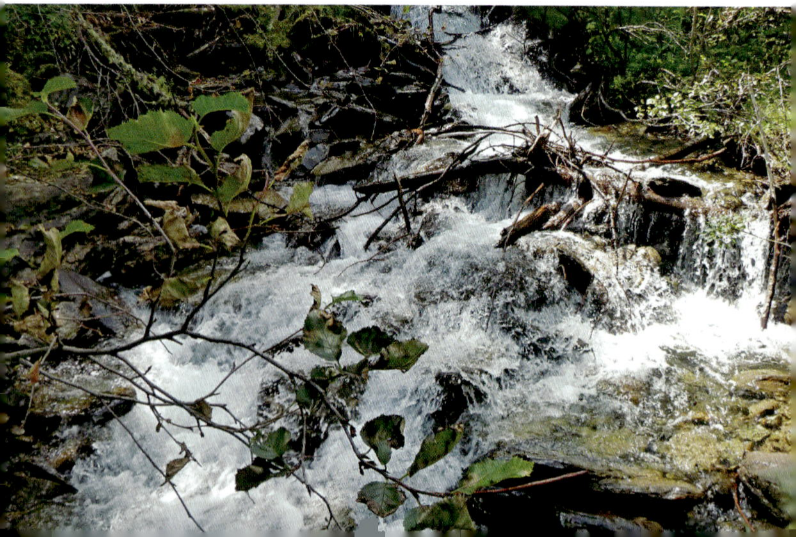

7.30 Std.

↑1170 ↓1050

Innerfragant – Mallnitz

5

In den Ausläufern der Goldberggruppe

Der heutige Tag beginnt gemütlich. Stets leicht bergab geht es am Vormittag den Fragantbach entlang zurück an das Ufer der Möll. Dabei bleibt genügend Zeit, sich ein wenig umzusehen: Wer Innerfragant von Stall kommend erreicht hat, hat nun auf den ersten Kilometern stets den am Vortag durchwanderten Rollbahnweg zur rechten Seite. Parallel zum Fragantbach verläuft dieser auf rund 1700 Höhenmetern auf der nun rechts gelegenen Bergseite. Die Talwanderung dauert jedoch nicht lang: Bereits in Flattach windet sich der Weg wieder hinauf bis zur imposanten Aussichtsterrasse zwischen den Stanerhäusern und dem Gasthof Himmelbauer. Durch Wald und zuletzt über Wiesen erreichen wir das Bergsteigerdorf Mallnitz am Fuße des Ankogels.

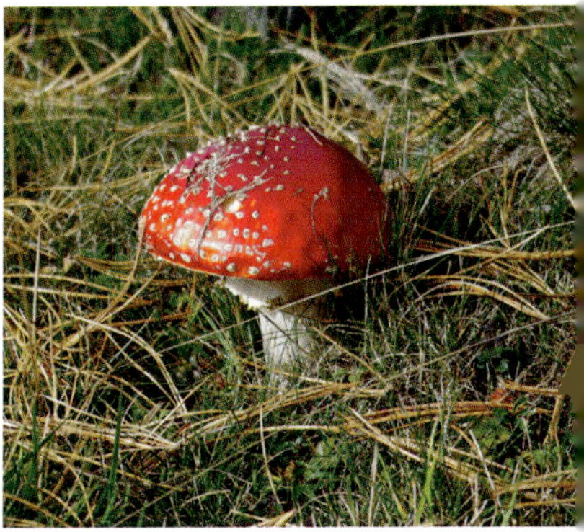

Vorsicht, giftig!

Ausgangspunkt: Gasthaus Innerfraganter Wirt, 1074 m.
Einkehr: Almgasthof Himmelbauer, diverse Einkehrmöglichkeiten in Flattach und Mallnitz.
Unterkunft: **Obervellach:** Almgasthof Himmelbauer, Tel. +43 664 4243631, almgasthof-himmelbauer.at. – **Flattach:** z. B. Hotel Gletschermühle, Tel. +43 4785 421, hotel-gletschermuehle.at. – **Mallnitz:** z. B. Thalerhof, Tel. +43 4784 274, thalerhof-mallnitz.at; Haus Obernig, Tel. +43 650 7576427; Pension Eggerhof, Tel. +43 4784 214, eggerhof-mallnitz.at.
Einkauf: In Flattach und Mallnitz.
Information: TI Mallnitz, Tel. +43 4824 2700-40, mallnitz.at.
Karten: f&b WK 225, K WK 50.

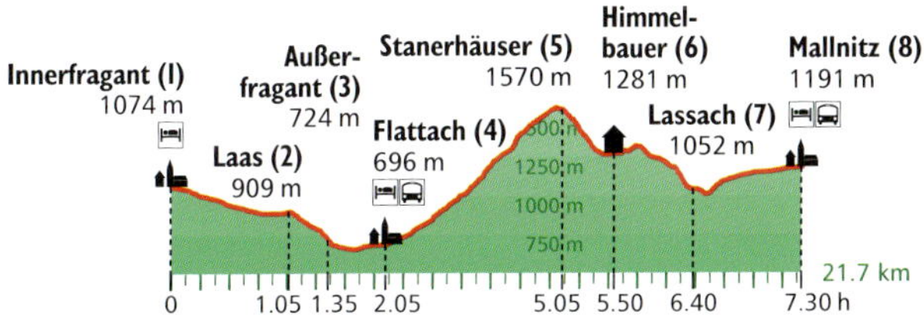

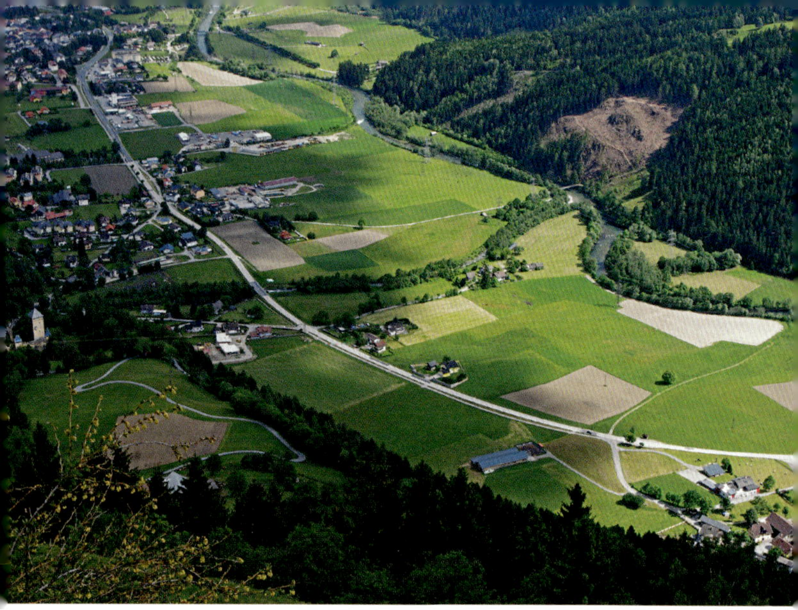

Blick vom Himmelbauer Richtung Obervellach.

Vom Parkplatz vor dem **Gasthaus Innerfragant (1)**, 1074 m, folgen wir rund 2 km – stets leicht bergab – der asphaltierten Straße Richtung Außerfragant. Bevor die Straße wieder anzusteigen beginnt, führt rechter Hand, anfangs dem Flusslauf des Fragantbaches folgend, ein breiter Schotterweg in das Dorf **Laas (2)**, 909 m. Weiter talwärts die Straße entlang erreichen wir – inzwischen in den Mölltalboden zurückgekehrt – die Ortschaft **Außerfragant (3)**, 724 m. Die Serpentinen des letzten Straßenkilometers können über den lokalen Wanderweg 9a abgekürzt werden.

Nur kurz folgen wir der Hauptstraße talauswärts, denn bereits beim Sporthotel führt eine Seitenstraße links nach **Flattach (4)**, 696 m, wo gleich nach der Kirche links der Wanderweg 2a abzweigt, und durch Wald, nun als Nummer 5, zum Gehöft Großfercher aufsteigt. Hier treffen wir auf Weg Nr. 6 – anfangs eine Asphaltstraße, die in mehreren Kehren auf rund 1150 m Höhe hinaufführt. Schilder weisen scharf links auf einen Forstweg Richtung Stanerhäuser und Poschacher.

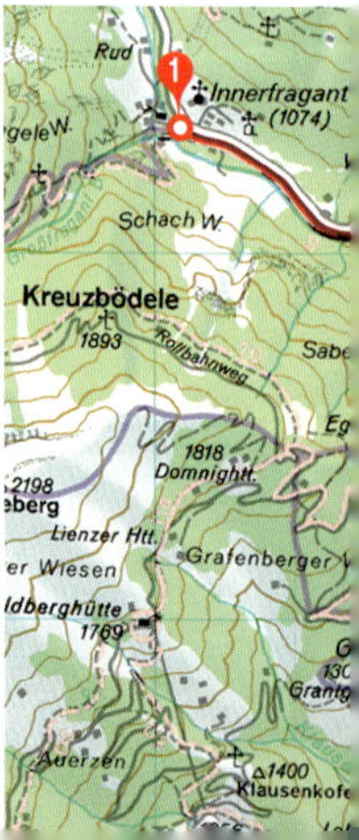

Das Gehöft Poschacher erreichen wir rund 100 Hm später in einer Spitzkehre. Hier machen wir von der Möglichkeit Gebrauch, den Forstweg zu den **Stanerhäusern (5)**, 1570 m, auf einem Steig abzukürzen.

Schon vor dieser Siedlung älterer und neuerer Berghäuser verlassen wir den Wald. Hier bietet sich ein fantastischer Ausblick. Im Tal ist bereits der monumentale Danielsberg zu sehen. Das Ziel der nächsten Etappe steht einsam in dem sich vor uns ausbreitenden Talbecken des unteren Mölltales.

Von den Stanerhäusern führt ein zum Teil steiler Fuhrweg hinab zum **Berggasthof Himmelbauer (6)**, 1281 m, mit ebenfalls spektakulärer Aussicht auf Obervellach und seine Ortsteile. Auf der anderen Talseite sind markante Größen der Kreuzeckgruppe, wie Teuchlspitz, 2320 m, Böse Nase, 2297 m, oder Polinik, 2784 m – von Osten nach Westen – zu sehen.

Der Weiterweg führt an der Vorderseite der Aussichtsterrasse vorbei zum Spielplatz, an dessen hinterem Ende sich der Einstieg in den letzten Abschnitt, die Steilhangquerung Richtung Mallnitz, befindet. Wir sind hier in den südöstlichen Ausläufern der Goldberggruppe, die wir mit Ende dieser Etappe hinter uns lassen.

Ohne weitere Weggabelungen erreicht man bei **Lassach (7)**, 1052 m, die Serpentinen der Mallnitzer Bundesstraße. In Gehrichtung links der Straße schlängelt sich der verbleibende Weg einmal mehr, einmal weniger weit weg von der Straße, jedoch immer ohne markante Richtungs- oder Höhenänderung in die Ortsmitte von **Mallnitz (8)**, 1191 m.

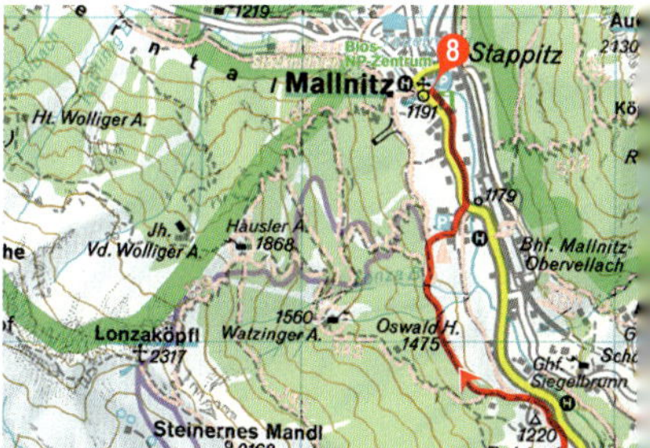

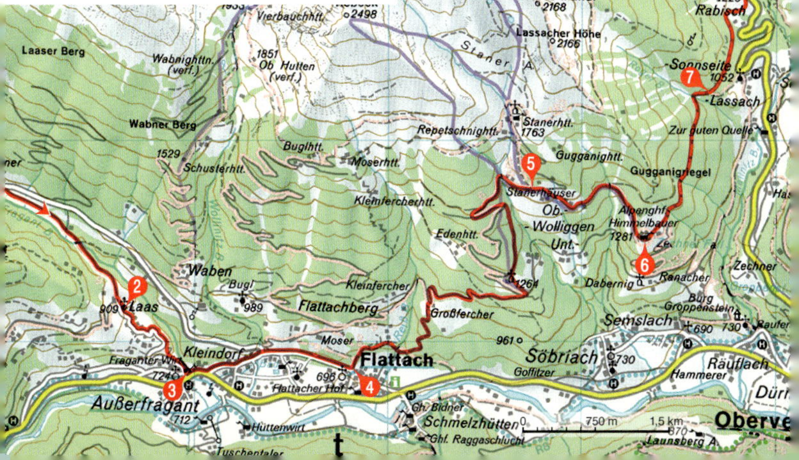

6 Mallnitz – Danielsberg

6.30 Std.

↑480 ↓700

Von der Eiszeit in die Steinzeit und zurück

Die heutige Etappe bietet eine abwechslungsreiche Reise durch die Urgeschichte des Landes. Der erste Wegabschnitt von Mallnitz nach Obervellach verläuft durch zwei spektakuläre, glazial geformte Schluchten mit zahlreichen Aussichtspunkten – nicht selten direkt über der tosenden Gischt. In Obervellach, wo sich Mitte des letzten Jahrtausends das Zentrum des innerösterreichischen Bergbaues befand, lassen die mittelalterlichen Häuser der Gewerken – also der Stollenbesitzer – den Reichtum früherer Tage erahnen. Und der Danielsberg – der den Eismassen des Würmgletschers unübersehbar trotzte – bildet mit seinen Funden aus der Jungsteinzeit den würdigen Abschluss dieser Zeitreise.

Auf sicheren Wegen in der Groppensteinschlucht.

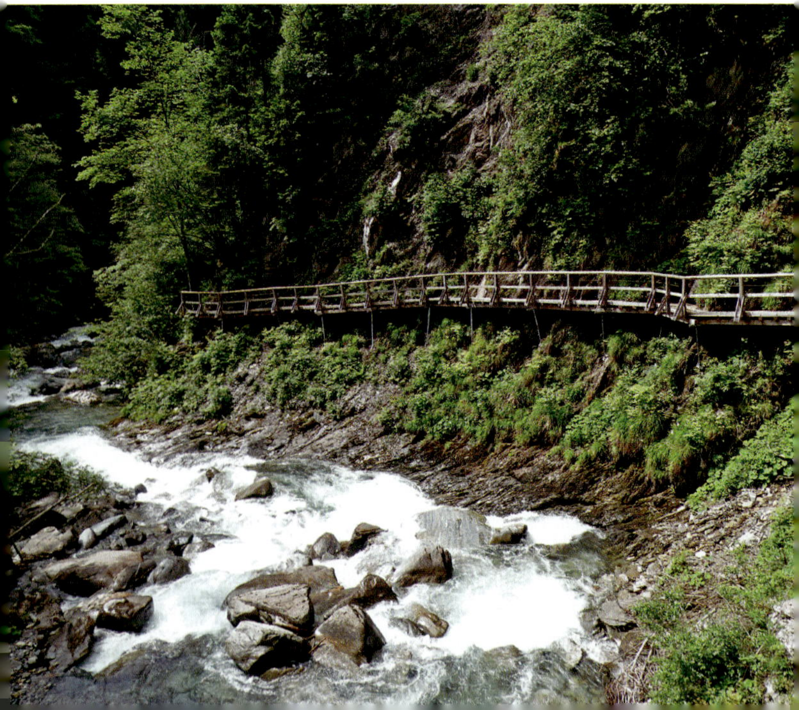

Ausgangspunkt: Mallnitz, 1191 m.
Anforderungen: Bei Regen ist auf den Steigen entlang des Mallnitzbaches Vorsicht geboten, ansonsten keine besonderen Schwierigkeiten. Längere Abschnitte auf hartem Belag ab Obervellach.
Einkehr: Herkuleshof; diverse in Obervellach.
Unterkunft: Obervellach: z. B. Hotel Pacher, Tel. +43 4782 2259, landhotel-pacher.at. – **Danielsberg:** Herkuleshof, Mo–Mi Ruhetag (Voranmeldung!), Tel. +43 4783 2288, herkuleshof. com. – Ersatzmöglichkeit in **Kolbnitz:** Pizzeria Steiner, Tel. +43 4783 2960; Gästehaus Graf, Tel. +43 4783 2848.
Einkauf: Im Ort Obervellach; zwischen Obervellach und Gmünd kein Bankomat.
Varianten: Aufgrund der guten Verkehrsanbindung lässt sich die Tour in Obervellach sehr einfach in zwei Halbtagesetappen aufteilen. Wer die Etappe teilt, wird nach Obervellach der AAT-Markierung hinauf zur Tauernbahn folgen. Die kürzere (hier beschriebene) Strecke verläuft direkt zur Burg Niederfalkenstein.
Für Wanderer, die noch etwas mehr Zeit im Nationalpark verbringen möchten, empfiehlt sich ein Ausflug zum Stappitzer See: In der Mallnitzer Ortsmitte nimmt der (mit AAT-Symbol markierte) »Talrundweg« seinen Ausgang, der zuerst zum Nationalparkzentrum (BIOS), und dann vorbei an der Pforte des Tauernbahn-Tunnels beinahe eben zum Stappitzer See (Einkehr, Naturlehrpfad) führt. Der Rückweg nach Mallnitz verläuft an der östlichen Talseite. Wer im Anschluss an diese empfehlenswerte Runde nicht mehr die ganze Strecke bis zum Danielsberg gehen möchte, findet in Obervellach mehrere Übernachtungsmöglichkeiten (9 km, 250 Hm, 2.30 Std.).
Information: TI Obervellach-Reisseck, Tel. +43 4824 2700-30, obervellach-reisseck.at.
Karten: f&b WK 225, K WK 50.

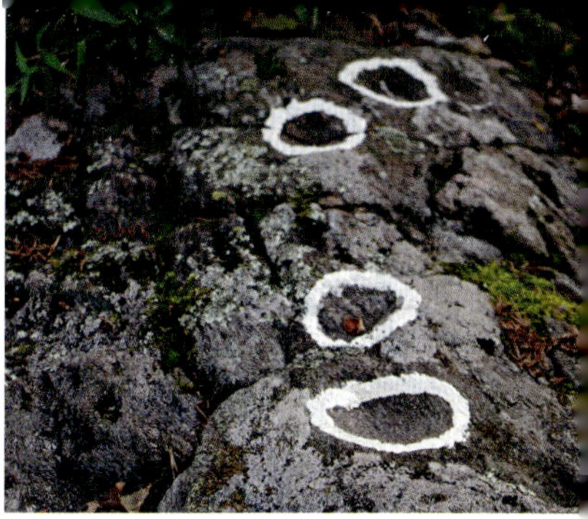

Schalenstein am Danielsberg.

In der Ortsmitte von **Mallnitz (1)**, 1191 m, nimmt der lokale Wanderweg Dösental seinen Ausgang, dem wir zum heutigen Etappenstart rund 30 Min. folgen. Dazu überqueren wir den Mallnitzbach (Straße Richtung Ankogelbahn), biegen rechts zur Unterquerung der Bahngleise und weiter auf eine asphaltierte Nebenstraße, die parallel zu Bach und Gleisen verläuft. Nach dem Autoverladeplatz der Mallnitzer Tauernschleuse halten wir uns rechts und errei-

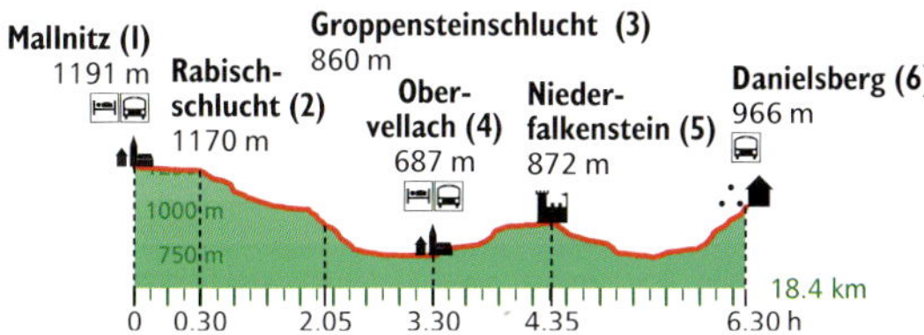

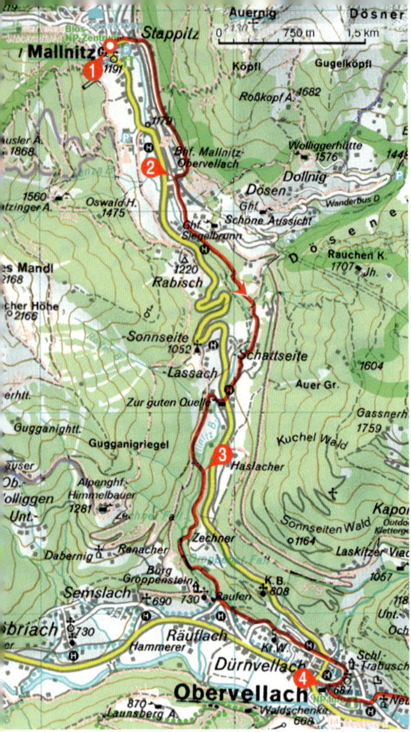

chen ein hölzernes Tor, das den Einstieg in die **Rabischschlucht (2)**, 1170 m, markiert.
Den Mallnitzbach stets rechter Hand in Seh- und Hörweite erreichen wir nach rund 1 km eine Zufahrtsstraße, der wir – weiterhin den Mallnitzbach zur Seite – bis zur Bundesstraße folgen. Über einen Steig kommen wir, ein Viadukt unterquerend, zum **Gasthof Zur guten Quelle**. Von hier führt ein beschilderter Weg ohne nennenswerte Höhenunterschiede zum Einstieg in die **Groppensteinschlucht (3)**, 860 m. Der komfortable Steig führt immer nahe am Wasser, teils über Brücken und Stufen, flussabwärts (Eintritt 7 €, mit der Nationalpark Kärnten Card gratis). Am Ende der Schlucht bringt uns eine Fußgängerbrücke auf die linke Seite des Mallnitzbaches. Weiter geht's auf breitem Weg zum talseitigen Einstieg der Schlucht, im Obervellacher Ortsteil **Räuflach** gelegen. Von hier aus erreichen wir über die Dorfstraße – vorbei am Bauernladen Walter – die Ortsmitte von **Obervellach (4)**, 687 m, mit ihren bedeutsamen montangeschichtlichen Baudenkmälern auf dem Hauptplatz.
Unser Weiterweg verläuft über den Hauptplatz weiter Richtung Osten, wo kurz vor den Tennisplätzen eine asphaltierte Straße leicht bergauf führt (nach 5 Min. Abzweigung der oben beschriebenen Variante). Schon bald haben wir die Möglichkeit, links der Straße auf einen Wanderweg zu wechseln, der – stets straßennahe – in rund 1 Std. gut beschildert zur **Burg Niederfalkenstein (5)**, 872 m, leitet. Nach der Burg führt ein breiter Waldweg hinab nach Obergratschach und in weiterer Folge zum Glocknerradweg R8, der uns fern der Bundesstraße in den Ortsteil Gappen und weiter nach **Penk** bringt. Immer der Dorfstraße folgend kommen wir nach Litzldorf, wo wir in einer scharfen Linkskurve die Straße auf den Danielsberg verlassen. Geradeaus ist der Fußweg nach Kolbnitz beschildert. Beim Gehöft Kroß (Litzldorf 1) verlassen wir diesen Fußweg, um links über den Jagdlehrpfad zum Herkuleshof am **Danielsberg (6)**, 966 m, aufzusteigen.

Danielsberg: *Rund 350 Meter hoch erhebt sich der Danielsberg inmitten des Mölltals. Der das Tal beherrschende Berg diente schon 4000 Jahre vor der Zeitenwende als Zufluchtsort und Kultstätte, was durch steinzeitliche Werkzeugfunde sowie durch die geschätzte Datierung der Schalensteine belegt ist. Schalensteine sind Steine mit von Menschenhand geschaffenen schalenförmigen Vertiefungen. Der Verwendungszweck der Schalen ist nicht belegt. Eine gängige Vermutung ist, dass sie zur Aufnahme von flüssigem Opfergut dienten. Was immer das auch genau gewesen sein könnte, ist jedoch nicht erforscht. Eine Besiedlung zur Bronzezeit ist ebenfalls durch Werkzeugfunde belegt.*

Ein Hinweis auf die keltische Besiedlung etwa ab 300 v.u.Z. befindet sich in Form einer Steintafel mit Inschrift im linken Seitenaltar der Kirche. Den Kelten folgten die Römer, die den Berg wohl als Wachtstation nutzten (römisches Soldatenrelief am Seitenaltar). Der damaligen Bezeichnung Colomunitio (»gesicherter Hügel«) verdankt der heutige Talort Kolbnitz seinen Namen.

Der römische Herkulestempel musste im 4. Jh. einer christlichen Kapelle weichen, die dem Propheten Daniel gewidmet wurde. Die Kirche auf dem Felsplateau entstand 1127, wurde 1510 nach einem Brand erneuert und der Patronanz des hl. Georg unterstellt. Herkules und Georg konnten am Namen des Berges aber nichts mehr ändern. Der Herkuleshof verdankt seinen Namen übrigens dem Umstand, dass der Sohn Zeus' in früheren Zeiten als Schutzpatron der Bergleute galt. Altertumsforscher vermuten, dass der Danielsberg bereits bei seiner frühesten Besiedlung ein Zentrum des Bergbaues war.

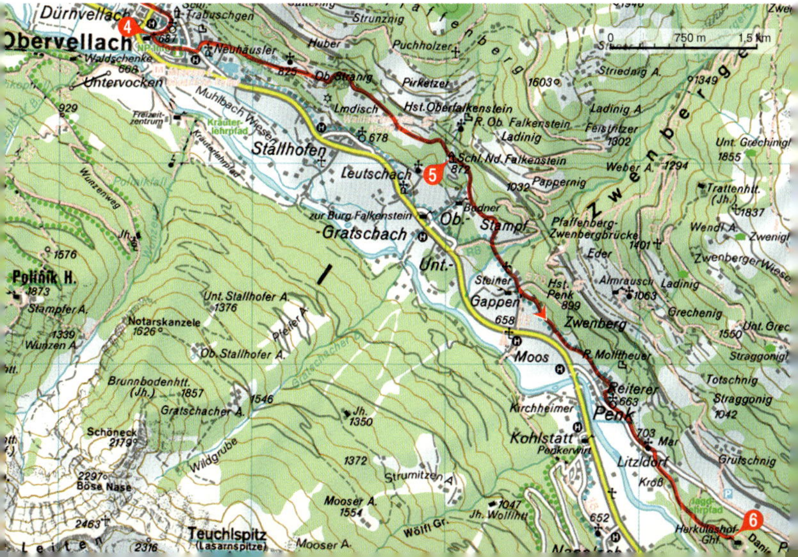

7 Danielsberg – Hühnersberg

6.10 Std.

↑670 ↓620

Unter Strom

Das Mölltal und seine Hohen Tauern liegen nun fast zur Gänze hinter uns: Mit dieser Etappe wechseln wir in weniger schroffe Gefilde. Die der Sonne zugewandten Hänge des Hühnerberges bilden eine passende Einstimmung auf die kommenden Tage durch den Nationalpark Nockberge. Am Anfang dieser Etappe haben wir Gelegenheit, eine der Pionierleistungen des alpinen Kraftwerkbaues aus der Nähe zu bestaunen: Mit knapp 1800 Metern Fallhöhe ist die Druckrohrleitung des Reißecker Kraftwerkes weltweit die zweithöchste Einrichtung ihrer Art. Die Barbarossaschlucht erinnert – nicht minder spektakulär – an die Erlebnisse des Vortages. Das letzte Drittel lässt mit weitläufigen Ausblicken ins Lurnfelder Becken sowie zu den Ausläufern der Kreuzeckgruppe keine Müdigkeit aufkommen.

Ausgangspunkt: Herkuleshof am Danielsberg, 966 m.
Anforderungen: Keine besonderen. Die Barbarossaschlucht ist familientauglich, bei Nässe erhöhte Aufmerksamkeit nötig.
Einkehr: In Kolbnitz Pizzeria Steiner; mehrere Gasthöfe in Mühldorf; Gasthof Hohenburg (Mo-Mi Ruhetag); Gasthof Kolmwirt.

Unterkunft: **Kolbnitz:** Pizzeria Steiner, Tel. +43 4783 2960. – **Mühldorf:** Hotel Winkler, Tel. +43 4769 2424, hotelwinkler.at; Gasthof Richter, Mo/Di Ruhetag, Tel. +43 4769 33400, gasthof-zum-richter.at. – **Gasthof Hohenburg:** auf Anfrage, Mo–Mi Ruhetag, Tel. +43 4769 3035, hohenburg.at. – **Hühnersberg:** Bauernhof Stauder, Tel. +43 650 5109510, bauernhof-stauder.at; Gasthof Kolmwirt, auf Anfrage, Tel. +43 4762 3218.
Einkauf: Mühldorf.
Information: GA Reißeck, Tel. +43 4783 2050, reisseck.at.
Karten: f&b WK 225, WK 221, K WK 50.

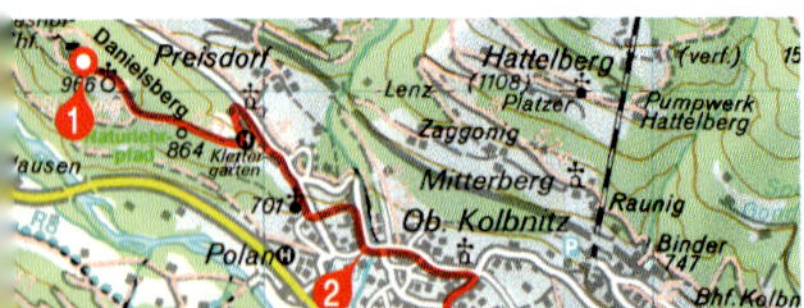
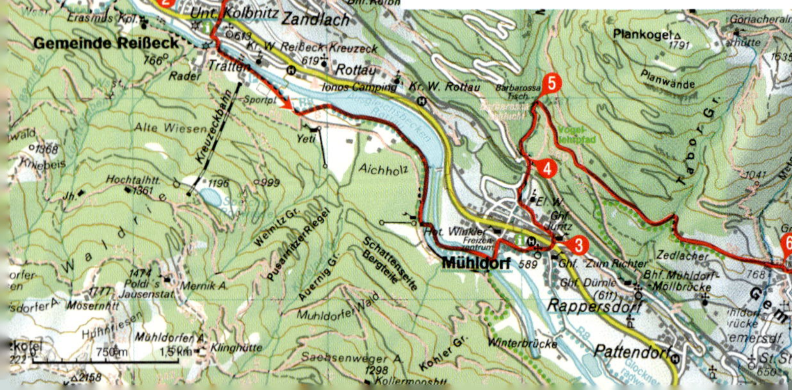

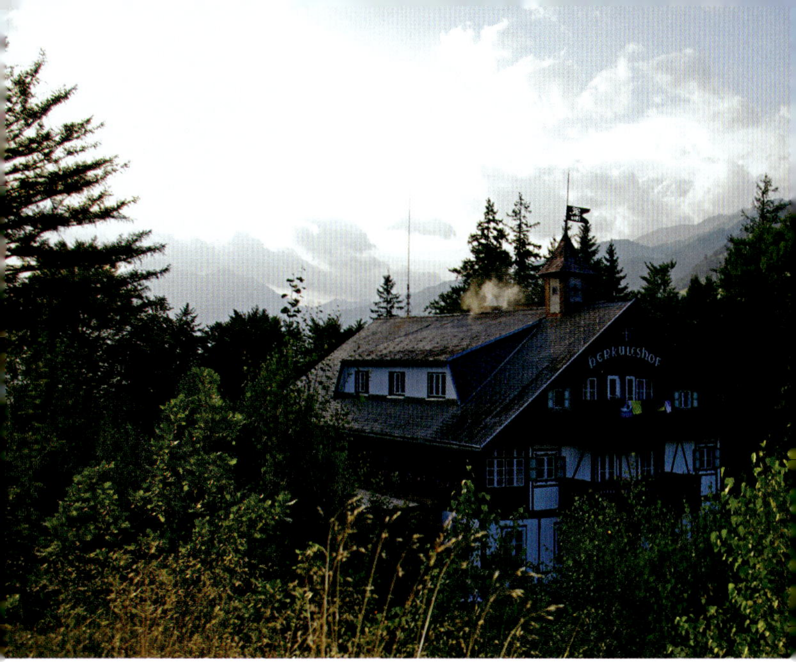

Der Herkuleshof am Danielsberg.

Vorbei am kleinen Teich (mit eigener Quelle!) im Garten des **Herkuleshofs (1)**, 966 m, erreicht man den Nordhang unterhalb der Kirche, wo der Naturlehrweg Danielsberg seinen Ausgang nimmt. Über ihn kommt man wenige Meter oberhalb von Kolbnitz zur Asphaltstraße, der man (rechts) ins Ortsgebiet folgt. Unmittelbar nach der Kirche Sandbichl (mit Rastplatz) weist uns die Markierung an, linker Hand einem Fußweg durch **Oberkolbnitz (2)**, 663 m, zu folgen.

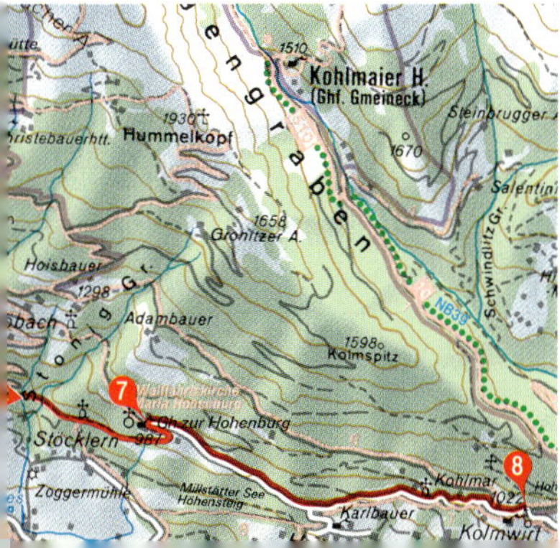

Wir überqueren den Riekenbach und zweigen bald darauf rechts zur Möll ab, wo wir über eine Brücke zum Glocknerradweg gelangen. Flussabwärts wandern wir am Rottau-Stausee vorbei und erreichen etwa eine halbe Stunde nach dem Staubecken das

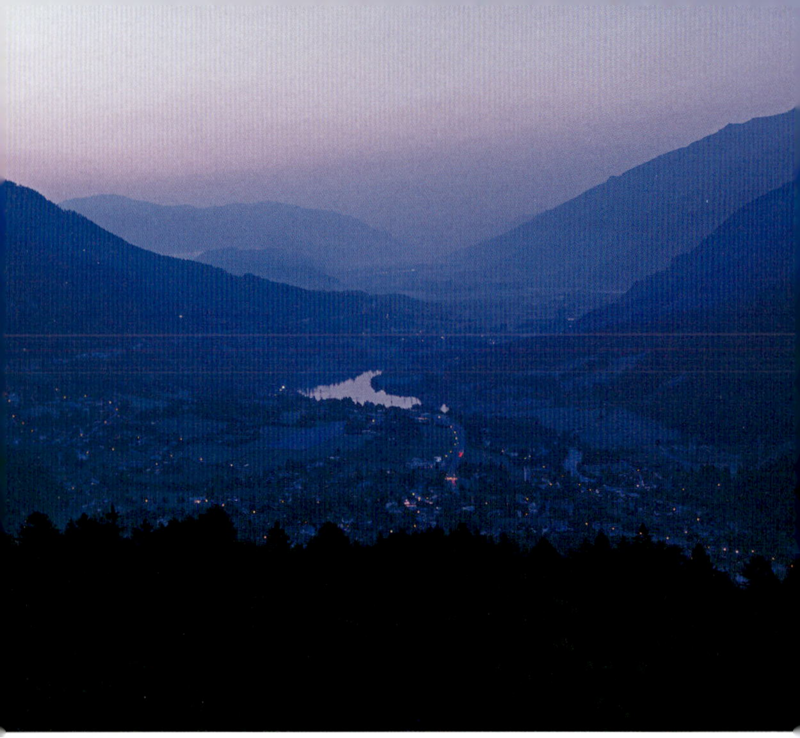

Vor dem Aufbruch – Morgendämmerung am Herkuleshof.

Ortszentrum von **Mühldorf (3)**, 589 m. Lokale Wanderwege bringen uns Richtung Norden hinauf zur Tauernbahn und weiter zum Einstieg in die reizvolle **Barbarossaschlucht (4)**, 690 m. Anfangs auf Gras-, bald auf Waldboden wird ein familientauglicher, gesicherter Steig erreicht, der uns hinauf zum **Barbarossatisch (5)**, 850 m (»überdachter« Rastplatz), bringt. Weiter bergauf kommen wir zum oberen Ausgang der Barbarossaschlucht, wo wir bei allen Wegteilungen der Beschilderung Richtung **Göriach (6)**, 768 m, folgen.

Östlich von Göriach halten wir uns an einer Weggabelung rechts (links groß beschildert die Christebauerhütt'n). Ab hier auf die lokale Beschilderung der »Schwarzen Muttergottes« achten. Haben wir das Marterl erreicht, führt ein Steig weiter entlang des Wanderweges 3 bergauf zu **Kirche** und **Ruine Hohenburg (7)**, 987 m. Die Ruine befindet sich im Wald gleich hinter der Kirche und ist in 2 Min. über einen Steig erreichbar.

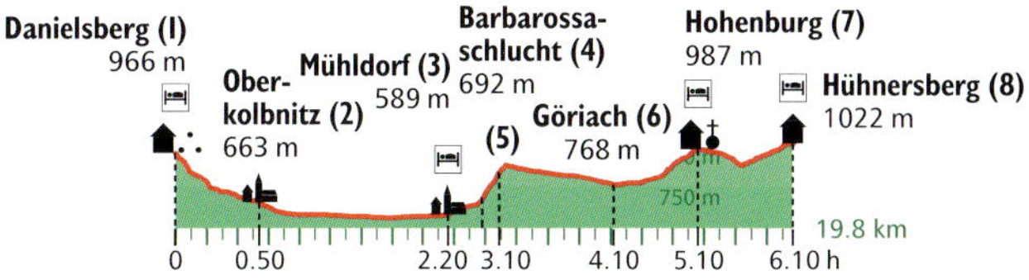

Am Parkplatz des dazugehörigen Gasthofes endet die asphaltierte Zufahrtsstraße, die uns in 20 Min. an die Straße auf den **Hühnersberg** leitet. Hier links hinauf wird in weiteren 25 Min. der Gasthof **Kolmwirt (8)**, 1022 m, und damit der Etappenendpunkt erreicht.

Die Wallfahrtskapelle vor der Ruine Hohenburg.

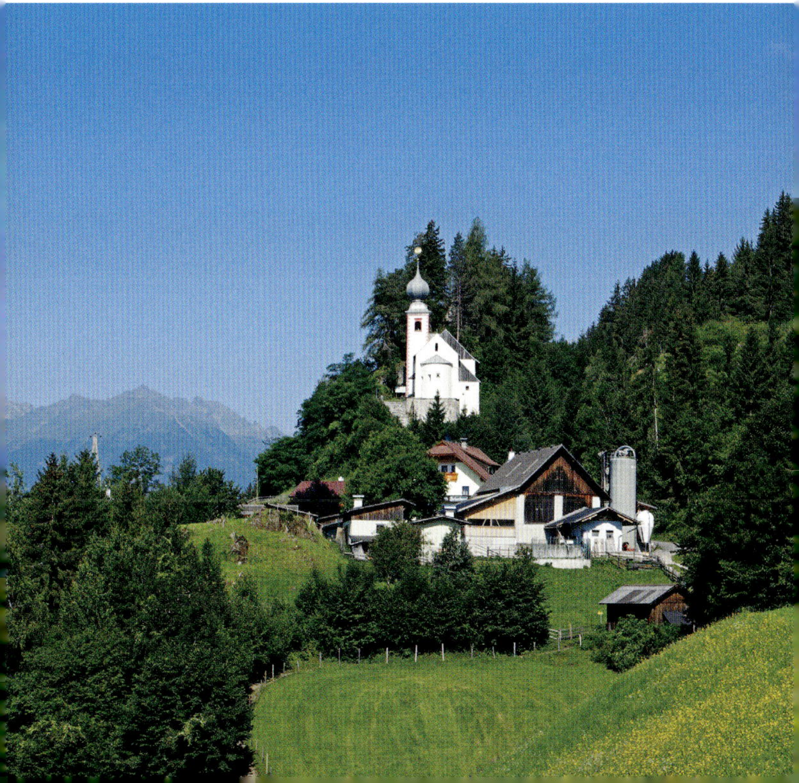

8

Hühnersberg – Gmünd

4.00 Std.

↑220 ↓500

Gemeinsam oder einsam

Der Charakter der Tour lässt sich mit »langer Spaziergang« beschreiben. Die zu überwindenden Höhenmeter verteilen sich gemütlich über den ganzen Tag, und wer der Stadt Gmünd und ihrem Künstlerflair mehr Aufmerksamkeit widmen möchte, findet am Nachmittag die Zeit dafür. Der sehenswerte mittelalterliche Hauptplatz eignet sich auch sehr gut dazu, bei einem Eisbecher den Beinen eine Pause zu gönnen. Den Abschnitt vom Hühnersberg nach Seeboden kann man übrigens auch wagen, wenn das Wetter einmal nicht so optimal sein sollte.

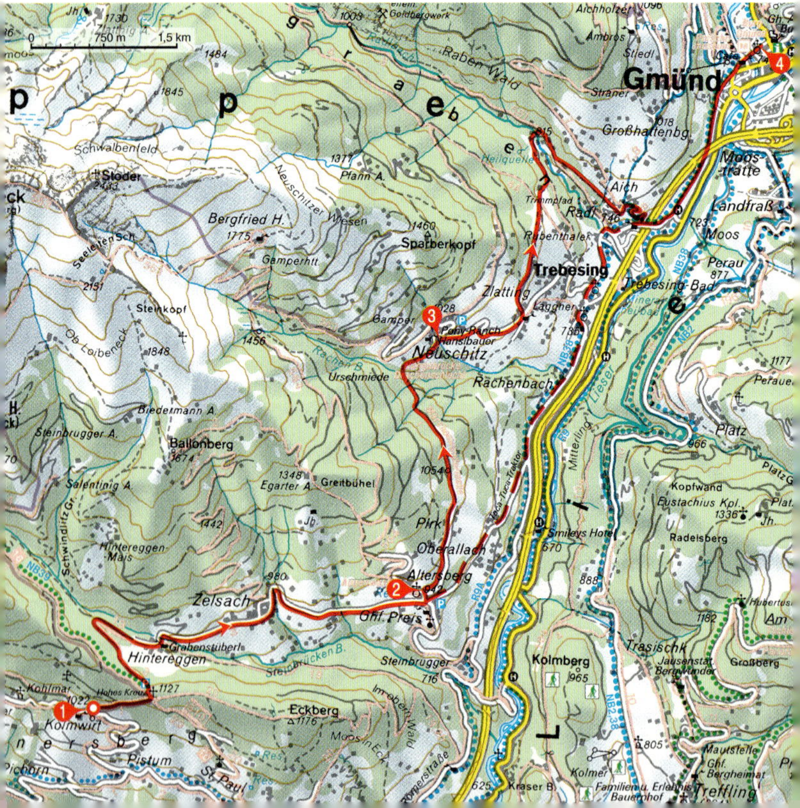

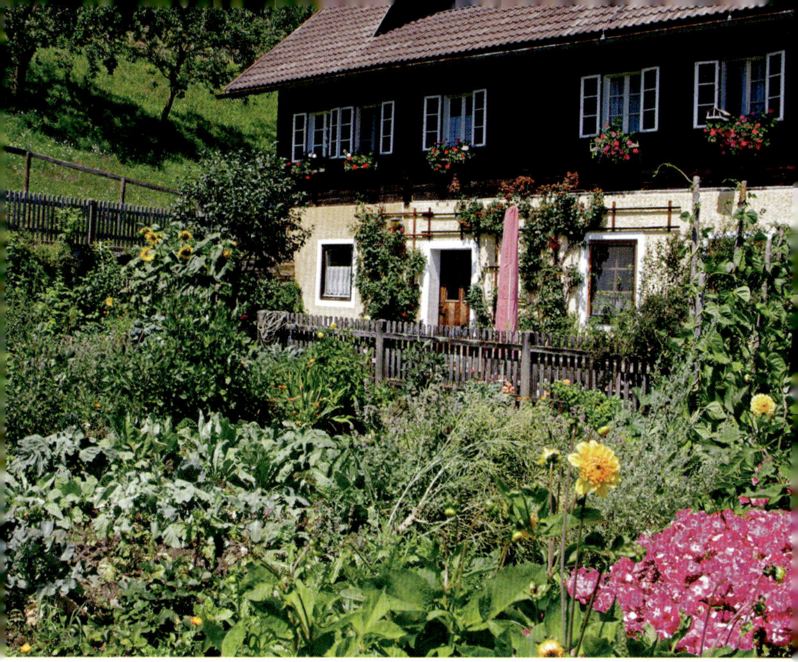

Ein üppiger Bauerngarten in Altersberg.

Ausgangspunkt: Gasthof Kolmwirt am Hühnersberg, 1022 m.
Anforderungen: Einfache Wanderung auf gut beschilderten Wegen.
Einkehr: Diverse in Altersberg, Trebesing und Gmünd.
Unterkunft: Gmünd: z. B. Gasthof Kohlmayr, Tel. +43 4732 2149, gasthof-kohlmayr.at; Gasthof Prunner, Tel. +43 4732 2187, prunner-gmuend.at.
Einkauf: Im Ortszentrum von Gmünd.
Hinweis: Drachenmeile geöffnet Mitte Mai – Mitte Sept., 9.30–16.30 Uhr, bei Regen geschlossen, energie-erlebnisweg.at. Die Benutzung der Brücke ist für Wanderer kostenlos.
Variante: Bei Schlechtwetter von Altersberg entlang der Dorfstraße direkt nach Trebesing (ca. 3 km und 45 Min. kürzer).
Information: TI Lieser-/Maltatal, Tel. +43 4732 2222, familiental.com.
Karten: f&b WK 221, K WK 50.

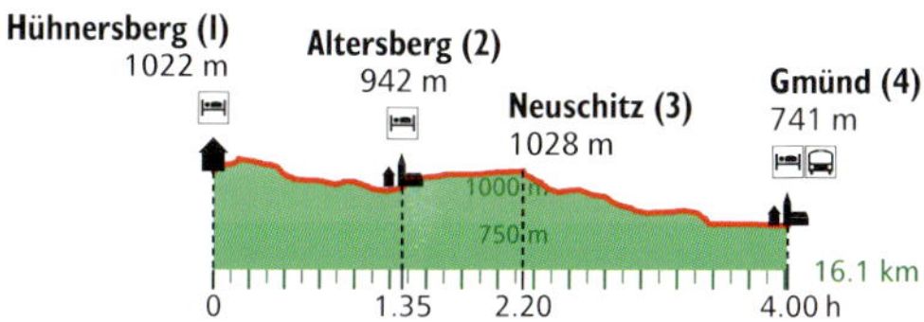

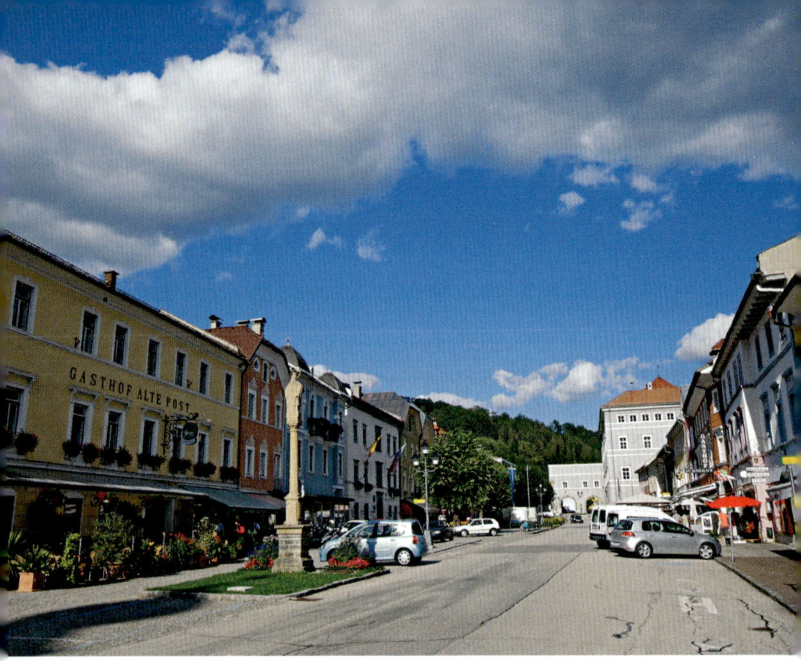

Der Hauptplatz von Gmünd.

Ausgehend vom **Kolmwirt (1)**, 1022 m, folgen wir der Straße kurz bergauf. Bei einer Gabelung (Sendeturm) wechseln wir auf den Schotterweg, der uns zum 3-Täler-Blick – mit Aussicht auf die Region Millstättersee – bringt. Wir gehen auf der unbefestigten Straße entlang weiter leicht bergauf, bis wir den Rastplatz beim **Jägermarterl**, 1127 m, erreichen. Hier parken Wanderer, die über die Kohlmaierhütte auf den höchsten Gipfel des Millstätter Höhensteiges, das Gmeineck, 2592 m, aufsteigen wollen. Seinen Gipfel sowie die schroffe Wand des benachbarten Stoder, 2433 m, werden wir heute und morgen noch öfter sehen.
Unser Weg führt rechts am Marterl vorbei, wir gehen also geradeaus leicht bergab und erreichen über eine lang gezogene Kurve die Streusiedlung **Hintereggen**. Der lokalen Beschilderung immer Richtung Altersberg/Trebesing folgend kommen wir nach rund 1,5 Std. nach **Altersberg (2)**, 942 m. Hier stehen nun zwei mögliche Fortsetzungen zur Auswahl: Ein Weg führt zur Drachenschlucht, die auf Europas größter Hängebrücke (175 m Spannweite) überquert wird. Von **Neuschitz (3)** am anderen Ende des Schluchtenweges kommen wir über Zlatting nach **Trebesing**, 735 m. Ist das Wetter

schlecht, können wir vom »Allesbauer« in Altenberg entlang der Dorfstraße nach Trebesing gehen (siehe Karte Seite 54).

Hinter Trebesing überqueren wir den Radlbach und folgen der (nahe der Autobahn verlaufenden) Alten Römerstraße in die Ortsmitte von **Gmünd (4)**, 741 m.

i ***Gmünd** in Kärnten, 2600 Einwohner, 741 m ü. Adria, liegt – eingebettet zwischen dem Nationalpark Hohe Tauern und dem Biosphärenpark Nockberge – am Zusammenfluss von Lieser und Malta; daher auch der Name (»münden«). Die ehemalige römische Straßenstation ist eine der ältesten Städte Kärntens. Neben ihrer historischen Bedeutung hat sich Gmünd in der jüngeren Vergangenheit einen Namen als Künstlerstadt gemacht – zahlreiche Ateliers und Ausstellungsflächen in der schönen Altstadt bezeugen regen Schaffensdrang. Im historischen Kern innerhalb der Befestigungsmauern (13. Jh.) finden sich zahlreiche Baudenkmäler, die die Bedeutung der Stadt zur Blütezeit des Bergbaues hervorheben.*

Die Burgruine Gmünd.

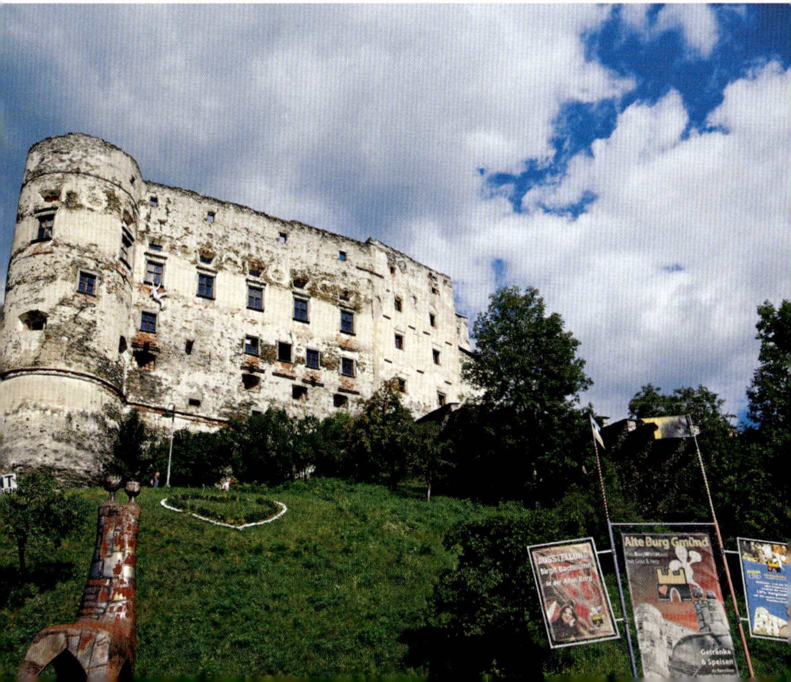

9 Gmünd – Seeboden

4.30 Std.

↑350 ↓470

Kurze Etappe mit Seeanschluss

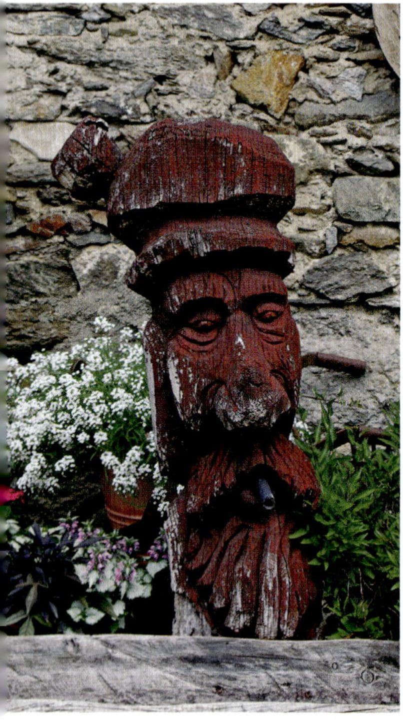

Kärntner Schnitzkunst – allgegenwärtig.

Dieser Tag bietet dank kurzer Wegführung und passendem Endpunkt die Möglichkeit, am Nachmittag einen Besuch im Strandbad einzuschieben. In Hinblick auf die folgende Etappe keine üble Sache, stehen uns doch gleich morgen nach dem Frühstück 1600 Höhenmeter bevor. Alternativ bietet sich ein Besuch auf der Burgruine Sommeregg an, die Mitteleuropas größtes Foltermuseum beherbergt.

Ausgangspunkt: Gmünd, 741 m.
Anforderungen: Einfache, größtenteils durch Wald verlaufende Tour, durchgehend auf befestigten Wegen. Keine Unterstandsmöglichkeit in den Wäldern zwischen Landfraß und Treffling.
Einkehr: Burgrestaurant Sommeregg; diverse in Seeboden.
Unterkunft: **Seeboden:** z. B. Pension Linder, Tel. +43 4762 81169, pension-linder.at; Mörtbauerhof, Tel. +43 4762 81285, moertbauerhof.at; Strandhotel Pichler, Tel. +43 4762 81180-0, strandhotel.at.
Einkauf: In Seeboden.
Variante: Wer lieber gleich wieder in die Berge will, hat bereits vom Liesertal aus mehrere Möglichkeiten, dem Tschiernock direkt zu Leibe zu rücken, z. B. über den lokalen Wanderweg 196: Dazu in Landfraß nicht rechts auf den AAT abbiegen,

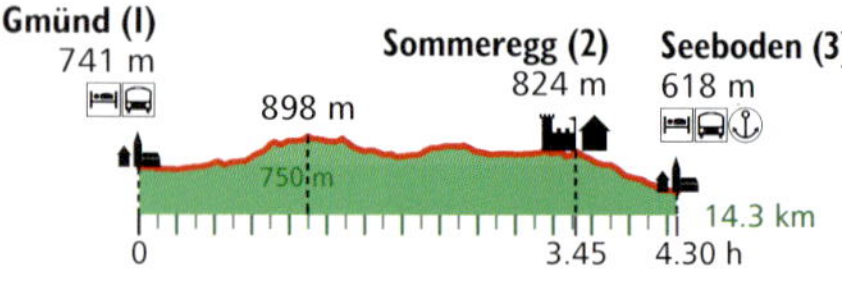

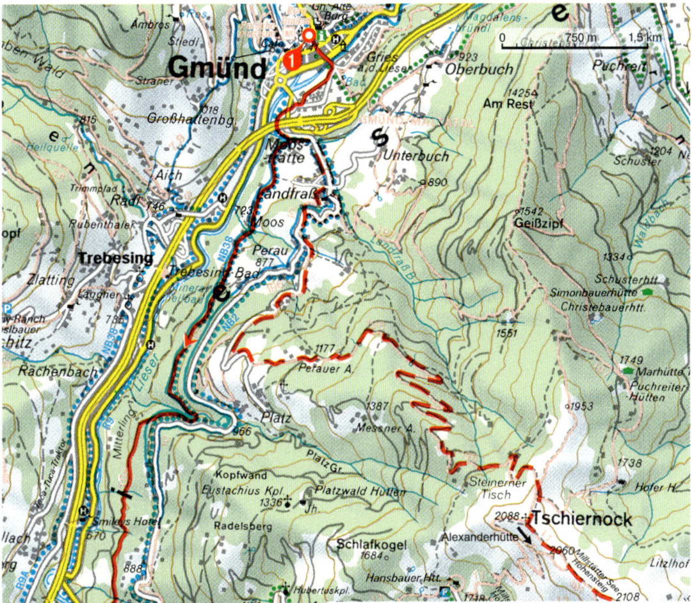
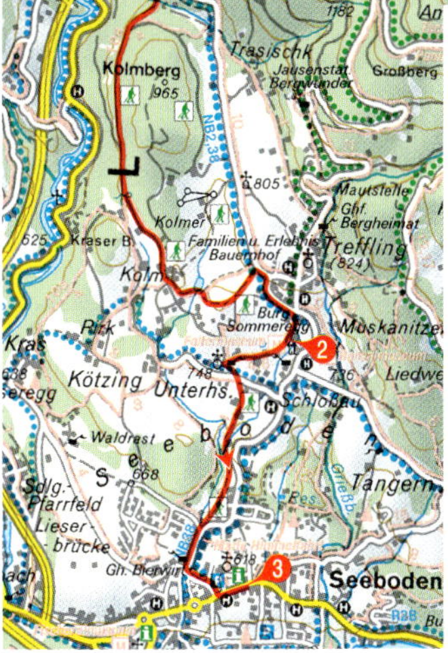

sondern der Beschilderung geradeaus folgen. Weiter über Perau, Perauer Alm, Messneralm und Tschiernock. Von dort über einen sanften Grat auf den Hochpalfennock und weiter über den Tschierweger Nock zur Alexander Alm (Ziel der nächsten Etappe) – eine zwar lange, doch machbare Tageswanderung. Zwei Etappen später wird der Millstätter See an seiner Ostseite nochmals besucht, es besteht also eine weitere Möglichkeit, einen Erholungstag am See einzuplanen, bevor es wieder in die Nockberge geht.

Hinweis: Zwischen Treffling und Bad Kleinkirchheim steht Wanderern das preiswerte Ruftaxi »Nockmobil« zur Verfügung, das viele Wegpunkte dieses Abschnittes anfährt.

Information: TI Millstätter See, Tel. +43 4766 3700-0, millstaettersee.at.

Karten: f&b WK 221, K WK 50.

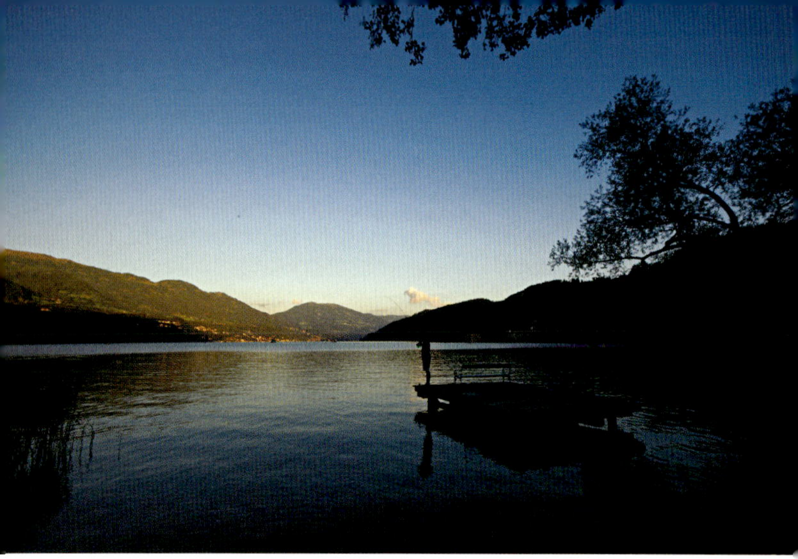

Sonnenuntergang am Millstätter See.

Am oberen Ende des Hauptplatzes von **Gmünd (1)**, 741 m, befindet sich rechts vom Stadttor das imposante Schloss Lodron, wo die heutige Etappe ihren Ausgang nimmt. Entlang der Westseite (Haupteingang, öffentlicher Innenhof) führt unser Weg vom Hauptplatz weg über die Lieserbrücke, um danach gleich rechts flussabwärts dem Verlauf der Nebenstraße zu folgen. Ein lang gezogener Linksbogen leitet uns unter der Autobahnbrücke hindurch und in den Gmünder Ortsteil **Landfraß**. Bald nach der Autobahn verlassen wir die Trefflinger Landesstraße und biegen rechts in die Siedlung. In leichtem Auf und Ab wird ein Fuhrweg erreicht, der in unveränderter Richtung in den Wald führt. Über den lokalen Wanderweg 10a kommen wir ohne große Umschweife und alle Abzweigungen ignorierend nach **Treffling**. Schon bei Verlassen des Waldes ist die Marschrichtung klar – die **Burgruine Sommeregg (2)**, 824 m, ist nicht zu übersehen, die gute Beschilderung tut ihr Übriges.
Der Weiterweg Richtung Seeboden beginnt auf dem Parkplatz unter der Ruine und führt rechts hinunter zur evangelischen Kirche in Unterhaus. Der lokale Wanderweg 4 verläuft nun direkt in die Ortsmitte von **Seeboden**. Das offizielle Etappenende im »Baron Klinger von Klingerstorff Park«, kurz **Klingerpark**, befindet sich am Seespitz (Markierungen im Ort beachten). Die Tourismusinfo befindet sich auf dem **Hauptplatz (3)**, 618 m (an der Bundesstraße links halten).

7.45 Std.

↑1600 ↓430

Seeboden – Alexander Alm

10

Auf in die Nockberge!

Die nächsten 7 Tourentage führen uns durch die wunderbare Welt der Nockberge. Dieses Kärntner Mittelgebirge ist ein Paradies für Weitwanderer, erlaubt doch die »sanfte« Wegführung unterwegs die Aussicht zu genießen – nur sehr selten ist Trittsicherheit geboten. In der Regel verlaufen die Wege auch oberhalb der Baumgrenze auf ungefährlichem Terrain. Die heutige Etappe führt gleich mitten ins Herz des Nockgebietes – auf die Millstätter Alpe. Vom aussichtsreichen Tschiernock lässt sich neben dem gesamten Nockgebiet so gut wie jede prominente Bergspitze Kärntens erspähen. Am Ende dieser großartigen Etappe haben wir die Möglichkeit, bei der Bio-Sennerei Alexander Alm am »Balkon« des Millstätter Sees den Tag ausklingen zu lassen.

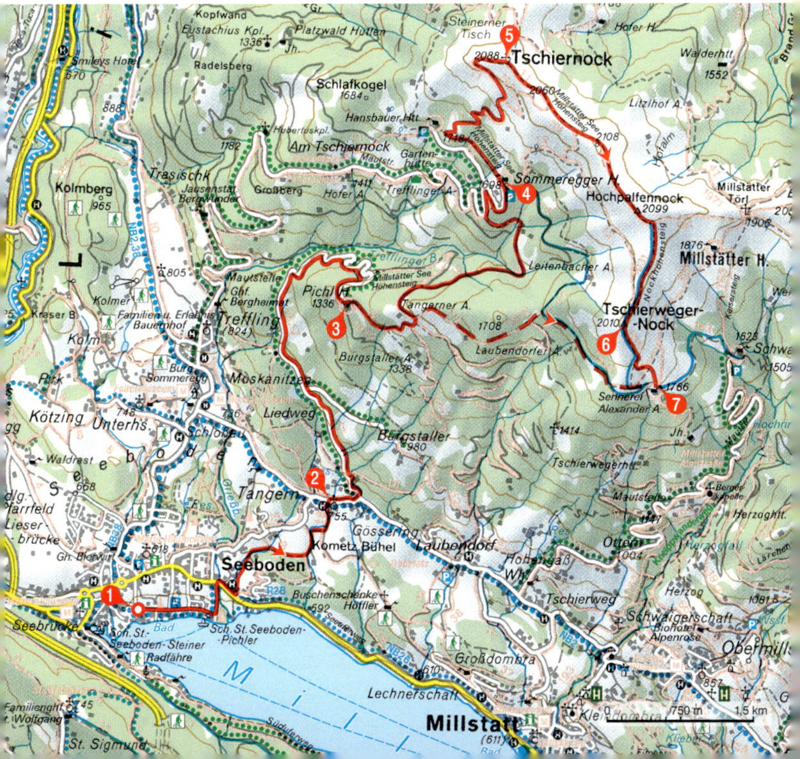

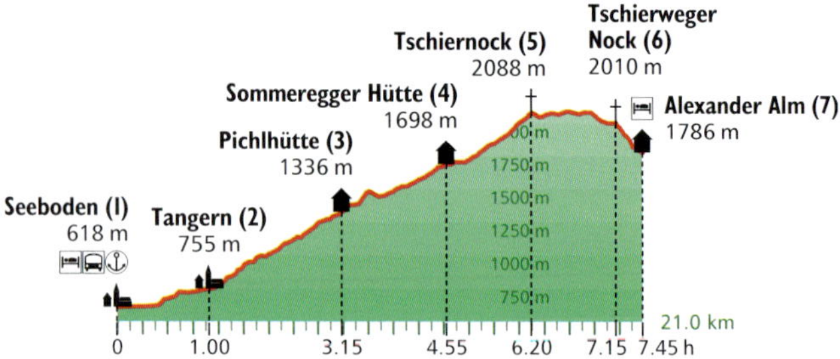

Ausgangspunkt: Seeboden, Seespitz, 618 m.
Anforderungen: Nur für Wanderer mit guter Kondition: Obwohl die Etappe bei passendem Wetter keine Gefahren birgt, ist sie zwischen Großglockner und Triest doch die mit den meisten Höhenmetern.
Einkehr: Pichlhütte; Alpengasthof Sommeregger Hütte (Mi Ruhetag); Alpengasthof Hansbauerhütte, Alexander Alm.
Unterkunft: **Tangerner Wirt:** Tel. +43 4762 81129, tangernerwirt.at. – **Alpengasthof Sommeregger Hütte**: Tel. +43 664 7502 1638, sommereggeralm.at. – **Alexander Alm:** Tel. +43 664 6454920, alexanderalm.at.
Variante: Bei unsicherer Wetterlage ist die Kammwanderung zwischen Tschiernock und Tschierweger Nock nicht ratsam; notfalls auf die Route mit der Wegnummer 1932 ausweichen, die auf rund 1700 m direkt von der Pichlhütte zur Alexander Alm quert (2.45 Std. kürzer).
Karten: f&b WK 221, K WK 50.

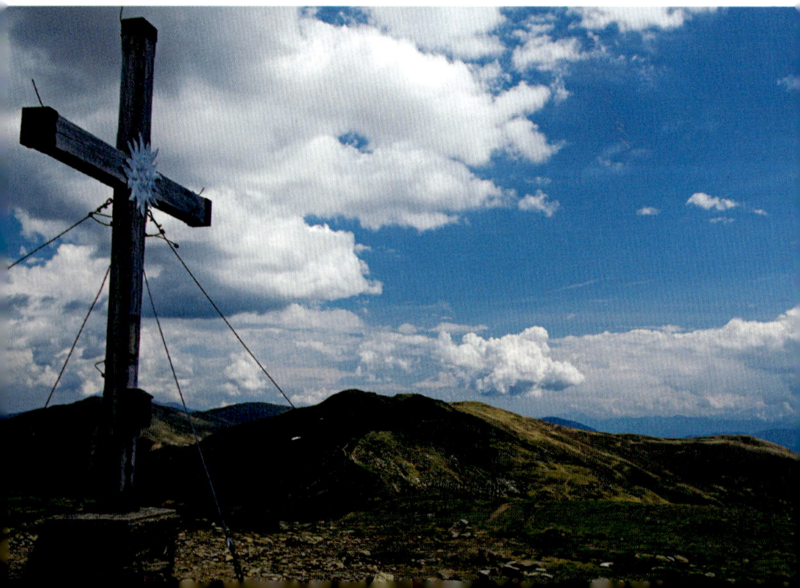

i *Kaum eine Größe der heimischen Bergwelt, die vom* ***Tschiernock*** *aus nicht sichtbar wäre: Im Nordwesten erhebt sich die dominante Hochalmspitze, 3360 m – der höchste Berg auf (ausschließlich) Kärntner Boden. Die »Tauernkönigin«, wie sie in Kärnten genannt wird, ist leicht erkennbar an ihrer vergletscherten Flanke, dem Hochalmkees. Im Osten ist die höchste Erhebung der Kärntner Nockberge zu sehen, der Rosennock, 2440 m, den wir bei Etappe 13 noch aus unmittelbarer Nähe kennenlernen werden. Etwas weiter rechts, im Südosten, haben wir freie Sicht auf den Kamplnock, 2101 m, dessen Gipfel bei der nächsten Etappe bestiegen wird. Unser Weiterweg führt über den südöstlichen Bergrücken Richtung Hochpalfennock, 2099 m – rechts neben seiner Kuppe sehen wir auch schon die pyramidenartige Spitze des Mittagskogels: In dessen Flanke verlässt der Alpe-Adria-Trail Kärnten in Richtung Slowenien. Von jedem Gipfel der Folgeetappen aus werden wir den Mittagskogel stetig näherkommen sehen. Auch werden wir im Süden immer freien Blick auf den Bergrücken des Dobratsch, 2166 m, haben, der mit seinem markanten rot-weißen Sendeturm leicht erkennbar ist.*

Der Startpunkt des AAT steht im **Klingerpark (1)**, 618 m, von wo es anfangs den See entlang Richtung Osten geht, um dann links in die Ortsmitte zu kommen. Ungefähr auf der Höhe des Supermarktes wird die Bundesstraße gequert, um sie wenige Meter nach der Bushaltestelle Richtung Norden zu verlassen. Die lokalen Wanderwege Nr. 8 und (auf den letzten Metern) Nr. 18 führen uns nach **Tangern (2)**, 755 m. In der Ortsmitte angekommen, halten wir uns rechts: Nach Kirche und Feuerwehr wird die Obermillstätter Landesstraße erreicht und wenige Meter weiter (gleichbleibende Richtung) gequert. Wir befinden uns nun auf Weg Nr. 17, den wir die nächsten 1,5 Std. nicht mehr verlassen.

Auf der **Pichlhütte (3)**, 1336 m, angelangt, haben wir die ersten 9 km sowie bereits 700 Hm hinter uns. Hier wechseln wir auf einen Steig, der über Weidegebiet und Wald zur **Tangerner Alm** (Panorama!) verläuft. Doch schöne Aussichtspunkte folgen heute etliche – weiter geht's über den Forstweg links leicht bergab, doch bald wieder bergauf zur **Sommeregger Hütte (4)**, 1698 m. Hinter dem Gastgarten beginnt der bequeme Jagasteig, der nahezu eben bis zum Almgasthaus Hansbauer (Einkehrmöglichkeit, beschildert, 3 Min. abseits) führt. Noch vor Erreichen des Gasthauses biegen wir rechts bergauf zum **Steinernen Tisch**. Mehrere Serpentinen (mit Trinkwasserbrunnen) und ein langer Linksbogen führen uns letztendlich auf den höchsten Punkt des heutigen Tages, den **Tschiernock (5)**, 2088 m.

Bis zum **Hochpalfennock**, 2099 m, geht es nun immer den sanften Grat entlang. Etwa 200 m nach dem Gipfelkreuz biegen wir vor dem Zaun rechts zum **Tschierweger Nock (6)**, 2010 m, ab, unter dessen Südflanke sich unser Tagesziel, die gemütliche **Alexander Alm (7)**, 1786 m, befindet.

Am Tschiernock ziehen dunkle Wolken auf.

11 Alexander Alm – Döbriach

7.30 Std.

↑580 ↓1740

Millstätter Hochlandkinder

Eine weitere Etappe mit dem »Prädikat sehenswert«! Der heutige Abschnitt gehört nicht umsonst auch zu den Höhepunkten des Millstätter Höhensteiges, der in 8 Etappen rund um den gleichnamigen See führt und sich trotz seines jungen Alters auch bei den einheimischen Bergfexen großer Beliebtheit erfreut. Immer wieder trifft man auf Beschilderung für diesen attraktiven Höhenweg.

»Sehen und gesehen werden« – so lautet wohl das Motto für heute: Zuerst relativ einsam weit oberhalb der Baumgrenze, danach zur gut besuchten, familienfreundlichen Lammersdorfer Alm und weiter ins Feriendomizil Döbriach, wo sich in den Abendstunden vielleicht noch ein Sprung ins Wasser einrichten lässt.

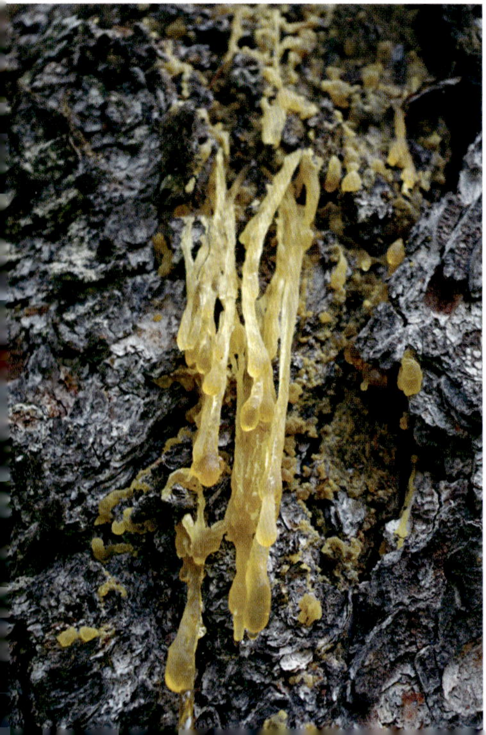

Ausgangspunkt: Alexander Alm, Millstätter Alpe, 1786 m.
Anforderungen: Keine schwierigen Passagen. Keine Unterstandsmöglichkeiten zwischen Millstätter Hütte und Lammersdorfer Alm.
Einkehr: Millstätter Hütte; Lammersdorfer Hütte, Matzelsdorfer Hof; diverse in Döbriach.
Unterkunft: **Millstätter Hütte:** Tel. +43 664 73633439, millstaetterhuette.at. – **Matzelsdorf:** Matzelsdorfer Hof, Tel. +43 4766 2650, matzelsdorferhof.at. – **Döbriach:** z. B. Hotel Zur Post, Tel. +43 4246 77130, hotelzurpost.co.at; Ferienhotel Trattnig, Tel. +43 4246 7719, hotel-trattnig.com; Landhaus Mössler, Tel. +43 4246 7735, moessler.at.
Einkauf: Döbriach.
Information: TI Döbriach-Radenthein, Tel. +43 4246 7878-0, doebriach.net.
Karten: f&b WK 221, K WK 63.

Pech gehabt!

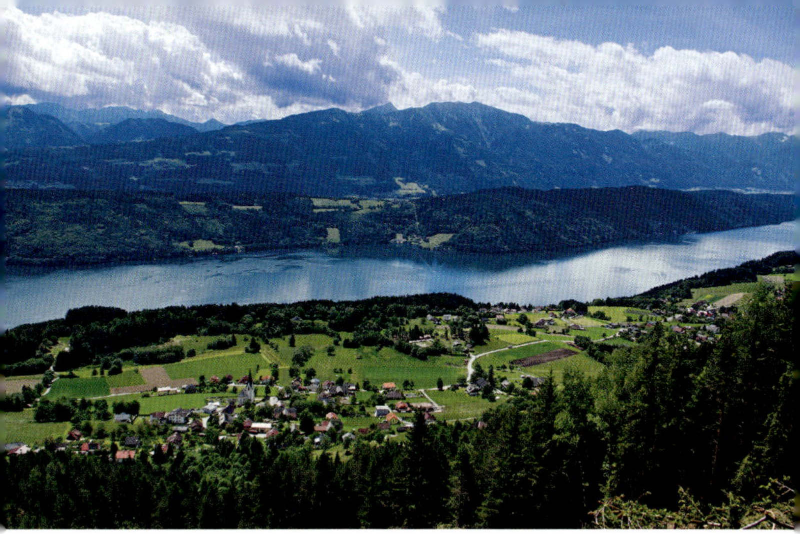

Blick auf den Millstätter See.

Für den Weg zum Kamplnock, dem höchsten Punkt auf unserer heutigen Etappe, folgen wir dem Fahrweg oberhalb der **Alexander Alm (1)**, 1786 m, bis zur **Millstätter Hütte**, 1876 m. Wenige Minuten später stehen wir am Bergsattel des Millstätter Törls, 1906 m, mit Blick in das Bergbaugebiet Nöringgraben. Auf der anderen Seite des Grabens sehen wir die seltener besuchten Gipfel des Nationalparks Nockberge, wie Rabenkofel, 2059 m, und Stileck, 2179 m.
Rechter Hand geht es nun steil 200 Hm hinauf zur Spitze des **Kamplnocks (2)**, 2101 m. Wer vom Gipfel Richtung Nordosten blickt, kann sich ein Bild vom weiteren Verlauf des Alpe-Adria-Trails machen, der durch die Berge südlich des Rosennocks verlaufen.
Unser Weiterweg führt uns die nächsten 4 km auf den Höhen der Millstätter Alpe entlang Richtung Südosten. Immer recht nahe am Bergkamm erreichen wir den Gipfel der **Millstätter Alpe** auf 2091 m Seehöhe, wenig später das **Obermillstätter Almkreuz**, 2046 m, und schlussendlich den Rast- und Aussichtsplatz Stoana Mandl am **Lammersdorfer Berg (3)**, 2063 m, mit Panoramatafeln zur Gipfelbestimmung. Auf dem Weg dorthin passieren wir auch das **Granattor**, ein beliebtes Fotomotiv, welches die großen Granatvorkommen der Millstätter Alpe vor den Vorhang holt.
Über einen befahrbaren Almweg, zum Teil auf Steigen die Serpentinen abkürzend, erreichen wir, weiter dem Wanderweg 191 folgend, die **Lammersdorfer Hütte (4)**, 1644 m. Die Käserei ist – nicht zuletzt wegen der Zufahrts-

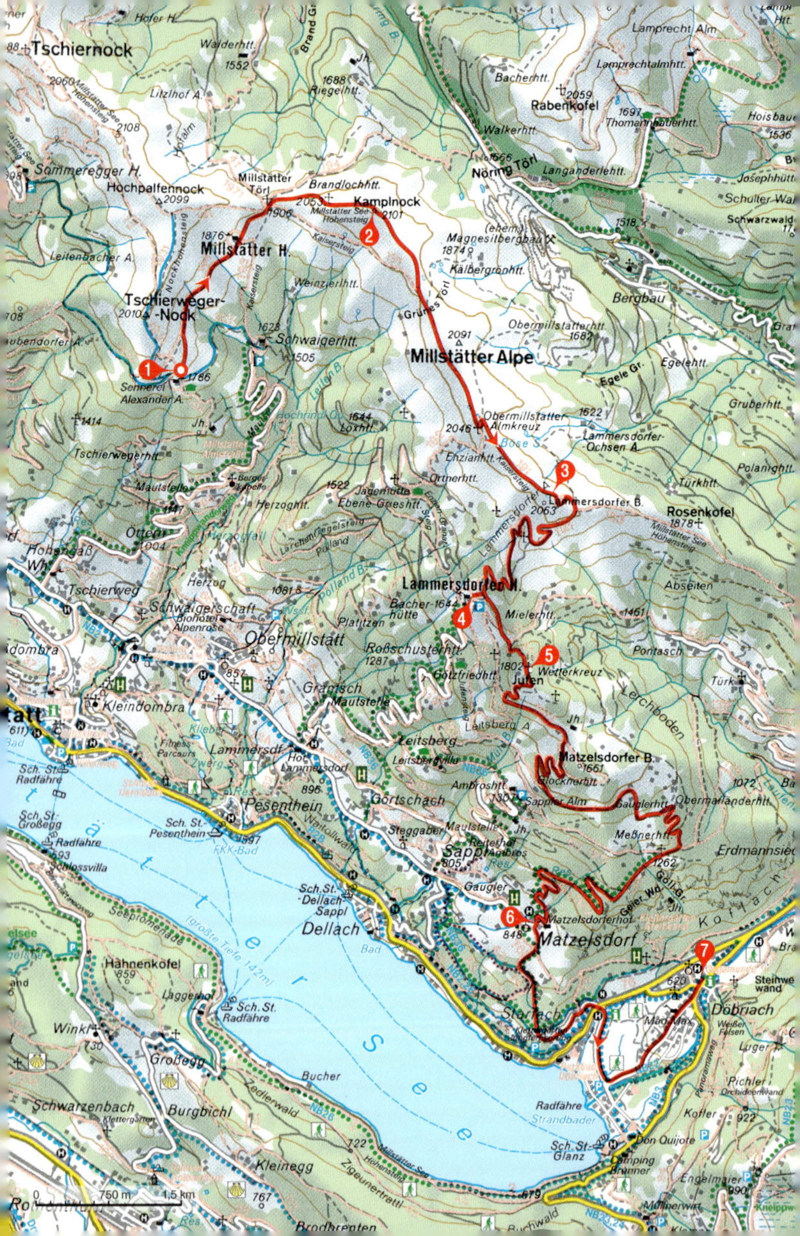

Tschiernock
Walderhtt.
1552
Hofer H.
Brand Gr.
Jh.
1688
Riegelhtt.
Lamprecht Alm
Lamprechtalmhtt.
Bacherhtt.
2059
Rabenkofel
1697
Thomanhtt.
Hoisbauer
1536
Litzlhof A.
2108
Millstätter See Höhensteig
Walkerhtt.
Sommeregger H.
Hochpalfennock
2099
Millstätter Törl
Brandlochhtt.
Kamplnock
2053
2101
1906
Nöring Törl
Langanderlehtt.
Josephhütte
Schulter Wald
Schwarzwald
1518
Magnesitbergbau
1874
Kalbergrohhtt.
1876
Millstätter H.
Leitenbacher A.
Nockhöhensteig
Kaisersteig
Weinzierlhtt.
Tschierweger-Nock
2010
Grünes Törl
Bergbau
1628
Schwaigerhtt.
1505
2091
Obermillstätterhtt.
1682
Millstätter Alpe
Egele Gr.
Egelehtt.
Sennerei Alexander A.
1786
1414
Jh.
1644
Loxhtt.
Obermillstätter Almkreuz
2046
1622
Lammersdorfer-Ochsen A.
Gruberhtt.
Polanightt.
Tschierwegerhtt.
Enzianhtt.
Bose S.
Türkhtt.
Mautstelle
Ortnerhtt.
1522
Jagerhütte
Ebene Grieshtt.
2063
Lammersdorfer B.
Rosenkofel
1878
Herzoghtt.
Otten
1004
Polland
Hohenpaß
Tschierweg
Herzog
Lammersdorfer H.
Abseiten
1081
Schwaigerschaft
Biohotel Alpenrose
Bacher-hütte
1644
Platitzen
Mielerhtt.
1461
Obermillstatt
Roßschusterhtt.
1287
1802
Juen
Wetterkreuz
Pontasch
Kleindombra
857
Götzfriedhtt.
Gruntsch
Mautstelle
Türk
Lerchboden
Leitsberg A.
Jh.
Lammersdf.
Fitness Parcours
Leitsberg
Leitsbergvilla
Matzelsdorfer B.
1661
Glocknerhtt.
Sch. St. Radfähre
Pesenthein
Ambroshtt.
1307
Sappler Alm
1072
Obermallanderhtt.
Sauglerhtt.
Sch. St. Großegg
Radfähre
Sch. St. Pesenthein
FKK-Bad
Steggaber
Maulstelle
Sappl
805
Meßnerhtt.
Erdmannsiedl.
1262
Schlossvilla
Seepromenade
Sch. St. Dellach Sappl
Dellach
Gaugler
848
Matzelsdorferhof
Matzelsdorf
Kolbach
(große Tiefe 142m)
Hahnenkofel
859
Laggerhof
Sch. St. Radfähre
Starfach
620
Döbriach
Steinwand
Winkl
730
Großegg
Luger
Pichler
Radfähre
Strandbäder
Bucher
Schwarzenbach
Burgbichl
922
Kofler
Sch. St. Glanz
Don Quijote
Camping Brunner
722
Kleinegg
Engelmaier
990
767
679
Brodbrenten
Buchwald
0
750 m
1,5 km

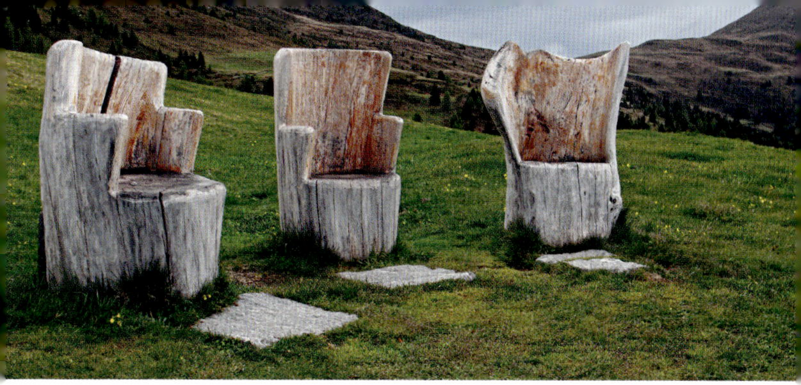

Rastgelegenheit aus Massivholz.

möglichkeit über die Mautstraße – ein beliebtes und gut besuchtes Ausflugsziel. Zudem dient der große Parkplatz vor der Hütte als Startpunkt für Tagesausflügler.
Unser Weg führt uns weiter Richtung Südosten auf den Gipfel des **Jufen (5)**, 1802 m. Der Aufstieg ist einfach, nicht umsonst gilt der Jufen als beliebter Berg für Touren mit Kindern. Vom **Jufenkreuz** geht es entlang des Wanderweges 1913 weiter Richtung Südosten, bis dieser in Weg 1912 übergeht. Auf ihm gelangen wir – wiederum auf einem befahrbaren Forstweg – direkt in den Ortsteil **Matzelsdorf (6)**, 848 m. Wir befinden uns nun wieder auf dem Plateau oberhalb des Millstätter Sees, das wir bereits in Tangern durchquert haben. Von hier aus folgen wir unterhalb des Matzelsdorfer Hofes dem lokalen Wanderweg Nr. 76. Etwas weiter südlich befindet sich die **Hohe Wand**, ein sehr schöner Aussichtspunkt direkt über dem Ostufer des Millstätter Sees. Über **Starfach** erreichen wir **Döbriach (7)**, 620 m, mit seinen Strandbädern und Gastronomiebetrieben direkt am See. Wer zur Tourismusinfo möchte, folgt der Seestraße und erreicht in ca. 15 Min. die Ortsmitte.

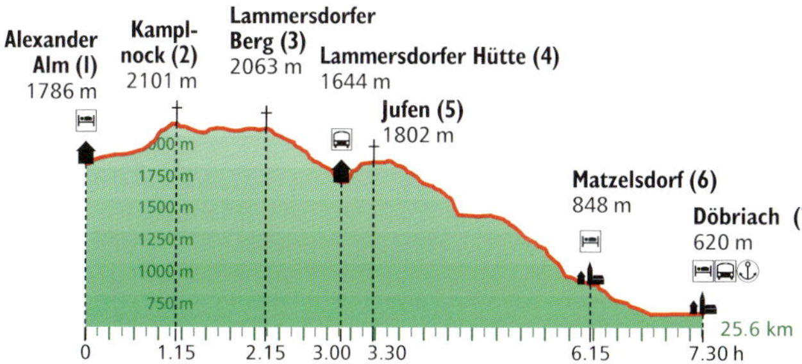

12 Döbriach – Erlacherhaus

5.30 Std.

↑1060 ↓50

Von Mythen und Mühlen

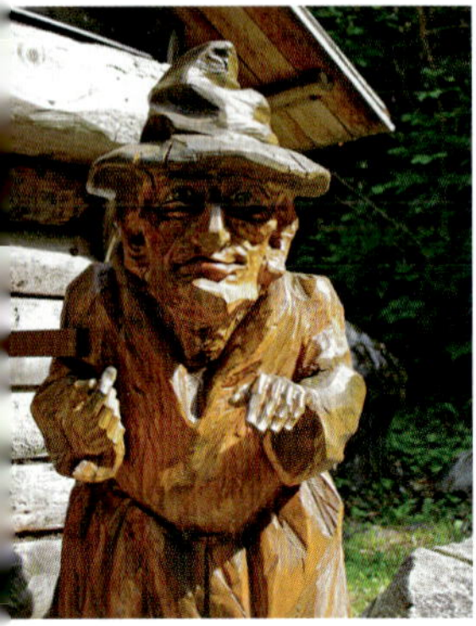

Mitten im Ortszentrum Döbriachs befindet sich neben der Tourismusinfo das Haus der Legenden und Mythen, die Märchenwelt Sagamundo. Hier nimmt auch unsere heutige Etappe ihren Ausgang, die – sobald der Wanderer wieder den Boden der Realität unter den Füßen hat – in den bergbaugeschichtlich hochinteressanten Ort Radenthein führt. Es ist anzunehmen, dass die Gegend hier schon vor über 1000 Jahren ständig bewohnt war: Ausgehend vom Stift Millstatt (in der zweiten Hälfte des 11. Jh. erstmals erwähnt) machten erste Siedler zunächst die Hänge am Millstätter See urbar, um sich dann weiter über das heutige Radenthein Richtung Bad Kleinkirchheim vorzuarbeiten. Das muss äußerst mühsam gewesen sein: Der enge Kirchheimer Graben galt noch vor wenigen Jahrzehnten als großes verkehrstechnisches Hindernis. Unsere Etappe führt auf weitaus bequemeren Wegen, weit abseits von den Sorgen der Straßenmeistereien, über idyllische Almweiden ins Langalmtal, an dessen oberem Ende das Erlacherhaus thront.

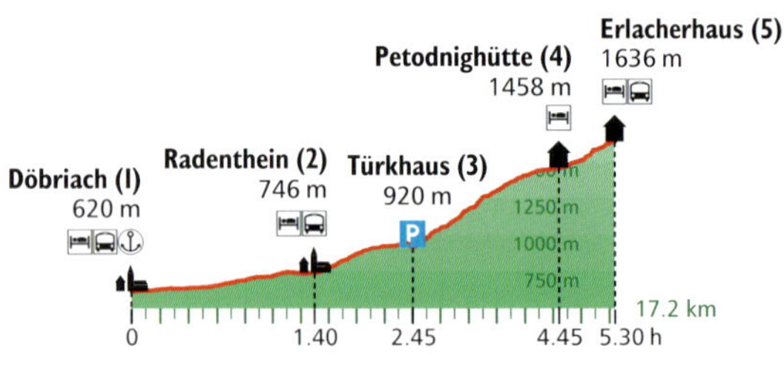

Ausgangspunkt: Döbriach, 620 m.
Anforderungen: Anfangs Talwanderweg, später Waldwanderung – auch bei weniger gutem Wetter möglich.
Einkehr: Diverse in Radenthein; Aichholzerhütte; Petodnighütte; Erlacherhaus.
Unterkunft: Radenthein: Z. B. Metzgerwirt, Tel. +43 4246 2052, metzgerwirt.co.at. – **Petodnighütte:** Tel. +43 699 10322801, langalmtal.at/huetten.html. – **Erlacherhaus:** Tel. +43 676 4210545, erlacherhaus.at.
Einkauf: In Radenthein.
Information: TI Döbriach-Radenthein, Tel. +43 4246 7878-11, doebriach.net.
Karten: f&b WK 221, K WK 63.

Wir verlassen die Ortsmitte von **Döbriach (1)**, 620 m, über die Mirnockstraße, die uns über den Riegerbach bringt. Gleich nach der Brücke links beginnt der Brandhoferweg, dessen weiterer Wegverlauf (bald auf Schotter) stets zwischen Riegerbach und den bewaldeten Hängen des Mirnocks – ohne wesentliche Steigungen – nach Radenthein führt. Erst kurz vor der Ortsmitte wird im weiteren Verlauf des Weges 226 der Riegerbach überquert. An der Bundesstraße 98 angelangt, gehen wir nach ihrer Querung wenige Meter nach links, um bei der ersten Gelegenheit rechts in den Ort **Radenthein (2)**, 746 m, einzubiegen.

Nach wenigen Hundert Metern geradeaus stehen wir vor dem rubinroten Gebäude des Granatiums (se-

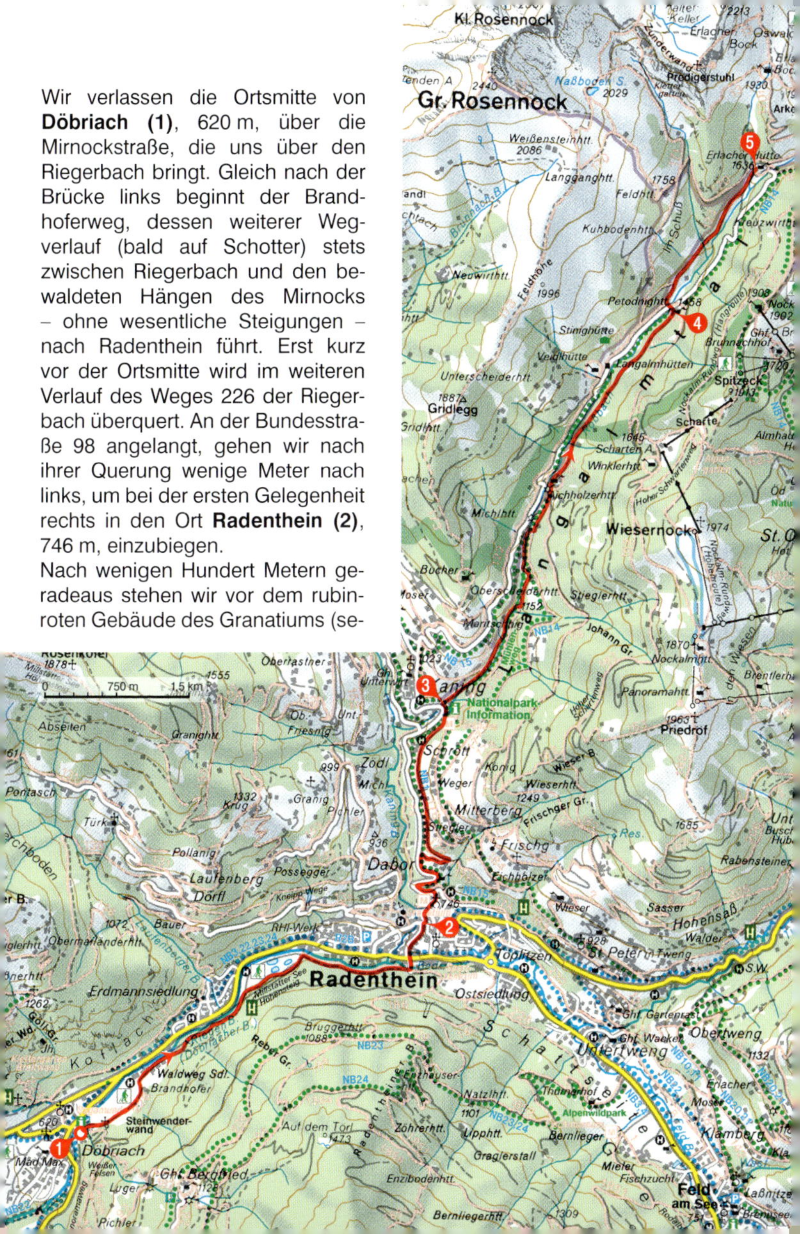

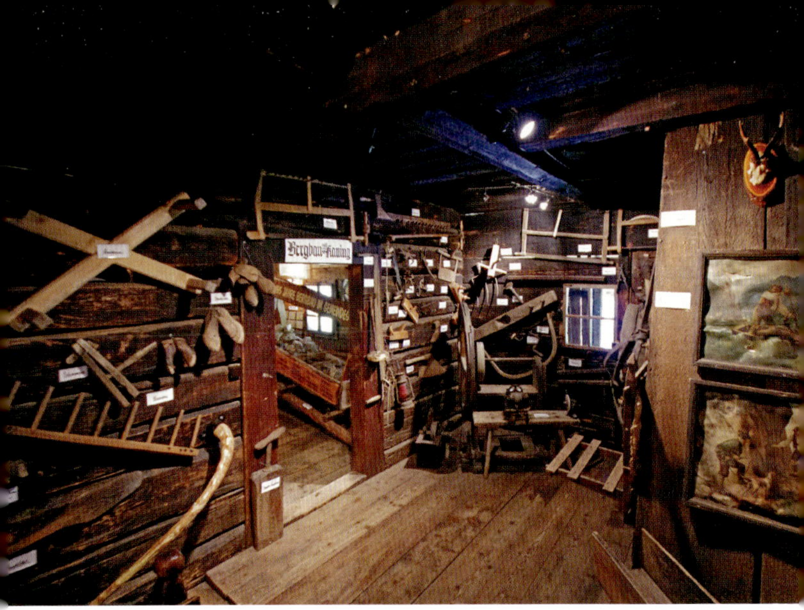

Das liebevoll gestaltete Museum im Türkhaus.

henswertes Granatstein-Erlebnismuseum). Noch bevor das Freigelände vor dem Haupteingang betreten wird, markiert rechter Hand eines der bekannten gelben Schilder den Einstiegspunkt zum Aufstieg nach Kaning. Wenig später erreichen wir die Kaninger Landesstraße, der wir einige Serpentinen bergauf folgen. Auf dem ersten längeren geradeaus verlaufenden Straßenstück verlassen wir die Landesstraße nach rechts, steigen parallel zur Straße stets bergauf und erreichen – die letzten Meter wieder auf der Landesstraße – das **Türkhaus (3)**, 920 m (Volkskundemuseum, Info).
Wenige Meter oberhalb des Türkhauses, vorbei am Kräutergarten, befindet sich der Eingang zum Mühlenweg, auf dem wir in abwechslungsreichem Ambiente und stets am linken Ufer des Rossbaches ins Langalmtal wandern. Gegen Ende des Themenweges wird der Rossbach überquert, um bachnahe zur **Aichholzerhütte** und weiter zur **Petodnighütte (4)**, 1458 m, aufzusteigen. Hier wird immer wieder Weidegebiet betreten – bitte Gatter wieder schließen. 30 Min. bzw. knapp 2 km Fußmarsch trennen uns nun noch vom heutigen Etappenziel. Wir wechseln nun wieder die Bachseite (dazu vor der Hütte auf der Zufahrtsstraße ein ganz kurzes Stück nach links – bergab – gehen) und nehmen für die letzten Höhenmeter den Weg Nr. 122, der direkt vor dem **Erlacherhaus (5)**, 1636 m, endet.

5.30 Std.

↑830 ↓910

Erlacherhaus – Falkerthaus / Lärchenhütte

13

Alpine Signierstunden

Nur dreimal auf dem gesamten Alpe-Adria-Trail ist es möglich, an einem Tag drei verschiedene Gipfelbücher zu signieren. Nach der Tour über die Millstätter Hochalmen haben wir hier erneut die Möglichkeit, einen Großteil der Etappe über der 2000-Meter-Grenze zu verbringen. Es geht also gleich hoch hinaus: Nach rund 3 Kilometern ist am Ufer des Nassbodensees die Bergwelt der Zweitausender erreicht, die wir erst gegen Ende der heutigen Tour wieder verlassen.

Ausgangspunkt: Erlacherhaus, Langalmtal, 1636 m.
Anforderungen: Wenig Schutz auf den Hochebenen, Wind und Wetter können unangenehm sein. Passende Schutzkleidung (evtl. Sonnenschutz) ist hier nötig!
Einkehr: Falkerthaus; unterwegs keine. Ab Nassbodensee kaum Trinkwasser.
Unterkunft: Falkerthaus: gegen Voranmeldung, Waschmaschine, Tel. +43 676 5724090, instagram.com/falkerthaus. Alternativ Lärchenhütte, Tel. +43 676 576 2291, laerchenhuette.com.
Variante: Mehrere Wegvarianten bzw. Abkürzungen unterwegs.
Information: TI Bad Kleinkirchheim, Tel. +43 4240 8212, badkleinkirchheim.at.
Karten: f&b WK 221, K WK 63.

Zu Beginn der Etappe folgen wir bis zum Nassbodensee der Beschilderung Richtung Rosennock: Wer den höchsten Kärntner Nockberg besteigen möchte, folgt bis zum Nassboden unserer Aufstiegsroute, die auf der Forststraße oberhalb des **Erlacherhauses (1)**, 1636 m, ihren Ausgang nimmt. Rund 1,5 km nach dem Ausgangspunkt wechseln wir auf den Weg 171 (wir nehmen also nicht den Weg über die Feldhütte). Schon von Weitem sind die

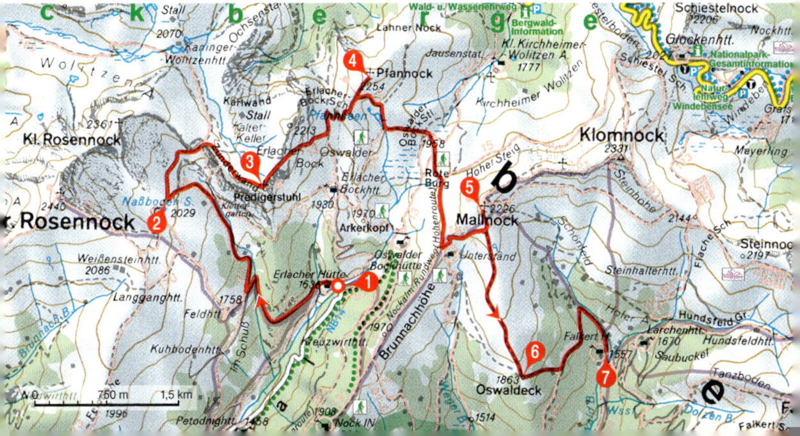

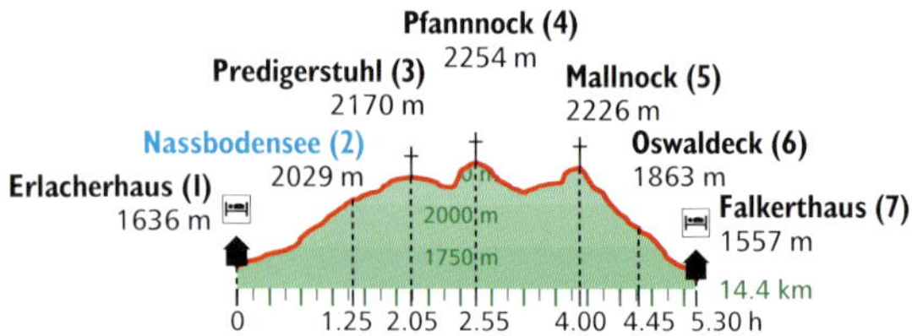

imposanten Zunderwände zu sehen, eine seltene schroffe Formation in der ansonsten eher lieblichen Berglandschaft. Am oberen Ende des Kessels wechseln wir für die letzten Meter auf den Weg Nr. 13 zum **Nassbodensee (2)**, 2029 m.

In der Flanke von Großem und Kleinem Rosennock geht es Richtung Norden und über weitere 150 Hm zum ersten Gipfel der heutigen Tour, dem **Predigerstuhl (3)**, 2170 m. Von hier aus führt der Weg Nr. 13 hinab zur **Erlacher Bockscharte**, einem ehemaligen Bergbaugebiet. Nach Querung des Schartenbodens leitet am gegenüberliegenden Berghang der Weiterweg in steilen Kehren hinauf zur Scharte zwischen Kleinem und Großem Pfannnock. Links (in Gehrichtung geradeaus) erreicht man in wenigen Minuten den Hauptgipfel und gleichzeitig höchsten Punkt der heutigen Etappe, den **Pfannnock (4)**, 2254 m. Auch wenn die letzten Meter aus der Ferne etwas ausgesetzt wirken, ist der Weg immer breit genug, und es gibt bei normalen Witterungsverhältnissen keine Gefahrenstellen.

Vom Gipfel kehrt man zur Scharte zurück und folgt Weg 14 hinunter zu den **Pfannseen**. Bei den Seen wählt man am Rundweg 14 die Richtung zu Oswalder Bocksattel und Brunnachhöhe/Nationalparkbahn. Über Almweiden – und ab dem **Bocksattel** auf gleichbleibender Höhe im Westhang des

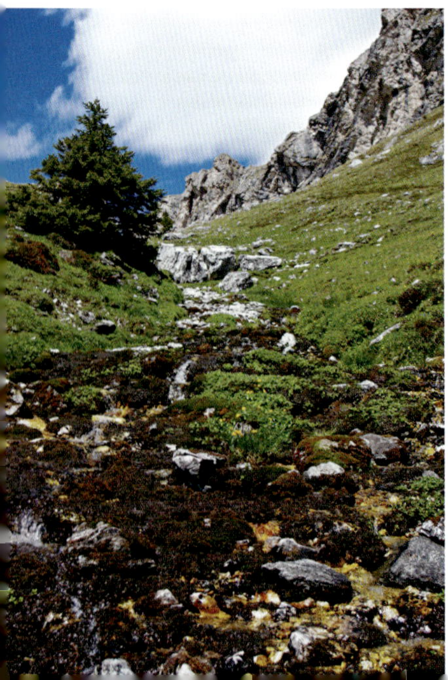

Kleiner Bergbach beim Nassbodensee.

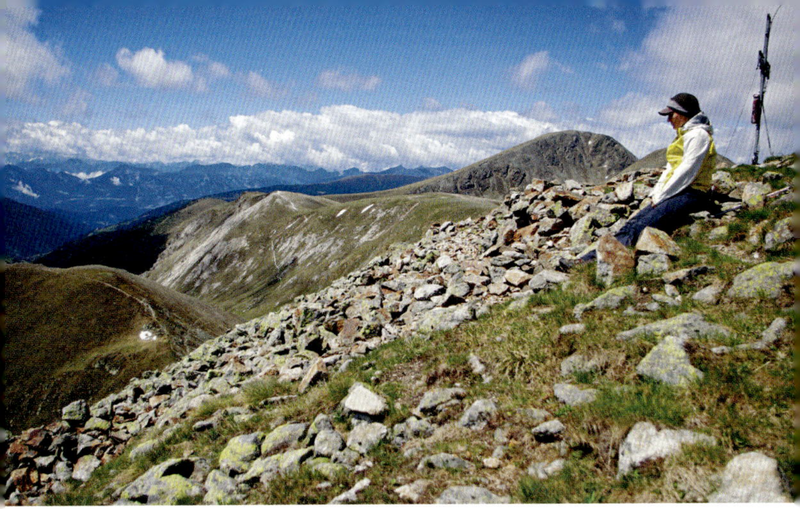

Am Pfannnock.

Mallnocks – wird das **Brunnachgatter**, 2006 m (Überstieg), erreicht. Ein letzter, kurzer Anstieg führt zum dritten Gipfelkreuz der heutigen Tour, dem des **Mallnock (5)**, 2226 m.

Auf einem breiten Bergrücken kommt man in 45 Min. zum südlich gelegenen **Oswaldeck (6)**, 1863 m, und nach weiteren 45 Min. Richtung Osten auf einem Fahrweg, dann links haltend zum **Falkerthaus** / **Lärchenhütte (7)**, 1557 m.

i ***Speik:*** *Zu den begehrtesten Blumen der Nockberge zählt der Speik. Unkundige finden die Valeriana celtica kaum in der Vielfalt der Bergblumen: Sein Stamm ist nur 5–15 cm lang und trägt eine zarte grüngelbe Trugdolde, deren Krone nur bis 2 mm anwächst. Noch um die vorletzte Jahrhundertwende zogen eigene Speikgraber über die Nockberge, um die stark duftenden Wurzeln aus der Erde zu graben und im Herbst an die Händler in den Städten abzuliefern. Ganze Waggonladungen mit Speik rollten dann in den Orient, wo er als begehrte Beigabe zur Bereitung wohlriechender Salben und der Haremsbäder diente. In einer Wiener Zeitung stand einmal zu lesen: »Speik, 500 Faß zu je 50 kg, greifbar ab Steirischer Station, auch für das Ausland sofort zu verkaufen.« Es mussten daher Verordnungen der einzelnen Landesregierungen erlassen werden, um diese Plünderungen zu unterbinden. Erst viel später wurde der Speik unter Naturschutz gestellt. Heute gibt es nur mehr zwei Bauern, die die Lizenz zum Speikgraben innehaben. Verarbeitet wird der Speik nach wie vor von der Firma Rau in Stuttgart/Deutschland.*

14 Falkerthaus / Lärchenhütte– Bad Kleinkirchheim

9.00 Std.

↑1200 ↓1670

Eine Spitze, ein Nock und ein Kofel

Diese Etappe darf zu den Höhepunkten des Kärntner Abschnittes gezählt werden: Die farbenfrohen Lärchenbestände rund um das Falkerthaus bilden den stimmigen Einstieg in die Almenregion der Moschelitzen mit ihren drei aussichtsreichen Gipfeln Falkertspitze, Rödresnock und Schwarzkofel. Somit besteht die Möglichkeit, an einem Tag drei aussichtsreiche Gipfel in seinem Tourenbuch zu vermerken.

Ausgangspunkt: Falkerthaus / Lärchenhütte, 1557 m.

Anforderungen: Alpine Bergtour, teils steil, aber nicht ausgesetzt. Wenig Wasser. Keine Unterstandsmöglichkeiten zwischen Falkertspitze und Moschelitzenalm.

Einkehr: Lärchenhütte; mehrere am Falkertsee und im Ort Bad Kleinkirchheim. Trinkwasser bei der Hundsfeldhütte.

Unterkunft: **Lärchenhütte:** Tel. +43 676 5762291, laerchenhuette.com. – **Falkertsee**: Heidi-Hotel, Tel. +43 4275 7222, heidi-hotel.at; Schneekönig, Tel. +43 4275 411, schneekoenig.at. – **Bad Kleinkirchheim:** diverse, z. B. Pension Hubertushof, Tel. +43 4240 500, pension-hubertushof.eu; Hotel Garni Sonnblick, Tel. +43 4240 331, haus-sonnblick.at; Pension Südhang, Tel. +43 4240 575, pension-suedhang.at.

Einkauf: Hofladen Matl-Sepp, Tel. +43 664 7398 6835 (Öffnungszeiten telefonisch erfragen); in Bad Kleinkirchheim.

Varianten: Überquerung der Falkertspitze von der Hundsfeldscharte aus (1 Std. kürzer, keine Einkehrmöglichkeit bis Bad Kleinkirchheim); von der Falkertscharte über Totelitzen nach Bad Kleinkirchheim (lokaler Wanderweg 1, keine Einkehrmöglichkeit, 1.30 Std. kürzer).

Information: TI Bad Kleinkirchheim, Tel. +43 4240 8212, badkleinkirchheim.at.

Karten: f&b WK 221, K WK 63.

Blick vom Falkertsee auf die Falkertspitze.

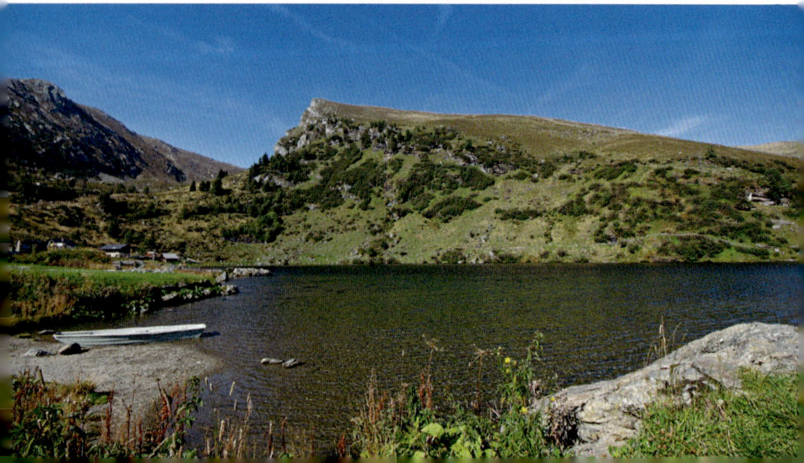

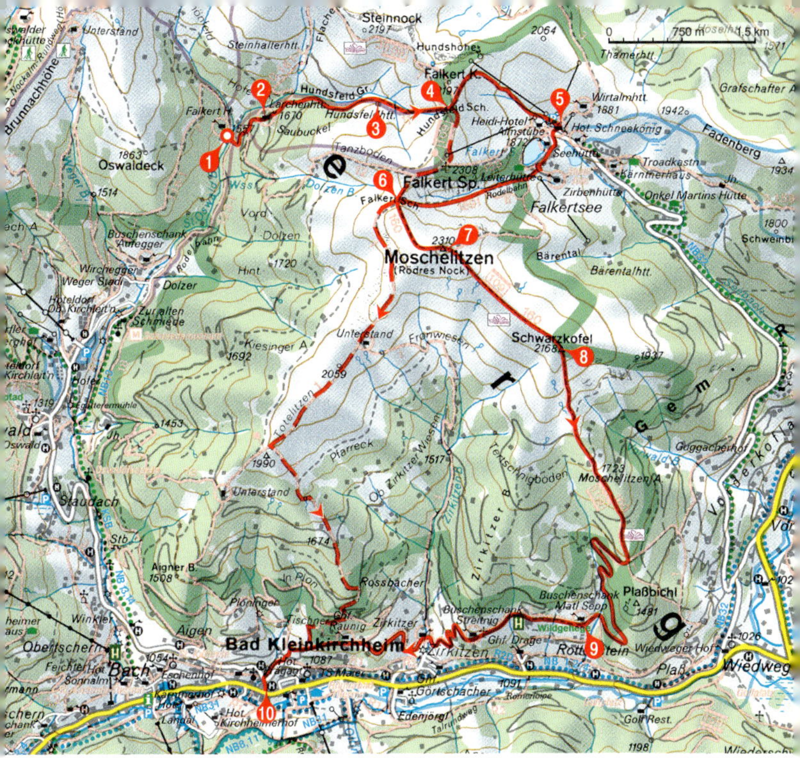

Vom **Falkerthaus / Lärchenhütte(1)**, 1557 m, folgen wir dem Zufahrtsweg über die Brücke bis zur T-Kreuzung. Links führt der Forstweg in wenigen Kurven bergauf zur Lärchenhütte. Wer von St. Oswald kommt, kann bereits vor Erreichen des Falkerthauses auf einen – den Forstweg abkürzenden – Steig

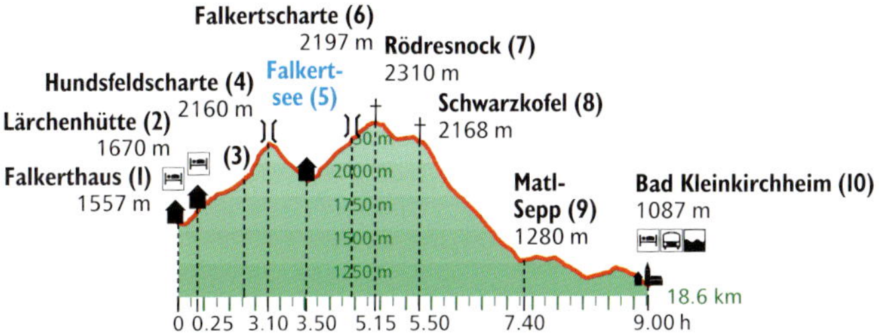

i ***Wie aus einem Wald eine Kurtherme entstand:*** *Genau lässt sich heute nicht mehr feststellen, wann sich erstmals Siedler in die Talfurche des heutigen* ***Bad Kleinkirchheim*** *vorwagten. Der Kurort zeigte sich vor rund 1000 Jahren alles andere als einladend: Wie in allen Hochtälern dieser Region wuchsen hier dichte Wälder auf sumpfigem Boden. Bären und Wölfe bildeten das obere Ende der Nahrungskette. Erst kurz vor der ersten Jahrtausendwende begann man mit Rodungen, die bis ins 15. Jh. andauern sollten. Die Namen der Ortsteile Kleinkirchheims zeugen von diesen Bemühungen. So lassen sich beispielsweise die Weiler Ober- und Untertschern auf das slowenische Crna zurückführen, das als »schwarze Gegend« den damaligen dicht bewachsenen, dunklen Fichtenbestand im Westen des Ortes bezeichnet. Der Ortsteil Staudach wiederum erinnert an die Stauden (= Sträucher), die mühsam händisch gerodet werden mussten. Gleich zu Beginn dieser Rodungen dürfte auch die erste Kirche des Tales erbaut worden sein. Ein genaues Datum lässt sich heute nicht mehr bestimmen, da die erste schriftliche Erwähnung des Kurortes deutlich jünger ist: In Chirchem, so der 1177 niedergeschriebene Name, begannen deutsche Siedler den Boden zu kultivieren und Vieh zu züchten. Von einer friedlichen Koexistenz mit slawischen Bewohnern zeugt der Ortsteil Zirkitzen im Osten – das slowenische Cirknica bedeutet auch nichts anderes als Kirchheim. »Klein« wurde Kirchheim erst im 16. Jh., um es von der damaligen Goldgräberhochburg Großkirchheim (s. Etappe 2) im Mölltal zu unterscheiden.*

St. Katharina im Bade: *Bad Kleinkirchheim gehört zu den ältesten Heilbädern Österreichs. Glaubt man den Sagen, die sich um die thermische Quelle ranken, dürfte deren regenerierende Wirkung schon im 12. Jh. bekannt gewesen sein – die erstmalige urkundliche Erwähnung stammt hingegen aus dem Jahr 1434. Kurze Zeit später, 1492, begann man mit dem Bau einer Badekirche zu Ehren der heiligen Katharina (»die Reine«) direkt über der Quellfassung des rund 25 °C warmen Wassers. In den folgenden Jahrhunderten diente die Quelle als Pilgerstätte für Menschen, die sich im Rahmen einer Bittwallfahrt Linderung bei verschiedensten Wehwehchen erhofften. Ein erstes – kleines – Badehaus lässt sich erst im 17. Jh. nachweisen. Knapp 250 Jahre sollte es dauern, bis in Bad Kleinkirchheim erstmals ein Badehaus im großen Stil entstand. Hans Ronacher errichtete 1908 – ausgestattet mit allen dafür notwendigen »K&K Licenzen und Befugnissen« – ein Kurhaus plus Hotel für 50 Gäste. Seine mutigen Bemühungen wurden durch den Ausbruch des Ersten Weltkrieges gestoppt – erst 1922 berichtete die Kärntner Tageszeitung von einer »Wiedereröffnung des weltbekannten Thermalbades mit Tanz, guter Küche und billigen Preisen«. Mit dem einsetzenden Wintertourismus in den Jahren des Wirtschaftsbooms stieg auch die Nachfrage nach zusätzlichen Plätzen im Warmwasserbecken. Kurz nachdem der Kurort 1977 von der Kärntner Landesregierung in den Stand eines Thermalbades erhoben wurde und sich »Bad Kleinkirchheim« nennen durfte, wurde das Angebot 1979 um das »Römerbad« erweitert – eine der ersten Erlebnisthermen der Region. Das Römerbad zählt heute – nach einer kürzlich erfolgten Komplettrenovierung – zu den innovativsten Thermenlandschaften des gesamten Landes.*

wechseln (Wegnummer 1611, auf Markierung achten). Wir folgen dem Verlauf rund 10 Min. geradeaus bis zur **Lärchenhütte (2)**, 1670 m.

Der Weiterweg beginnt wenige Meter oberhalb der Hütte und verläuft – wieder mehrmals die Forststraße querend – in leichtem Anstieg in den Hundsfeldgraben. Links des Weges ist die von der Brunnachbahn bis zum Falkert führende Bergkette Mallnock-Klomnock-Steinnock erkennbar. Am Ende des Grabens befindet sich die **Hundsfeldhütte (3)**, 1888 m (unbewirtschaftet).

Wer die Variante über die Falkertspitze wählt, sollte an der Hütte die Trinkwasservorräte auffüllen, da es bis zum Bauernhof Måtl Sepp keine Gelegenheit mehr dazu gibt. Vom Talschluss steigen wir in Serpentinen hinauf zur **Hundsfeldscharte (4)**, 2160 m, südlich des Falkertköpfls. Für den Falkert stehen uns nun zwei Wegvarianten offen: Variante eins (AAT-Beschilderung) führt uns über die Scharte geradeaus in einem Rechtsbogen hinunter zum **Falkertsee (5)**, 1874 m, mit einigen in der Region sehr beliebten Hütten und Gasthäusern. Der Weiterweg folgt dem Ostufer des Sees in die **Falkertscharte (6)**, an deren höchsten Punkt auf 2180 m Seehöhe der Weiterweg links zum Rödresnock verläuft. Wer jedoch der Falkertspitze einen Besuch abstatten will, wendet sich bereits in der Hundsfeldscharte nach rechts (Markierung

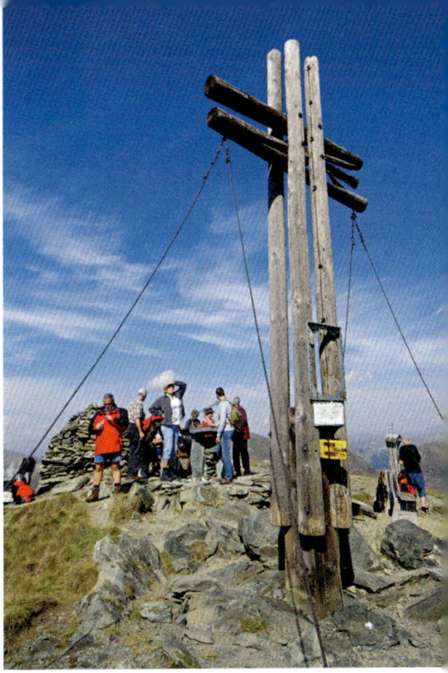

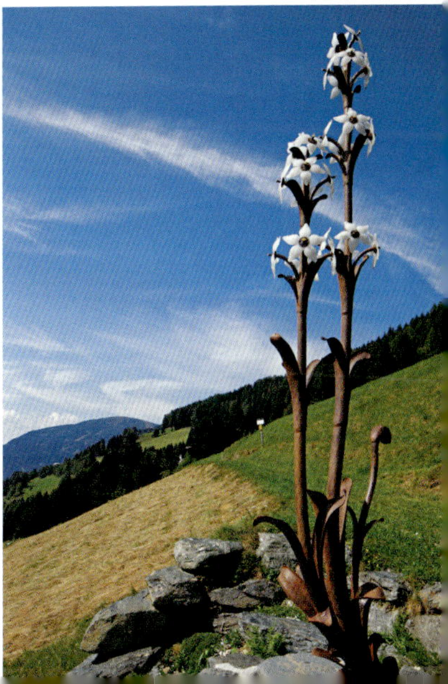

Oben: Falkertspitze – Gipfelkreuz.
Unten: Speikskulptur beim Matl-Sepp.

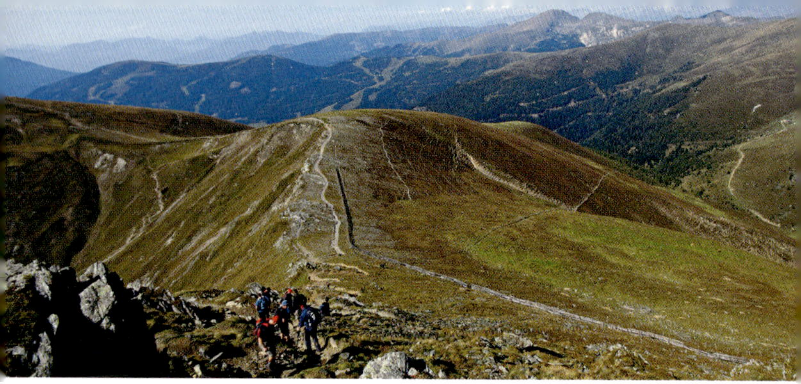

Großartige Aussicht von der Falkertspitze.

des Weitwanderweges 09) und erreicht in wenigen Minuten unschwierig den ersten Gipfel des Tages, die **Falkertspitze**, 2308 m. Beim Kreuz erwartet uns ein großartiges Panorama mit Nockgebiet und Niederen Tauern. Eine Panoramascheibe mit Richtungspfeilen benennt alle markanten Gipfel in Sichtweite. Der Weiterweg führt nun in Richtung Süden steil, aber unschwierig hinab zur Falkertscharte und weiter zum höchsten Punkt des Tages, dem **Rödresnock (7)**, 2310 m. Hier und am unmittelbaren Weiterweg über die Moschelitzen-Hochalm lässt sich der Wegverlauf der nächsten Tage bereits erahnen: Wöllaner Nock mit Gondel-Bergstation Kaiserburg, dahinter die Kuppe der Gerlitzen mit mehreren Skipisten.

Die letzte Station auf der Drei-Gipfel-Tour und gleichzeitig das Ende des Höhenzuges bildet der **Schwarzkofel (8)**, 2168 m. Am Vorgipfel (mit eigenen Gipfelkreuz) wird man mit einem prächtigen Ausblick auf das Obere Gurktal belohnt. Hier beginnt auch der etwas steilere Abstieg zur **Moschelitzenalm**, 1723 m. Eigens aufgestellte Markierungsständer führen durch das Hanggelände hinunter zur privaten Almhütte. Ab der Waldgrenze führt der Weg stets geradeaus leicht bergab zu einer Lichtung mit markantem Wegweiser. Wir biegen hier rechts ab (Beschilderung Weg 1 nach Rottenstein) und folgen dem markierten Fuhrweg. Nach mehrmaliger Querung der Forststraße gelangen wir nach rund 1 Std. ab Moschelitzenalm zum Hofladen **Matl-Sepp (9)**, 1280 m (Wildpark).

Ein lokaler Panoramaweg führt in 1,5 Std. gemütlich in das Ortszentrum von Bad **Kleinkirchheim (10)**, 1087 m. (Hinweis zur Markierung im Ortsgebiet: Als einer der großen Partner des AAT-Projektes bekam Bad Kleinkirchheim von den Wegzeichnern offenbar die »Große Dorfrunde« spendiert – wir lassen im GPS-Track die Tour jedoch gleich beim Römerbad ausklingen, wo man die nächste Etappe gut fortsetzen kann. Die offizielle Markierung führt in großem Bogen hinunter zum Tourismusbüro.)

7.00 Std.

↑1200 ↓1330

Bad Kleinkirchheim – Arriach

15

Wo Weltmeister im Mittelpunkt stehen

Man schrieb das Jahr 1971, als ein junger Skifahrer namens Franz Klammer auf den ersten Kilometern unserer heutigen Tour die Europacup-Abfahrt gewann – und damit den Grundstein seiner beispiellosen Karriere legte. Im Laufe seiner aktiven Jahre verbuchte der erfolgreichste Abfahrtsrennläufer aller Zeiten neben seinem fulminanten Olympiasieg 1976 insgesamt 5 Abfahrtsweltcup-Gesamtsiege. Nachdem wir diesen geschichtsträchtigen Boden hinter uns gelassen haben, geht es auf der Südseite des Wöllaner Nocks gemütlich – und ausschließlich bergab – zu Kärntens »Mittelpunktgemeinde« Arriach.

Ausgangspunkt: Bad Kleinkirchheim, Tourismusbüro, 1020 m.
Anforderungen: Konditionell anspruchsvoller Aufstieg, gemütlicher Abstieg.
Einkehr: Strohsackhütte; Waldtratte; Bergrestaurant Kaiserburg; Walderhütte; diverse in Arriach.
Unterkunft: **Walderhütte**, Tel. +43 4247 30510, huettenkult.at. – **Geigerhütte** (Pächterwechsel 2023). – **Arriach:** z. B. Alte Point, Mo/Di Ruhetag, Tel. +43 4247 8523, altepoint.at; Pilsachhof, Tel. +43 42473 8193, pilsachhof.com; Gasthof Arriach (Pension), Tel. +43 664 3985585, gasthofarriach.eu; Ferienhäuser Tengghof, Tel. +43 4247 8532, tengghof.at.
Tipp: Die Bergfahrt mit der Kaiserburgbahn überbrückt rund 1000 Aufstiegshöhenmeter. Preise und Fahrzeiten: badkleinkirchheim.com.
Varianten: Start wahlweise vom Tourismusbüro bzw. von der Kaiserburg-Talstation; im Südhang von der Plagrast über den geografischen Mittelpunkt Kärntens (15 Min. länger, siehe Tourentext).
Information: TI Arriach, Tel. +43 4247 8514, arriach.gv.at.
Karten: f&b WK 221, K WK 63.

Auf der Kaiserburg.

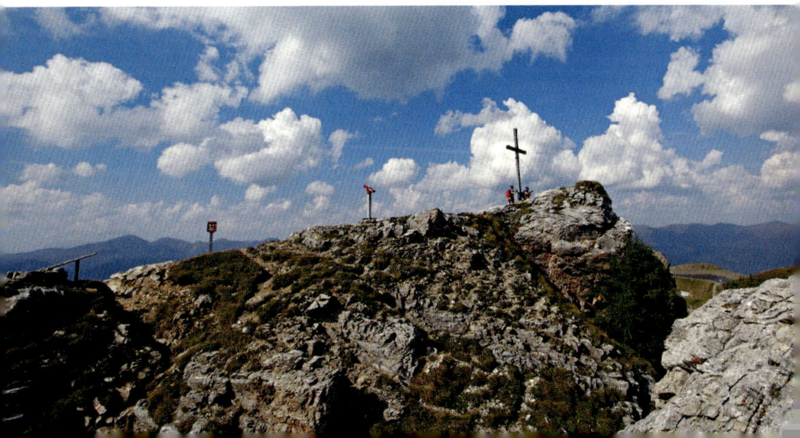

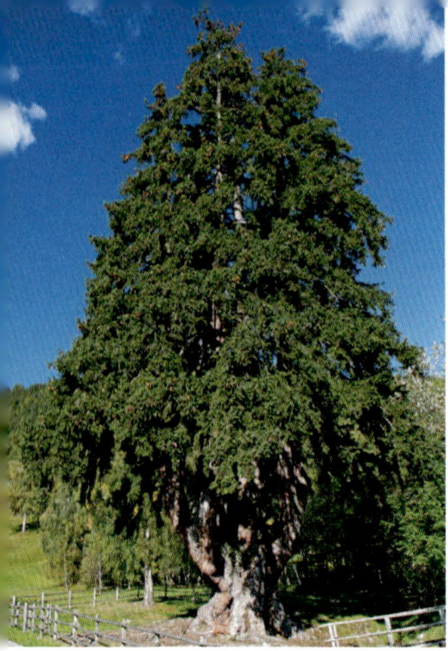

i ***Kandelaberfichte:*** *Direkt am Arriacher Hofwanderweg steht seit rund 500 Jahren eine mächtige, knorrige Fichte. Schon vor 4 Jahrhunderten wurde der Baum als Grenzmarkierung dokumentiert. Der 1978 zum Naturdenkmal geadelte Baum wird als »Kandelaberfichte« bezeichnet, weil sieben Stämme vom Hauptstamm in die Höhe wachsen und dabei die Form eines Kerzenhalters (von lat. candelabrum = Leuchter) haben. Der Umfang des Hauptstammes beträgt 8 m, die Höhe rund 35 m. Von der Gemeinde Arriach wurde hier ein Ruhe- und Erholungsplatz mit einem Trinkwasserbrunnen angelegt, wo zur Abwechslung die Fichte im Mittelpunkt stehen darf.*

Der Start befindet sich beim Tourismusbüro in **Bad Kleinkirchheim (1)** gegenüber der Therme St. Kathrein, 1087 m. Für jene, die im oberen Ortsteil nahe dem Römerbad genächtigt haben, bietet sich eine Abkürzung an: Vom Parkplatz bei der Kaiserburgbahn-Talstation unterhalb der Therme führt ein markierter Weg (»Kaiserburg, Wöllaner Nock«) in wenigen Minuten hinauf zur Hauptvariante. Vom Tourismusbüro biegen wir – Blickrichtung Hauptstraße bergauf – rechts über die Brücke in den Maibrunnenweg, und folgen, fast durchgehend auf dem Gehsteig, den AAT-Täfelchen zu einem Rastplatz am Ortsrand. Oberhalb des Ortes führt eine Forststraße über die Waldtratte (Mittelstation der Kaiserburgbahn) in weiten Kehren hinauf zur Bergstation. Der Forstweg wird – stets gut beschildert – wiederholt verlassen, um die Kehren abzuschneiden. Das letzte Steilstück bringt uns auf rund 1900 m, wo wir nach links relativ eben zur **Rossalmhütte (2)**, 1915 m, und weiter zur Bergstation der **Kaiserburgbahn (3)**, 2055 m, gelangen.
Der Gipfel des **Wöllaner Nock (4)**, 2145 m, ist von hier aus über einen breiten Schotterweg in rund 20 Min. bestiegen (alternativ führt nördlich des Gip-

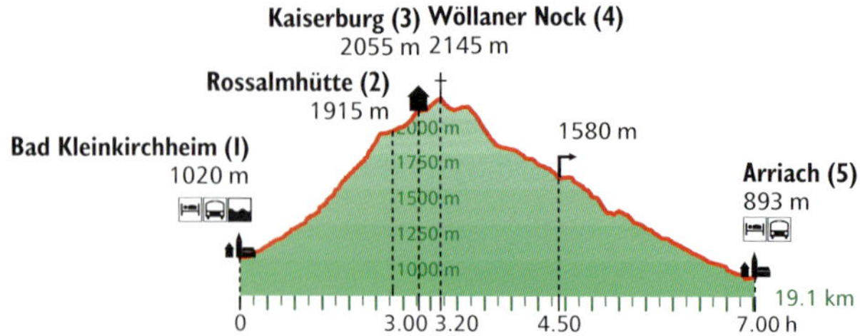

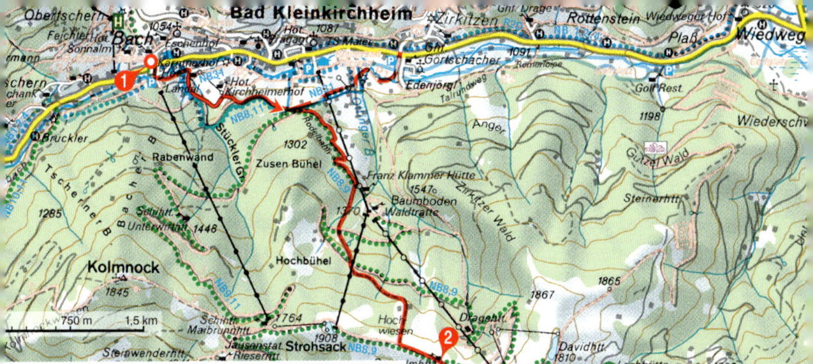

fels ein Weg zur Walderhütte, auch südlich lässt sich der Gipfel umgehen). Über den **Vorderen Wöllaner Nock**, 2090 m (vom Wöllaner Nock weiter Richtung Süden über Weg 164 erreichbar), kommt man bald auf die **Plagrast**, 1720 m, mit Liftstützen einer früheren Materialseilbahn). Hier biegt ein Forstweg zur Geigerhütte, 1666 m (Umweg ca. 10 Min.), ab. Von der Plagrast erreicht man, dem Weitwanderweg 09, folgend auf einem Forstweg in ca. 2 Std. das heutige Etappenziel Arriach. In den vergangenen Jahren hat sich jedoch eine – inzwischen mit AAT-Täfelchen markierte – Variante etabliert: Von der Plagrast verläuft der beschilderte Abstieg (»Mittelpunkt«-Schilder: ein roter Punkt mit gekreuzten Vermessungslinien) zum **geografischen Mittelpunkt Kärntens**. Auf den überdimensionalen Vermessungspunkt ist eine Webcam mit Selbstauslöser gerichtet – eine etwas andere Möglichkeit, die Lieben daheim zu grüßen. Auf gutem Untergrund und bei vergleichbarer Weglänge erreicht man oberhalb von Arriach eine Asphaltstraße und folgt ihr nach rechts zur **Kandelaberfichte**. Beide Wegvarianten sind hier wieder vereint, von **Arriach (5)**, 893 m, trennen uns nun noch 30 Min. entlang des beschilderten Ortsrundweges.

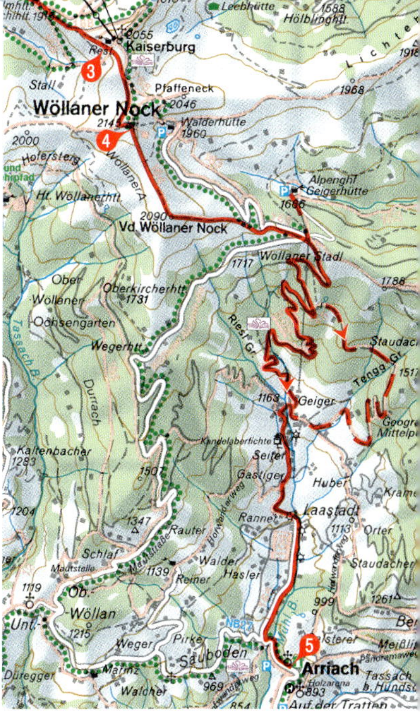

16 Arriach – Gerlitzen

5.30 Std.

↑1210 ↓200

Heiße Liebe

Ein letztes Mal wird auf dieser Etappe die Nordseite einer prominente »Nocke« erklommen. Dabei befinden wir uns weiterhin in Kärntens Mitte. Die Tour endet direkt an einem der beliebtesten Aussichtspunkte des Landes: Die Gerlitzen ist der südlichste Hauptgipfel der Kärntner Nockberge, und da in unmittelbarer Nähe kein weiterer Berg die Sicht einschränkt, ist von hier aus das gesamte Bundesland zu überblicken. Das gilt selbstverständlich auch umgekehrt: Der Berg dominiert die Landschaft. Deshalb wurden häufig am Gipfel weithin sichtbare Scheiterhaufen angezündet, was dem Berg den Spitznamen »Feuerberg« einbrachte.

Ausgangspunkt: Arriach, 893 m.
Anforderungen: Der Windchill am Gipfel ist nicht zu unterschätzen. Nach dem mitunter schweißtreibenden Aufstieg empfiehlt sich eine zusätzliche Kleidungsschicht für den Fall der Fälle.
Einkehr: Neugarten Almseehütte; Gipfelhaus Gerlitzen; Alpenhotel Pacheiner.
Unterkunft: **Gerlitzen:** Alpenhotel Pacheiner, Tel. +43 4248 2888, pacheiner.at;

Wind auf der Gerlitzen.

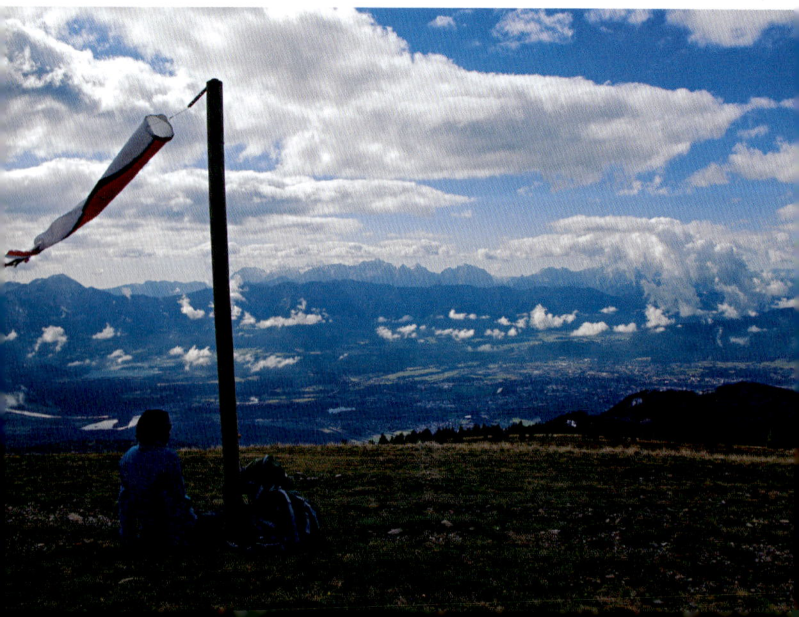

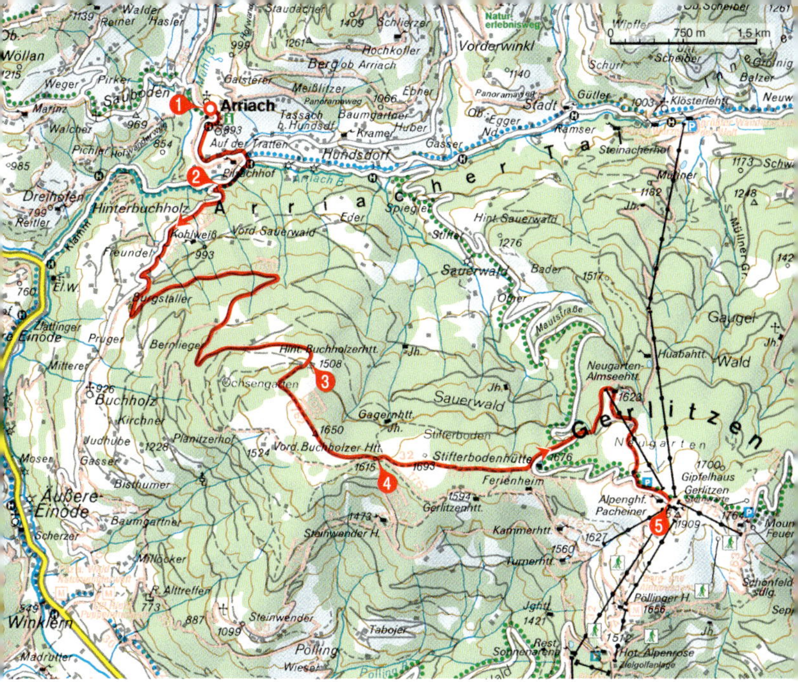

Gipfelhaus Gerlitzen, Tel. +43 4248 2881, gerlitzen.at. – **Unterhalb Gerlitzen**: Mountain Resort Feuerberg, Tel. +43 4248 2880, hotel-feuerberg.at.

Tipp: Der Gipfel der Gerlitzen ist über eine Mautstraße (Abzweigung an der Arriacher Landesstraße L 46 unweit der Abzweigung nach Arriach) und mit der Kanzelbahn (Kärntens älteste, jedoch hochmoderne Bergbahn mit Start in Annenheim am Ossiacher See) erreichbar. Zur Mittelstation der Kanzelbahn führt zudem eine weitere Mautstraße (ab Treffen).

Information: Gerlitzen-Kanzelbahn, Tel. +43 4248 2722, gerlitzen.com.

Karten: f&b WK 0233, K WK 63.

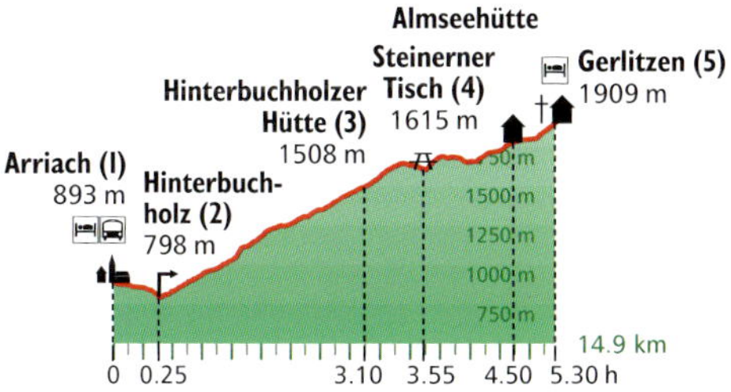

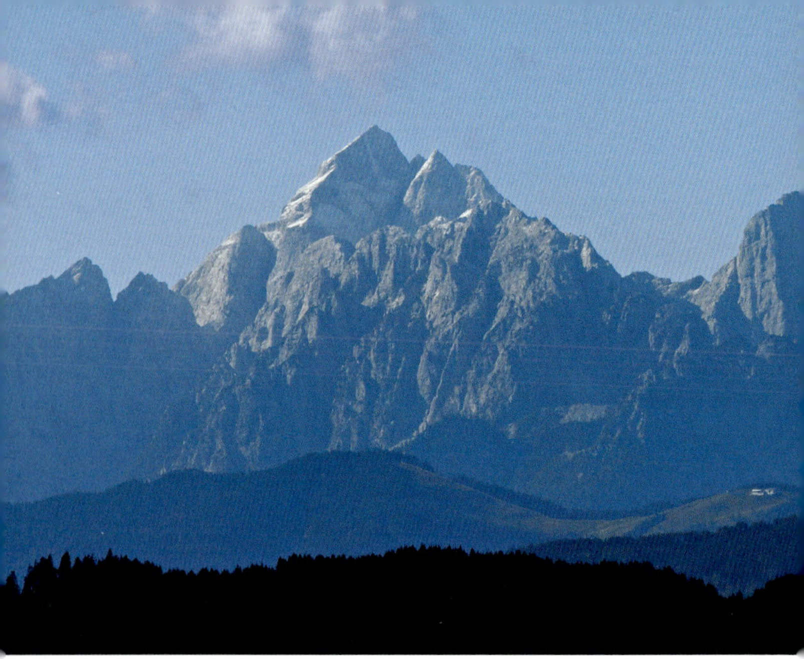

Vom Dorfplatz in **Arriach (1)**, 893 m, führt die asphaltierte Straße bergab zur Landesstraße L 46. Nach 400 m rechter Hand die Straße entlang folgt man links bergauf der (ersten) **Abzweigung (2)** Richtung Hinterbuchholz, 798 m, wo man nach Erreichen einer Rechtskurve geradeaus zum Sendemast weiterwandert. Bei der Orientierung helfen hier wieder rot-weiß-rote Markierun-

i **Salzsteigweg 09** *(440 km): Auf dieser Etappe trennen sich die Wege: Wir verlassen kurz vor dem Gerlitzengipfel den Weitwanderweg 09, der uns einige Tage begleitet hat. Entlang alter Säumerpfade und römischer Handelswege führt der 09er vom Mühlviertler Nordwaldkamm an der tschechischen Grenze bis zu den Toren Sloweniens südlich des Faaker Sees in Kärnten. Alpine Höhen werden im Toten Gebirge und in den Niederen Tauern erreicht, wo sich der Salzsteigweg auch mit dem Zentralalpenweg kreuzt – der »Meisterprüfung« für alpine Weitwanderer. Österreich ist ohnehin ein Paradies für »Langstreckenläufer«: Die Sektionen des heimischen Alpenvereins betreuen bundesweit rund 7300 Weitwanderkilometer, die in 10 Hauptwege in unterschiedlichsten Höhenlagen unterteilt sind. Daneben gibt es rund 100 weitere Themenwege mit teils ebenfalls beachtlichen Längen.*

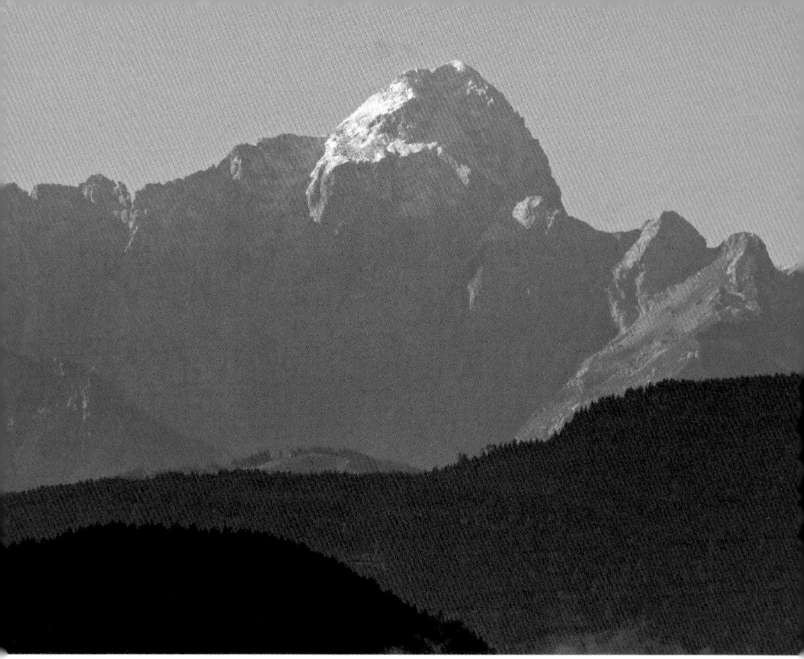

Morgendlicher Blick von Arriach auf die Julier.

gen des Weitwanderweges 09, die uns bis zu den Schafweiden unter dem Gerlitzen-Gipfelplateau begleiten werden. Beim Sendemast halten wir uns erneut geradeaus und erreichen nach zwei lang gezogenen Kehren die **Hinterbuchholzer Hütte (3)** auf 1508 m Seehöhe.

Hinter der Hütte führt der markierte Weg vorbei an einer Viehtränke rechts in den Wald. Sehr gute lokale Markierungen leiten uns zu einer größeren Almweidefläche auf rund 1600 m, über die wir – nun ohne nennenswerte Steigungen – den **Steinernen Tisch (4)**, 1615 m, erreichen. Hier an der Kreuzung mehrerer lokaler Wanderwege verlässt uns auch der Weitwanderweg 09, dessen Wegweiser uns seit der Falkertspitze begleitet haben. Die Wanderer des Salzsteigweges werden in ein bis zwei Tagen ihr Ziel in Arnoldstein erreicht haben. Unser Weg hingegen führt nun zum **Stifterboden**, 1676 m, einer Almhäusersiedlung, durch die auch die asphaltierte Arriacher Zufahrtsstraße führt. Dieser Straße folgen wir kurz bergab (Beschilderung Gipfel via Neugarten). Nach Besuch der Wasserwelt bei der **Almseehütte**, 1626 m, erreichen wir nach 40 Min. entlang der Lifttrasse den Gipfel der **Gerlitzen (5)**, 1909 m.

17 Gerlitzen – Ossiach

5.30 Std.

↑120 ↓1520

Wald, Wiese, Moor und See

Von der Gerlitzen geht es heute über den gleichnamigen, waldreichen Höhenweg hinunter zu den sonnseitig gelegenen Hängen am Ostufer des Ossiachersees. Durch das idyllische Bleistätter Moor erreichen wir das Südufer und in Ossiach das älteste Benediktinerstift Kärntens, am Fuße der Ossiacher Tauern gelegen. Es erwartet uns eine unschwierige, familientaugliche Etappe, die – erstmals seit Döbriach – direkt am Seeufer endet.

Ausgangspunkt: Gerlitzen – Gipfelplateau, 1909 m.
Anforderungen: Auf dieser Etappe geht es den ganzen Tag fast nur bergab – eine gemütliche Tour steht uns bevor.
Einkehr: Golk: Kathrins Buschenschenke; Steindorf: Gasthof Laggner; Alt-Ossiach (ca. 500 m Umweg): Forellenstation Zussner; diverse in Ort Ossiach.
Unterkunft: **Steindorf:** z. B. Erlebnisbauernhof Schweinzer, Tel. +43 4243 8701, bauernhofschweinzer.at; Gasthof Laggner, Tel. +43 4243 45538, gasthoflaggner.at. – **Ossiach:** z. B. Schlosswirt, Tel. +43 4243 8747, schlosswirt-ossiach.at; Gasthof Zur Post, Tel. +43 4243 2004, hotel-gasthof-post.at.
Einkauf: In Ossiach.
Variante: Ab Steindorf besteht die Möglichkeit, die Etappe auf dem Seeweg abzukürzen: Ein Linienschiff verkehrt mehrmals täglich zwischen Steindorf und Ossiach. Die Fahrpläne ändern sich je nach Saison. Info: ossiachersee-schifffahrt.at. Die Anle-

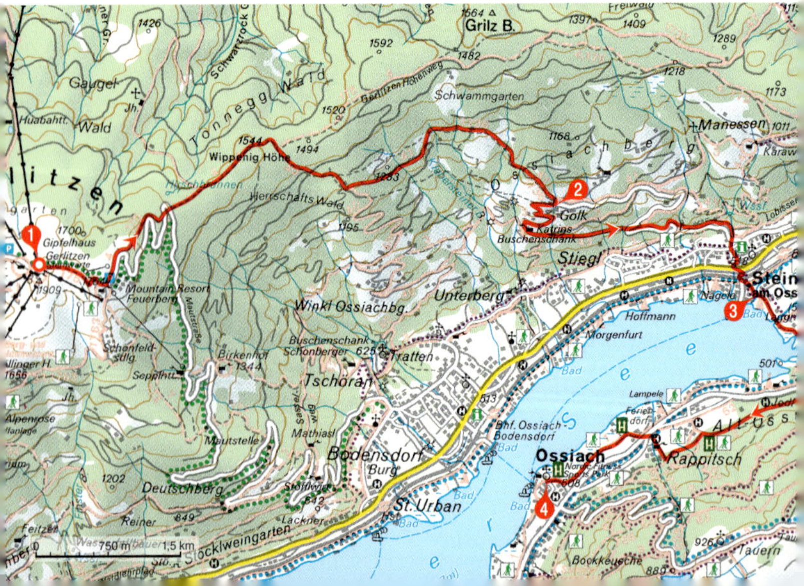

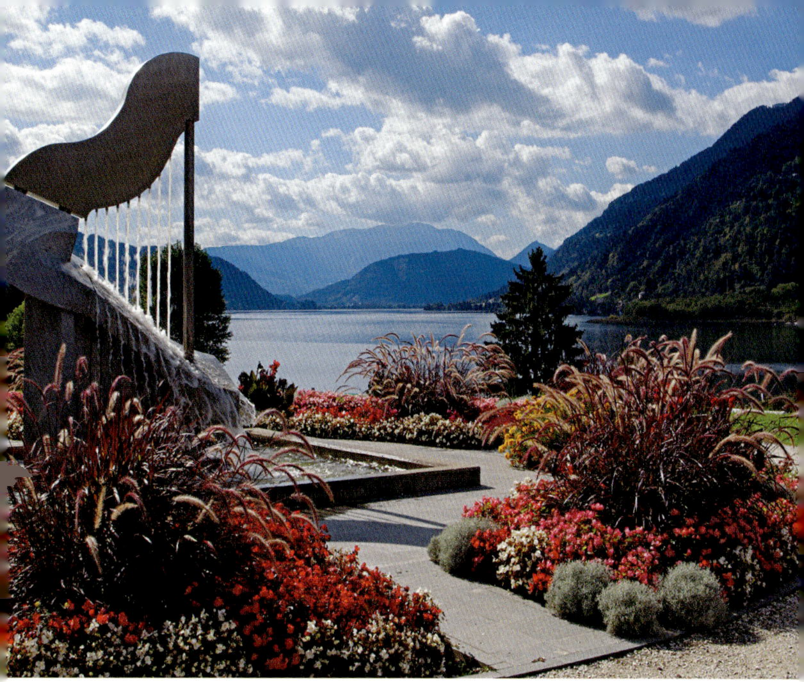

Das Wahrzeichen des Carinthischen Sommers (Ossiach).

gestelle erreicht man über den Uferweg neben der Bahntrasse (ca. 10 Min. ab Überquerung der Schienen). Es gibt auch ein Motorboot-Taxi am Ossiacher See (11–18 Uhr), Tel. +43 664 5660025.

Information: GA Ossiach, Tel. +43 4243 22 46-0, ossiach.gv.at; TI Tourismusverband Villach – Faaker See – Ossiacher See, Tel. +43 4242 42000, visitvillach.at. **Karten:** f&b WK 0233, K WK 61.

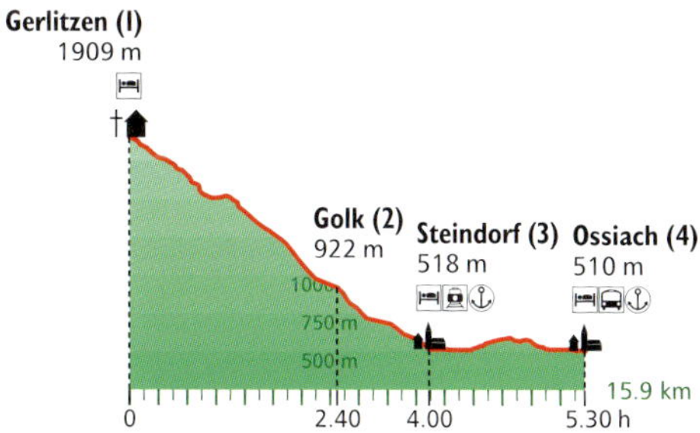

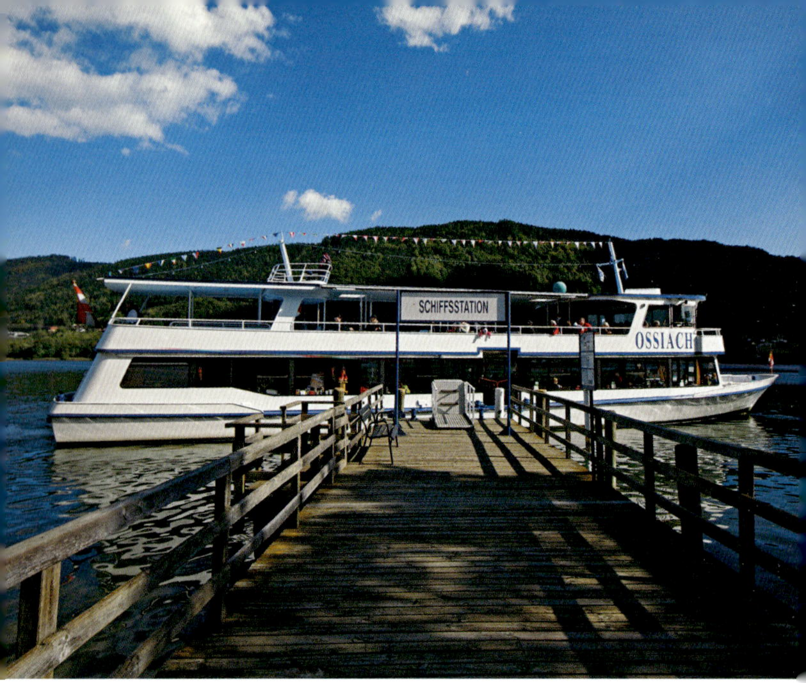

Die »Ossiacher See Schifffahrt«.

Wir starten unsere Tour heute östlich des **Gerlitzen-Gipfelhauses (1)**, 1909 m. Über den Gerlitzen-Höhenweg Nr. 4 steigen wir ab auf das Plateau der Bergeralm. Vorbei am Hotelkomplex und den Chalets der Anlage Feuerberg, 1764 m, gehen wir kurz die Straße entlang (mautpflichtig, Zufahrt über Bodensdorf am Ossiacher See), um sie bei der ersten Rechtskurve wieder zu verlassen. Geradeaus folgen wir einem Steig in den Wald und erreichen den Pfad der Philosophen (kurzer Themenrundweg). Unser Weg führt weiter bergab, dabei wird zweimal die Straße überquert. Nun folgt ein rund 1 km langer ebener Waldabschnitt, der zur **Wippenighöhe**, 1544 m, verläuft (Rastbank, Wegteilung).

Am Wanderweg Nr. 40 geht es nun etwa 200 Höhenmeter steil bergab. Wir ignorieren die Abzweigung des Weges 44 und folgen dem Weg bis zu einer Gabelung. Links führt die lokale Markierung 41 (Steindorf) bis in die Ortschaft **Golk (2)**, 940 m. Dort angelangt, biegen wir rechts ab und folgen dem Weg zu Kathrins Buschenschenke. Weiter auf der Golker Zufahrtsstraße (Weg 43) in die Ortsmitte von **Steindorf (3)**, 518 m. Bei der Kirche unterqueren wir die Bundesstraße und folgen nach Überschreiten der Bahngleise dem Dammweg rechter Hand zum Ostufer des **Ossiacher Sees**. Eine Aussichtsplattform am Rande des Bleistätter Moores ermöglicht uns den Blick über den Schilfgürtel hinaus auf weite Teile des Sees sowie unser Tagesziel an der gegenüberliegenden Seeseite, erkennbar am weithin sichtbaren Stiftsgebäude.

Ein Kiesweg führt nun stets das Ostufer entlang durch das Naturschutzgebiet, bei Wegkreuzungen halten wir uns geradeaus, bis die **Alt-Ossiacher Landesstraße L 49** erreicht wird. Nach wenigen Metern rechter Hand verläuft oberhalb der Straße ein gemütlicher Waldspazierweg über **Rappitsch** (nochmalige Straßenquerung) direkt zum ehemaligen Benediktinerstift **Ossiach (4)**, 510 m, bzw. zur Tourismusinfo oberhalb des Stiftes an der Straßenkreuzung.

i ***Stift Ossiach:*** *Rund 15 Kilometer von Villach entfernt liegt das Stift Ossiach. Das Anfang des 11. Jh. gegründete Benediktinerstift wurde im 18. Jh. zu seiner heutigen Größe ausgebaut. Vor allem die neben dem Stift stehende ehemalige Klosterkirche erhielt damals ihr prunkvolles barockes Aussehen. So war beispielsweise Karl May von der Ausstattung dermaßen begeistert, dass er die Verglasung der Seitenapsiden stiftete. Für alle Kunstinteressierten ebenfalls sehenswert: Der spätgotische Flügelaltar im Nordwesten der Kirche (Anfang 16. Jh.) gilt als eines der bedeutendsten Beispiele der Kärntner Schnitzkunst.*

Nach der Aufhebung des Klosters durch Josef II. im Jahr 1783 diente das Anwesen lange als Pferdegestüt des Militärs. So wurde damals der Kreuzgang abgerissen und aus den Materialien Stallungen gebaut. Heute beherbergt die sich nun im Besitz des Landes Kärnten befindliche Anlage unter anderem ein Hotel. Stiftsgebäude und Kirche dienen darüber hinaus einmal jährlich als Aufführungsorte des renommierten Kärntner Kulturfestivals Carinthischer Sommer.

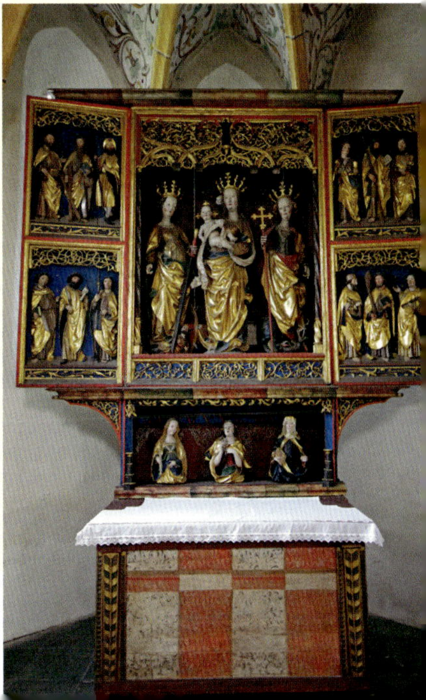

Gotischer Flügelaltar in der Stiftskirche.

18 *Ossiach – Velden*

5.30 Std.
↑600 ↓660

Eine einfache Tauernüberquerung

Die heutige Etappe ist der Beginn einer zweitägigen Seentrilogie: Diese und die nächste Etappe führen an die Promenaden von Ossiacher, Wörther und Faaker See. Am Ende dieser Etappe kann man behaupten, in wenigen Stunden einen ganzen Tauernkamm überquert zu haben: Die Ossiacher Tauern, eingebettet zwischen Wörther See und Ossiacher See, sind ein Mittelkärntner Waldgebirge. Unser Weg überschreitet heute nur einmal kurz die 1000-Meter-Marke, und außerdem gibt sich der Tauernzug vergleichsweise lieblich im Verhältnis zu seinen nördlichen Namensvettern rund um den Großglockner.

Ausgangspunkt: Stift Ossiach, 510 m.
Anforderungen: Familienwanderung mit doppeltem Erlebnisfaktor am Schluchtweg und im Teufelsgraben. Vorsicht bei Nässe! Gefährliche Stellen gibt es nicht.
Einkehr: Köstenberg; Saisser See; Velden.
Unterkunft: Köstenberg: Gasthof Gröblacher, Tel. +43 4274 7001, groeblacher.at. – **Velden:** mehrere, z. B. Café Pension am Campus, Tel. +43 4274 51303, pension-am-campus.at; Gästehaus Fertschey, Tel. +43 4274 2842, fertschey.at; Villa Markus, Tel. +43 4274 52333, villa-markus.at; Hotel Bacherlwirt, Tel. +43 4274 2120-0, hotelvelden.at.
Einkauf: In Velden.
Information: TI Velden, Tel. +43 4274 38288, velden.at.
Karten: f&b WK 0233, K WK 61.

Zum Beginn der Etappe gehen wir vom **Stift Ossiach (1)**, 510 m, ein kleines Stück des gestrigen Weges zurück – bis zum Ortsteil Rappitsch – und überqueren dort die Landesstraße. Wir folgen der beschilderten Abzweigung in den Schluchtweg und steigen auf teils hohen Stufen (bei Nässe glitschig!) dem Wasserverlauf folgend hinauf zum oberen Einstieg, der sich direkt am **Tauernteich (2)**, 889 m, befindet.
Vom Parkplatz rechts verläuft der Weg 5 zumeist auf Forstwegen zum **Gasthof Obersakoparnig**. Vor dem Gasthof rechts führt eine Straße hinunter Richtung Köstenberg. Bei der Oberdorfer Straße biegen wir links hinauf und gelangen über ein Feld (Weidegatter) zur Filialkirche Oberdorf, 817 m. An der Nordwand der Vorlaube findet man übrigens drei Grabsteine aus dem 13. Jh., die möglicherweise vom Rittergeschlecht der Burg Hohenwart stammen. Die Straße rechts unter der Kirche führt weiter nach **Köstenberg (3)**, 790 m, und an der Pfarrkirche vorbei zur örtlichen Feuerwehr. Nun folgen wir der Forststraße entlang des Weges Nr. 3 in den **Schmarotzwald**, 759 m, und weiter ohne nennenswerte Steigungen in ca. 30 Min. ab Köstenberg zur

Auf weichem Boden Richtung Rappitsch.

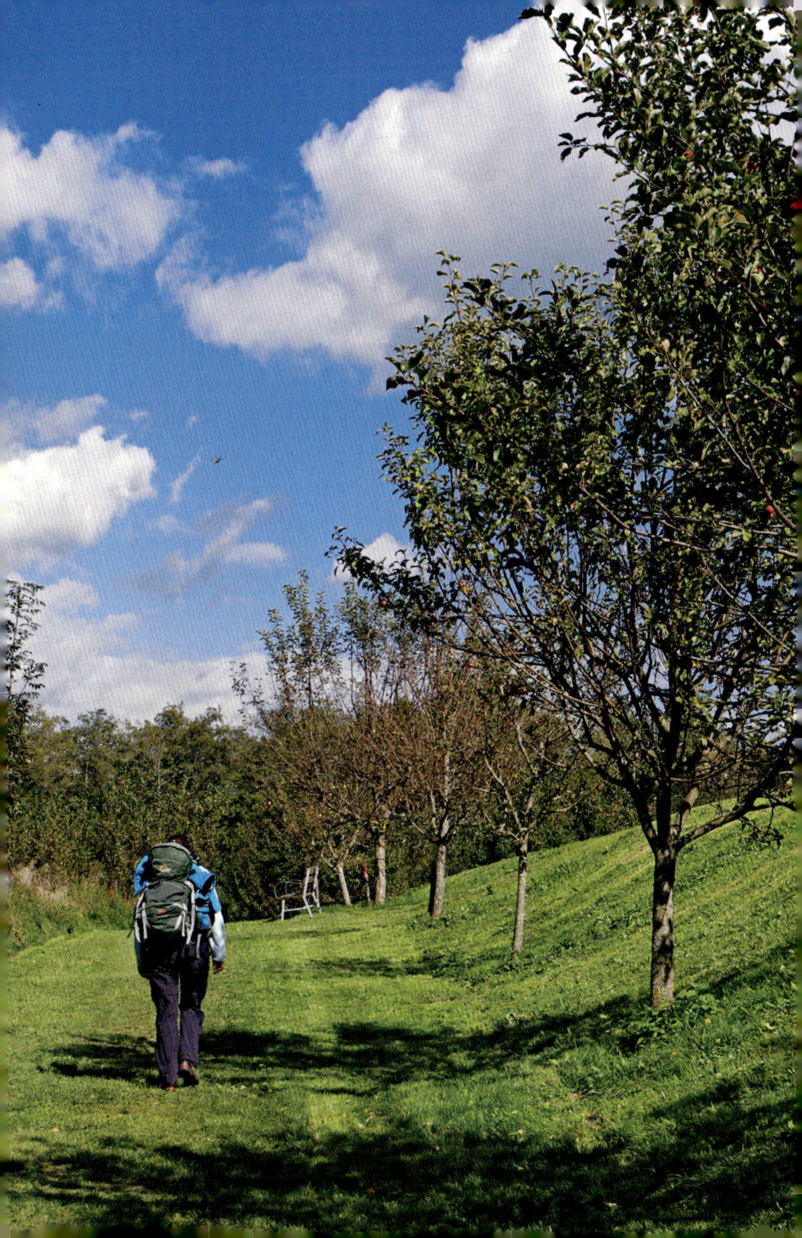

Burgruine Hohenwart (4), 803 m (Bau spätestens 12. Jh., zerstört im 15. oder 16. Jh.).
Östlich der Ruine führt uns der Weg 3, später Römerweg 2a, weiter Richtung Velden. Bei Oberjeserz, 675 m, treffen wir auf die Straße, der wir in den Ort folgen; dort biegen wir links in den Seeblickweg. An Häusern vorbei und bald einen Zaun entlang wird der **Saisser See (5)**, 593 m (in manchen Karten auch Jeserzer See genannt), erreicht. Über eine Liegewiese am öst-

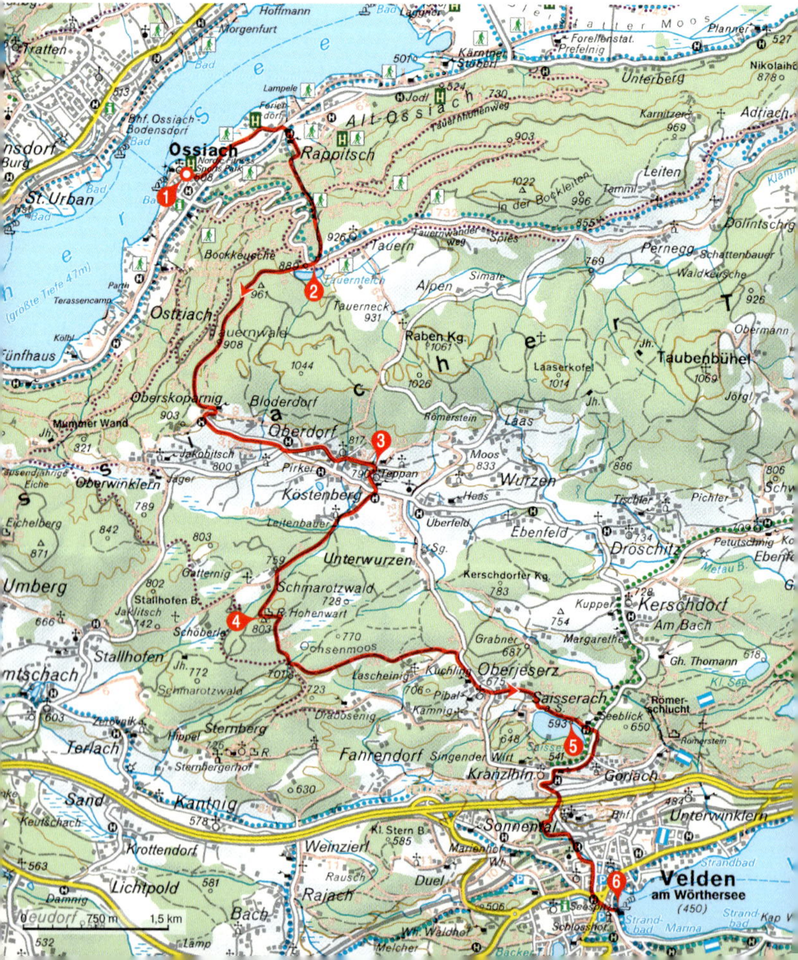

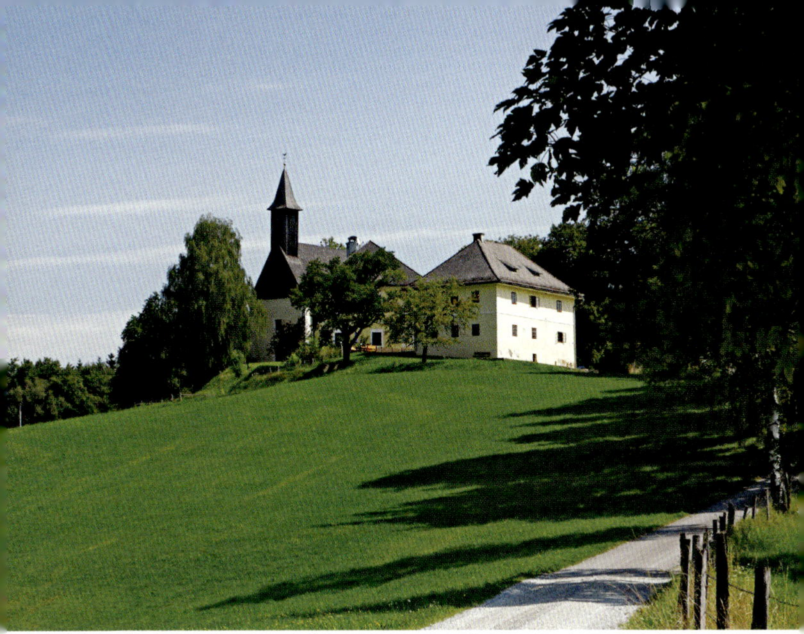

Blick zur Tauernkirche, der letzten noch erhaltenen Filialkirche des Stiftes Ossiach.

lichen Seeufer erreichen wir die Köstenberger Landesstraße bei **Göriach**. Leicht bergab wandern wir zum Aussichtspunkt auf der **Veldener Kanzel** (Rastplatz).

Nach rund 500 m rechts die Straße entlang kommen wir zur Kirche, von der man – passenderweise – in den **Teufelsgraben** hinabsteigt. Ein ruhiger schattiger Weg führt durch Laubwälder entlang eines Baches in den oberen Ortsteil und weiter in den Kurpark von **Velden (6)**, 450 m. Die Tourismusinformation findet man, wenn man die Kranzlhofenstraße hinunter zur Bundesstraße 83 geht und dieser rund 500 m nach rechts folgt.

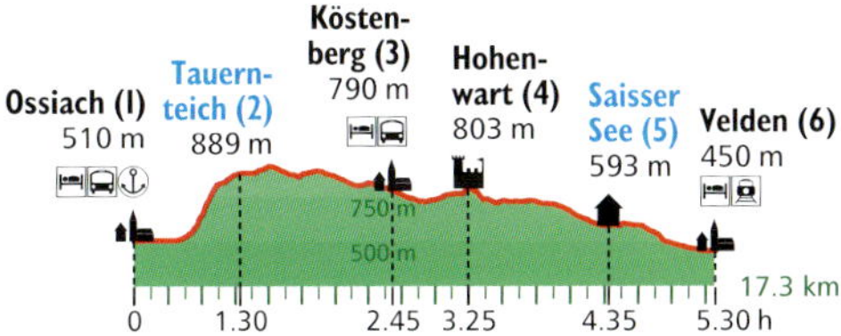

19 Velden – Baumgartnerhof

5.45 Std.
↑550 ↓80

Ausnahmsweise keine Berge

Wir nähern uns unaufhaltsam Österreichs Südgrenze: Velden mit seinen Villen und seinem mondänen Flair liegt schon bald hinter uns – es erwartet uns ein ruhiger Mittelabschnitt durch Wälder und entlang Kärntens Hauptwasserader, der Drau. Der türkisfarbene Faaker See und die Kulisse der mächtigen Karawanken im Hintergrund zählen zu den beliebtesten Fotomotiven Kärntens. Doch auch die Burgruine Finkenstein zählt zu den bekannteren Schätzen des Landes. Auch ohne Gipfelsieg mangelt es heute nicht an Aussichtspunkten – zumal der Etappenendpunkt hoch über Altfinkenstein einen Blick auf den gesamten Mittelkärntner Raum gestattet.

Ausgangspunkt: Kurpark Velden, 450 m.
Anforderungen: »Turnschuhetappe« ohne besondere Anforderungen.
Einkehr: Diverse am Faaker See; Gasthof Baumgartnerhof.
Unterkunft: Faaker See: z. B. Haus Sapetschnig, Tel. +43 4254 2263, haus-sapetschnig.at; Pensionen Waldruh – Tannenheim, Tel. +43 4254 2295, pensionen-ferienhauser-waldruh-tannenheim-inge.business.site. – **Altfinkenstein:** z. B. Pogöriacherhof, Tel. +43 664 2107757, pogoeriacherhof.at. – **Gasthof Baumgartnerhof:** Tel. +43 4254 22900, baumgartnerhof.at, kostenlose Abholung vom Bahnhof Faak am See (Voranmeldung).
Einkauf: Faak am See.
Tipp: In Faak kurz nach der Kirche Möglichkeit für ein kostenloses Erfrischungsbad im Weiher beim Campinggelände.
Information: TI Villach – Faaker See – Ossiacher See, Tel. +43 4242 42000, visitvillach.at.
Karten: f&b WK 0233, K 61.

Sonnenuntergang am Faaker See.

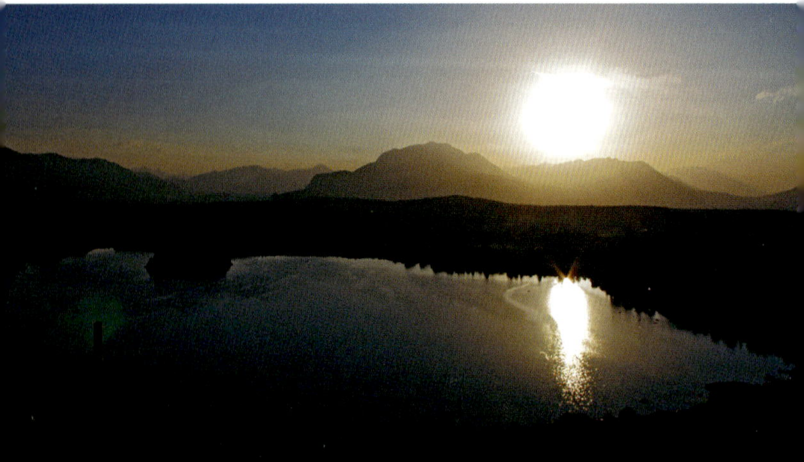

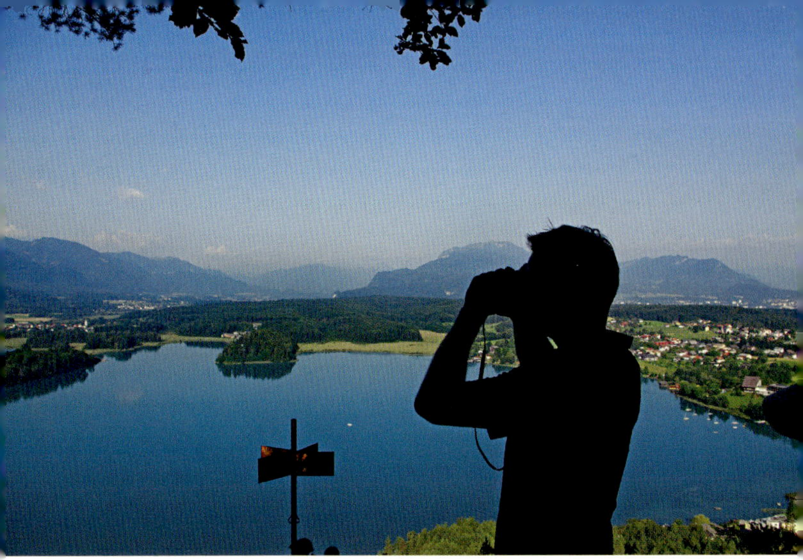

Am Tabor (lohnender Aussichtshügel am Ostufer des Faaker Sees).

Vom **Veldener Kurpark (1)**, 450 m, am Westufer des Sees gehen wir Richtung Norden und schwenken in die B 83 Richtung Villach (Westen) ein. Nach der Tourismusinfo führt links die Martin-Luther-Straße direkt zum Bäckerteich. Der gut beschilderte lokale Wanderweg 4 bringt uns – vorbei am Sportplatz und weiter auf breiten Waldwegen – ohne nennenswerte Steigungen nach **Wudmath (2)**, 481 m. Wenige Meter trennen uns nun noch vom Drauufer, dem wir ab Wudmath entlang des gelb beschilderten Marienpilgerweges (= Drauradweg) flussaufwärts bis zur Brücke folgen. Auf der Höhe von Föderlach bietet sich direkt neben dem Weg ein fotogener Aussichtsplatz nahe einer kleinen Drau-Halbinsel als Rastplatz an.
Nach Überschreiten der **Draubrücke (3)**, 493 m, kann man rechter Hand dem Verkehr ausweichen, gelangt aber auch so nach wenigen Minuten zu Autobahn und Landstraße, die in Richtung Bogenfeld überquert werden.

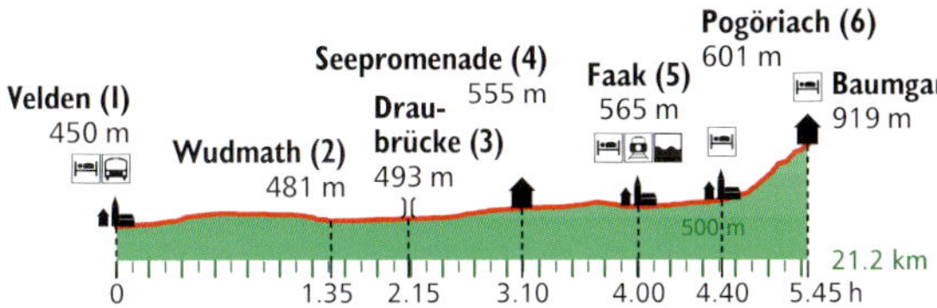

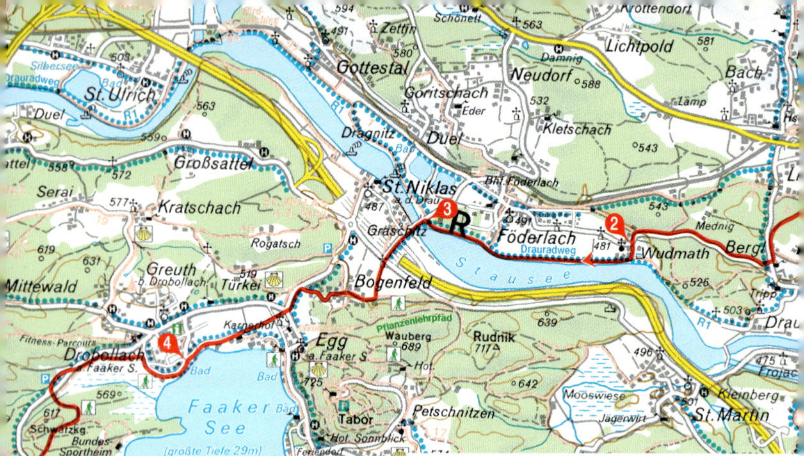

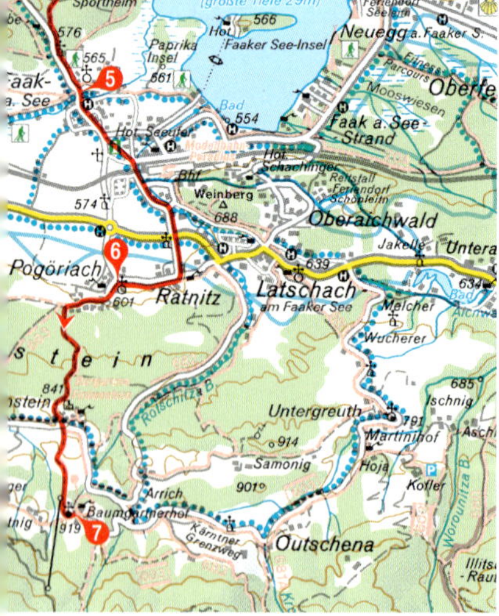

Dem Straßenverlauf folgend geht es nach den Häusern von Bogenfeld kurz etwas steiler bergauf und über ein kurzes Straßenstück erreicht man das **Egger Marterl** (Bildstock, beliebter Picknickplatz).

Zum ersten Mal haben wir den gesamten Faaker See vor unseren Augen, dahinter zeigt sich die imposante Nordwand des Mittagskogels, 2145 m, davor sein Trabant, die Ferlacher Spitze, 1742 m. In seiner rechten Flanke befindet sich als niedrigster Einschnitt der Jepzasattel, 1438 m, also jener Punkt, an dem in der Folgeetappe erstmals slowenischer Boden betreten wird.

Wir folgen der lokalen Beschilderung (»Rund um den See«) zur **Seepromenade (4)**, 555 m, und gehen diese wenige Hundert Meter gegen den Uhrzeigersinn entlang. Am Ende der Promenade verlassen wir das Ufer und wandern auf einem Weg leicht bergauf bis zu einer Rastbank an einer Weggabelung. Hier links in den grasbewachsenen Weg biegen, der – weiter durch Wald – nochmals kurz über die Faaker Landesstraße und weiter durch Wald hinab – gelb beschildert – nach **Faak am See (5)**, 565 m, führt. Wir durch-

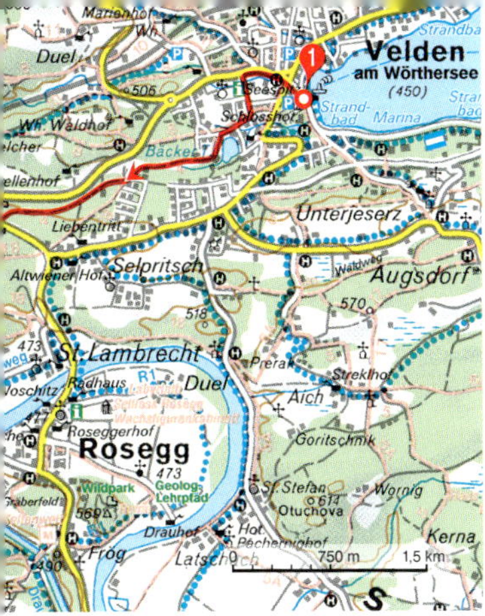

queren die Ortschaft grundsätzlich in Blickrichtung Mittagskogel, bis wir am Ortsende die Unterführung beim Bahnhof erreichen. Über den Ortsteil Ratnitz gelangen wir nach **Pogöriach (6)**, 601 m.

In der Ortsmitte passieren wir den Pogöriacher Hof, hinter dem wir der Landstraße folgend zu einem Wegweiser (Burgarena) kommen, dem wir links bergauf in den Wald folgen. Die verbleibenden 300 Hm verteilen sich auf mäßig steile Wege. Wir erreichen zuerst das Ruinenstüberl nördlich der imposanten **Burgruine Finkenstein**. Nach Querung der Zufahrtsstraße zum Baumgartnerhof bringt uns ein Abschneider (Weg 27, Marterl) in weiteren 20 Min. an unser heutiges Etappenziel, den **Baumgartnerhof (7)**, 919 m, dessen Terrassensitzplätze bei passendem Wetter einen perfekten Rahmen fürs Abendessen abgeben. So lässt sich beispielsweise der Doppelgipfel des Wöllaner Nock bestimmen, der ja nun bereits einige Tagesmärsche zurückliegt.

Rastplatz an der Drau.

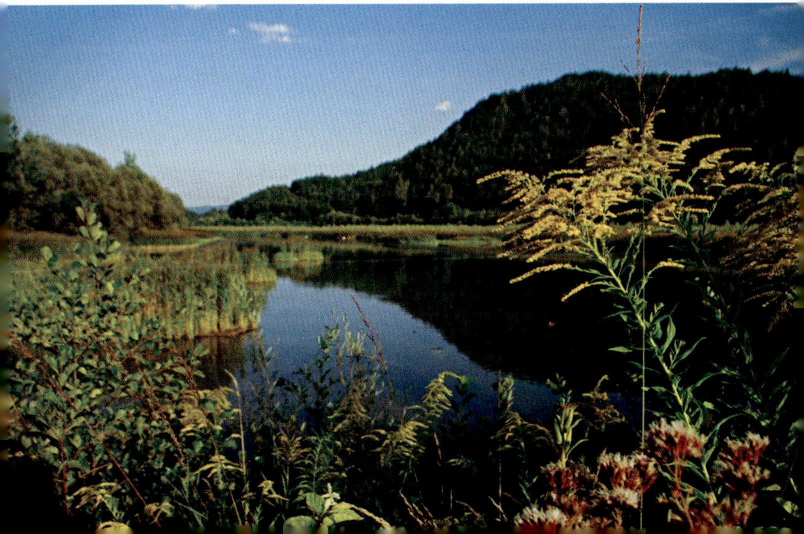

20 Baumgartnerhof – Kranjska Gora

8.30 Std.
↑1150 ↓1260

Etwas für Grenzgänger

Unter der Westflanke des imposanten Mittagskogels, den wir von fast allen bisherigen Gipfeln unserer Tour bereits sehen konnten, verlassen wir heute Österreich. Auf slowenischem Boden führt unsere Wandertour durch die Wälder der Karawankensüdseite hinunter zum nördlichen Eingangstor des Triglav-Nationalparks, namentlich ins lebhafte Städtchen Kranjska Gora. Im einst streng bewachten Grenzgebiet ist es heutzutage eher die Ausnahme, unterwegs jemandem zu begegnen. Das Mitführen eines Reisedokuments ist Pflicht, doch wird am ehemaligen Grenzposten Jepzasattel wohl niemand danach fragen.

Wasserreiche Karawankensüdseite.

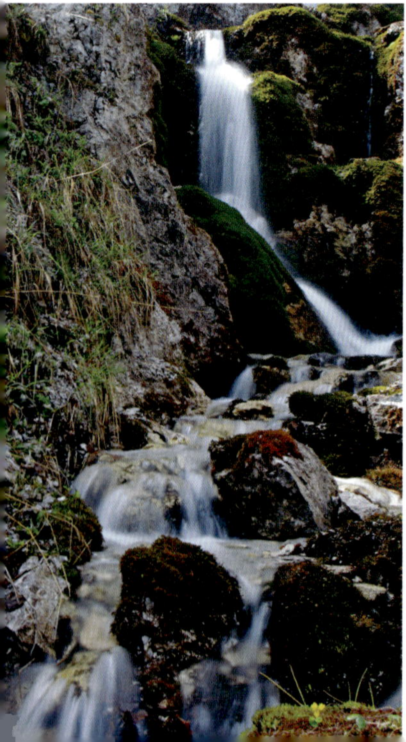

Ausgangspunkt: Gasthof Baumgartnerhof, Altfinkenstein, 919 m. Kostenlose Abholung vom Bahnhof Faak am See nach Voranmeldung.
Anforderungen: Kaum Unterstandsmöglichkeiten. Kein Wasser zwischen Jepzasattel und Zeleznica. Das Mittelstück entlang der Grenze führt durch steiles Gelände, ist jedoch nicht ausgesetzt. Die Höhenwanderung gehört bei schönem Wetter zu den schönsten Abschnitten des gesamten Trails.
Variante: Bei schlechter Sicht kann man die Abkürzung über den Weg 683 (Beschilderung Mitzl-Moitzl-Hütte) wählen, keine Aussicht, dafür aber unschwierig (ca. 5 km und 2.30 Std. kürzer).
Einkehr: Diverse in Kranjska Gora.
Unterkunft: **Kranjska Gora:** z. B. Penzion Livada, Tel. +386 458 81222, penzionlivada.si; Gostilna pri Martinu, Tel. +386

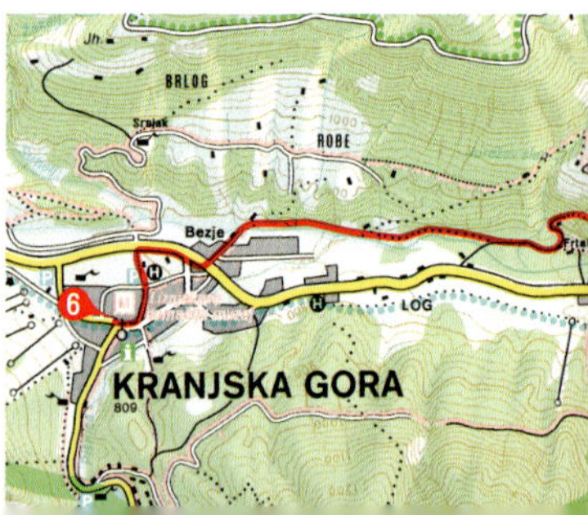

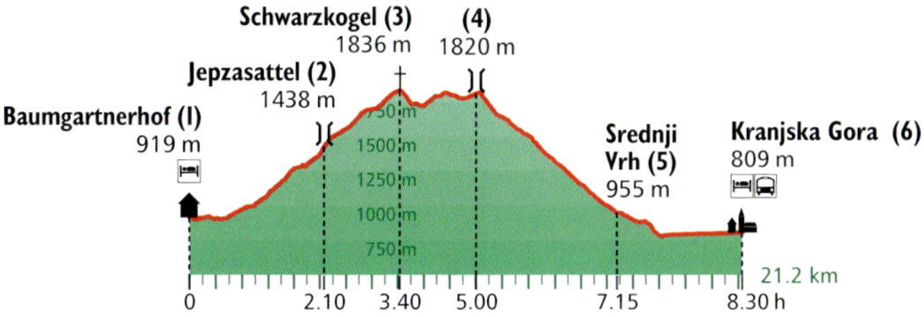

458 20300, julijana.info; Hotel Miklic, Tel. +386 458 81635, hotelmiklic.com.
Einkauf: In Kranjska Gora.

Information: TI Kranjska Gora, Tel. +386 458 09440, kranjska-gora.si.
Karten: f&b WK 0233, WK 141, K WK 61.

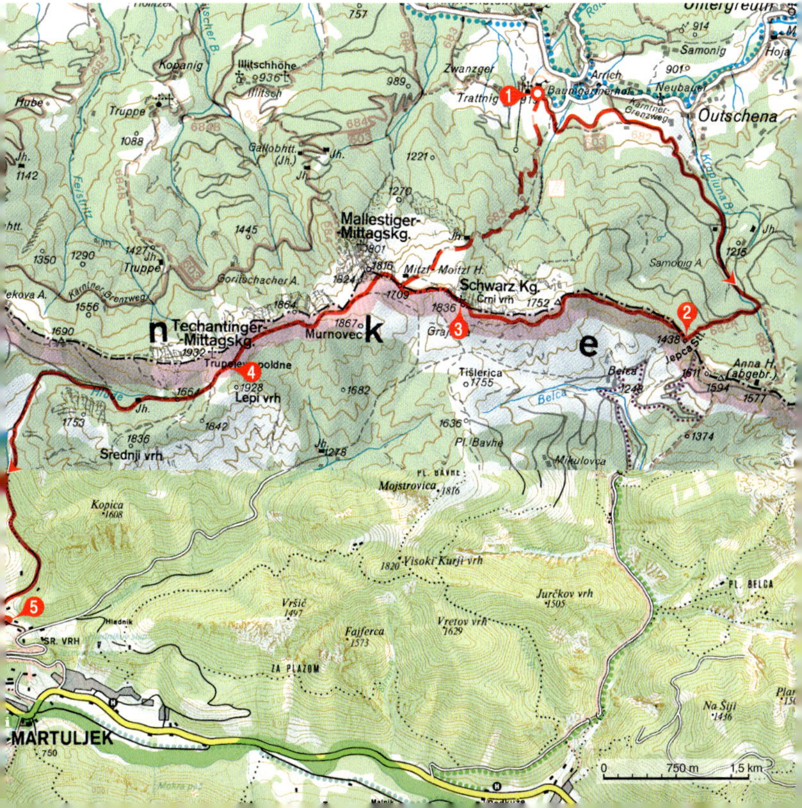

Schon auf dem Parkplatz des **Baumgartnerhofes (1)**, 919 m, leitet uns der erste Wegweiser Richtung Jepzasattel (Weg 682). Wir bleiben oberhalb der Zufahrtsstraße, wo wir über ein Wiesenstück in den Wald gelangen. Auf einem Forstweg geht man rechts hinauf und passiert einen Schranken. Mehrere Kehren (dazwischen immer wieder markierte Abkürzungen) führen bis unter den Sattel. Die letzten Minuten zur Grenze werden auf etwas steileren Serpentinen absolviert (auf weiße Tafel – Alpenvereinsmarkierung – achten). Am **Jepzasattel (2)**, 1438 m, verläuft der weitere Weg direkt an der Staatsgrenze (und damit auch parallel zum Gipfelgrat des Karawanken-Hauptkammes) rechter Hand anfangs steil bergauf nach Westen. In weiterer Folge wandern wir oft entlang der Grenzmarkierung, stellenweise auch etwas wei-

Durch Laub- und Nadelwälder Richtung Kranjska Gora.

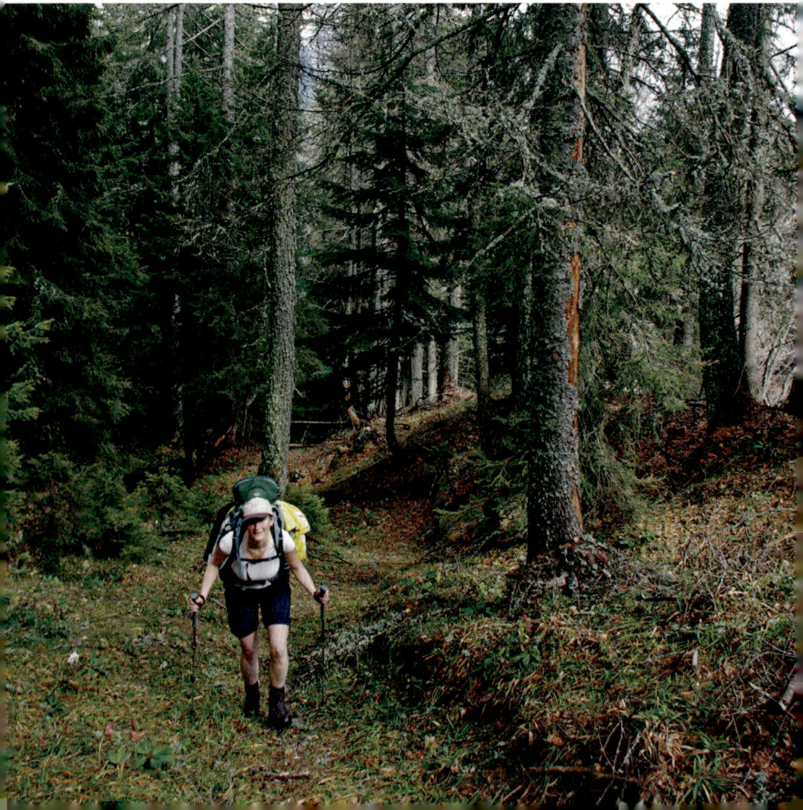

ter südlich, nie jedoch auf der felsigen (nördlichen) Seite. 1.30 Stunden ab dem Jepzasattel erreichen wir den aussichtsreichen Gipfel des **Schwarzkogels (3)**, 1836 m, mit Rastbank und Panoramaliege. Auf Kärntner Seite zeigen sich Dobratsch, Villach, Faaker und Wörthersee sowie prominente Gipfel des Alpe-Adria-Trails (wie Tschiernock, Kamplnock, Rosennock, Wöllaner Nock und Gerlitzen).

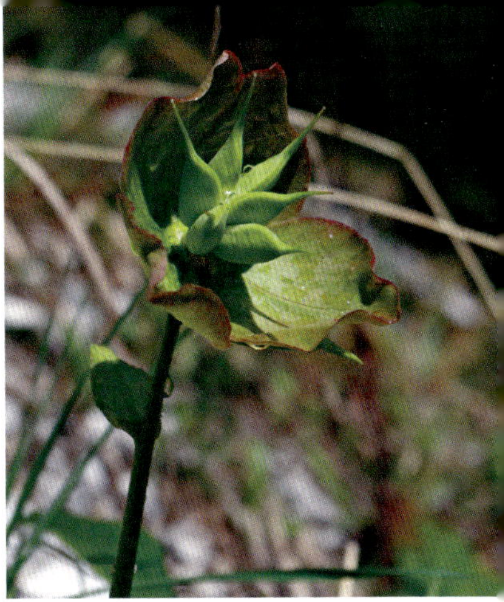

Reichhaltige Flora.

Westlich des Schwarzkogels treffen wir auf die Abzweigung 683, die über die Mitzl-Moitzl-Hütte zurück zum Baumgartnerhof weist. Unser Weiterweg verlässt nun die Grenze und verläuft mit etwas Abstand zum Hauptkamm Richtung Techantinger Mittagskogel. Unter den Hängen des Mallestiger Mittagskogels (auf den letzten Metern schütter bewaldet) erreichen wir ein Plateau mit prächtiger Aussicht auf das Villacher Becken. Vorbei an einem Baum mit AAT-Markierung halten wir uns eher rechts und erreichen entlang steiler Waldhänge, jedoch weiterhin auf etwa gleichbleibender Höhe den **Sattel (4)**, 1830 m, zwischen Techantinger Mittagskogel und Lepi vrh. Hier halten wir uns leicht rechts und steigen anfangs etwas steiler hinab in das Zeleznica-Tal und weiter – stets dem Bachlauf folgend – in den Weiler **Srednji Vrh (5)**, 955 m, folgt. Am Ortsbeginn – und mittlerweile auf Asphalt – verlassen wir die Straße rechts, um zwischen Bach und Haus auf einem Waldweg an einigen Kreuzwegstationen entlangzuwandern. Lokale Wandertafeln weisen hier den Weg zur **Save** und weiter flussaufwärts in die Ortsmitte von **Kranjska Gora (6)**, 809 m.

i ***Kranjska Gora:*** *Der bekannte Wintersportort Kranjska Gora, 809 m (5400 Einwohner, in der Stadt selbst ca. 1400), liegt im Tal der Sava Dolinka, dem Hauptquellfluss der Save. Wer hier im Sommer urlaubt, will wandern, radeln oder klettern. Ein Gutteil der Natur- und Kulturdenkmäler der Gemeinde liegt direkt auf der Strecke der folgenden Tagesetappe. Die meisten Hotels und Pensionen befinden sich in der Ortsmitte, einige liegen auch beim See Jasna, der etwa 2 km südlich (und direkt an der nächsten Tagesetappe) liegt.*

Kranjska Gora betrieb bis 1966 einen eigenen Zugbahnhof an der Linie Jesenice – Tarvis. Die Trasse wurde jedoch gänzlich abgebaut und als länderverbindender Radweg revitalisiert.

21 Kranjska Gora – Trenta

8.30 Std.
↑920 ↓1120

Tag eins im Nationalpark

Mit der heutigen Etappe starten wir in eine Region, die nicht umsonst als eine der ganz besonderen Schönheiten Mitteleuropas gilt. Der einzige Nationalpark Sloweniens deckt das Gebiet rund um den Triglav (mit 2864 m der höchste Berg des Landes) ab und führt zum Ursprung des »Smaragdflusses«, der Soča. Doch bevor wir ihr Quellgebiet erreichen, gilt es zuerst, den aussichtsreichen Vršič-Pass zu überqueren.

Ausgangspunkt: Kranjska Gora, 809 m.
Anforderungen: In Kranjska Gora kreuzen die Markierungen der AAT Dreiländertour unseren Weg – hier beim Start auf die richtige Marschrichtung achten. Wenig Unterstandsmöglichkeiten. Entlang der Pisnica: Vorsicht bei hohem Wasserstand! Nach längeren Niederschlägen im Ort Erkundungen zu den aktuellen Bedingungen einholen.
Einkehr: Mihov Dom; Erjavčeva Koča; Poštarski Dom na Vršiču; Trenta Gostilna Metoja.
Unterkunft: Entlang des **Vršič:** Mihov Dom, Tel. +386 40 618756, mihovdom.si; Erjavčeva Koča, Tel. +386 51 399226, erjavcevakoca.com; Poštarski Dom na Vršiču, Tel. +386 41 610029, pdrustvo-ptlj.si. – **Trenta:** z. B. Dom Trenta, siehe Information; Apartma Mija, Tel. +386 53 889311, kamp-triglav.si; Gostilna Metoja, Tel. +386 41 503551, metoja-trenta.com.
Information: Besucherzentrum Dom Trenta, Tel. +386 53 889330, tnp.si.
Karten: f&b WK 141, K WK 2801.

Von der Tourismusinfo im Zentrum von **Kranjska Gora (1)**, 809 m, gehen wir durch die Ulica dr. Josipa Tičarja zum Hotel Lek und weiter die Vršiška cesta entlang zu den **Jasna-Seen (2)**, 824 m. Am Seeufer entlang erreichen wir bald das Eingangstor des Nationalparks, wo wir vor der **Brücke** über die **Pišnica** links in den Wanderweg 8 einschwenken. Der Verlauf ist auf den für den Nationalpark typischen Holzpfosten markiert; unsere Marschrichtung ist meist zusätzlich mit dem AAT-Logo versehen. Dem trockenen Schotterbett der Pišnica folgen wir auf einem breiten, bei Schwemmkegeln stellenweise unterbrochenen Fahrweg. Zu Fuß ist das jedoch kein Problem, wir bleiben immer auf dem Weg. Nach rund 1 Std. schwenkt unser Weg leicht nach

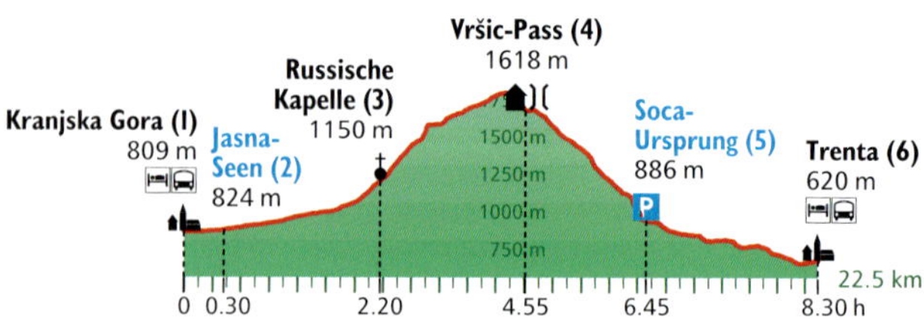

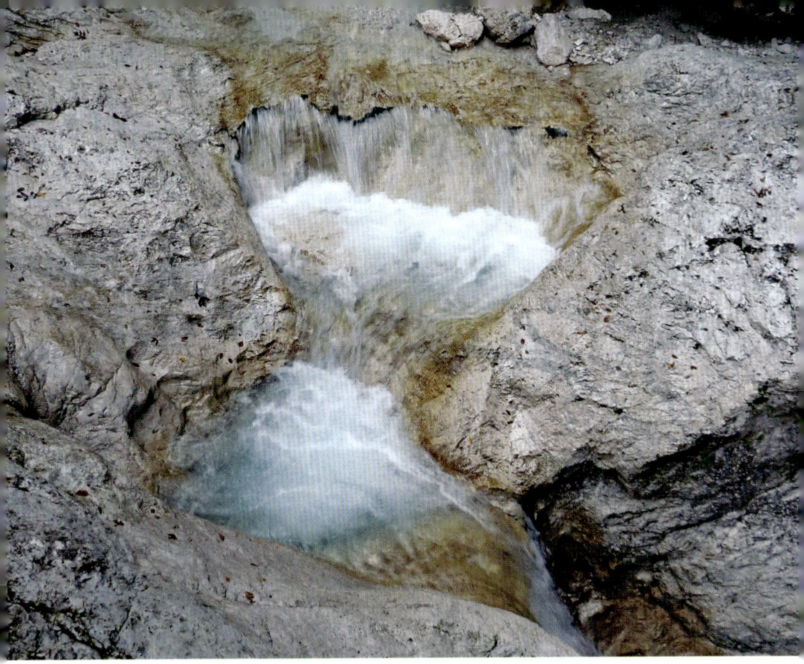

Die Tröge der Mlinarica-Klamm.

rechts und überquert das trockene Flussbett. Am anderen Ufer markiert ein Steinmännchen den weiteren Verlauf. Wir erreichen eine Lichtung, die wir leicht bergauf durchqueren.
Der Weg Nr. 7 führt vorbei am **Mihov Dom**, teils auf und teils neben den Kehren der Passstraße zur **Russischen Kapelle (3)**, 1150 m. Weiter geht es oberhalb der Kapelle: Ein Steig, der in seinem Verlauf noch dreimal zur Straße führt, bringt uns direkt zum Sattel des aussichtsreichen und in der Hauptsaison äußerst gut besuchten **Vršič-Passes (4)** auf etwa 1600 m Seehöhe. Richtung Trenta wandern wir nun einige Hundert Meter auf der Straße. Rund 200 m nach **Kurve 26** verlassen wir die Straße unmittelbar nach den Leitschienen (Bodenmarkierung) über die rechte Böschung. Gleichlaufend mit der Via Alpina folgen wir den Markierungen des slowenischen Alpenvereins bis zum **Soča-Ursprung (5)**, 886 m. Hinter der Jausenstation beginnt ein teilweise seilgesicherter Aufstieg direkt ins Quellgebiet (ca. 10 Min.).
Am Parkplatz, nach wenigen Metern auf der Zufahrtsstraße, beginnt rechter Hand der **Soča-Trail**, dem wir nun nach Trenta folgen. Er verläuft meist direkt neben dem Flussufer und ist mithilfe der bereits bekannten Pfosten markiert

Die Isonzo-Front im Ersten Weltkrieg: *Zwischen Frühsommer 1915 und Spätherbst 1917 fanden hier an der Soča zwölf blutige Auseinandersetzungen statt, die unter dem Namen »Isonzoschlachten« in die Geschichte eingingen. Der italienische Name des Flusses war namensgebend für einen Teil der Frontlinie, die sich in ihrer gesamten Ausdehnung von Triest bis nach Südtirol zog. Vor allem die Berge entlang der Kampflinie waren schwer umkämpft, galten sie ja als wichtige strategische Aussichts- und Verteidigungspunkte. Aufgrund der schwierigen Geografie spielten Sprengungen eine wichtige Rolle: Monatelang wurden Stollen in die Berge getrieben, um deren Gipfel (und mit ihnen manchmal Hunderte Soldaten) in die Luft zu sprengen. Schon Wochen vorher wussten die Soldaten auf dem Berg um ihr Schicksal – hörten sie ja Tag und Nacht das Hämmern und Pochen. Trotz dieser Warnung wurden die Stellungen oft nicht geräumt.*

Neben den unmittelbaren Kriegstoten war vor allem die Zahl jener Opfer groß, die in den (damals ungewöhnlich heftigen) Wintermonaten in Lawinen und Schneestürmen umkamen. Insgesamt ließen über 500.000 Menschen hier ihr Leben.

Entlang des Alpe-Adria-Trails trifft man ab nun immer wieder auf Stollen und Schützengräben aus dieser Zeit. Darüber hinaus befinden sich etliche sorgsam restaurierte Freilichtmuseen entlang des Weges.

Julius-Kugy-Denkmal mit Blick auf Kugys Lieblingsberg Jalovec.

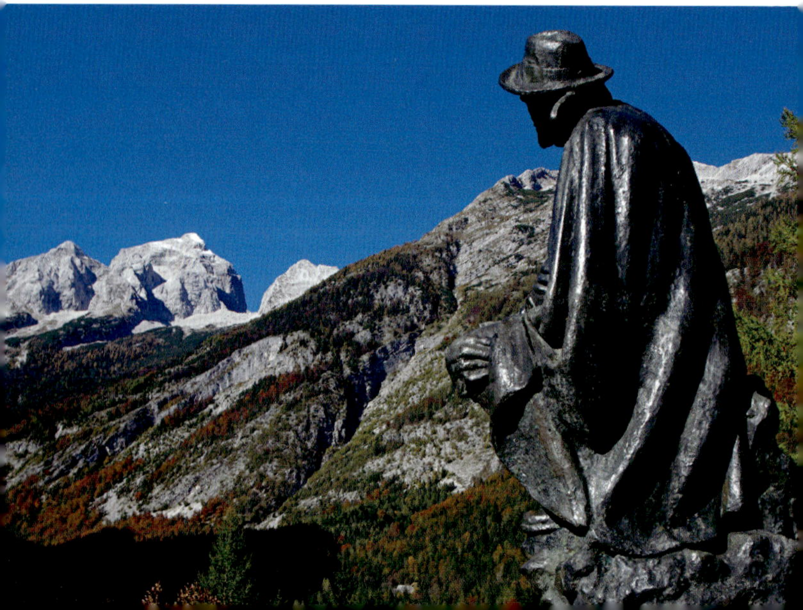

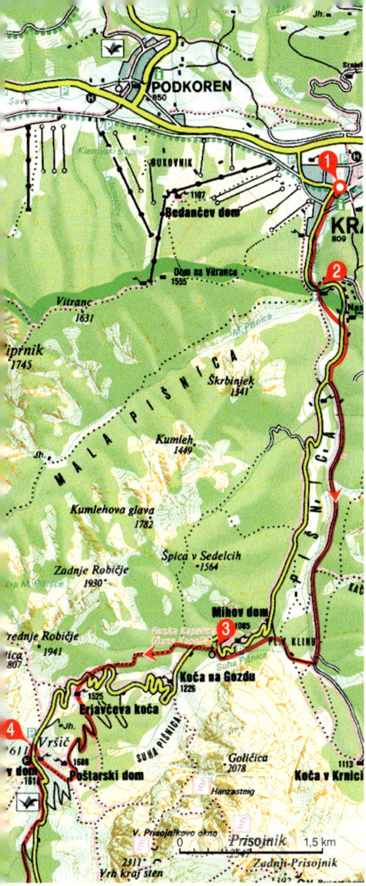

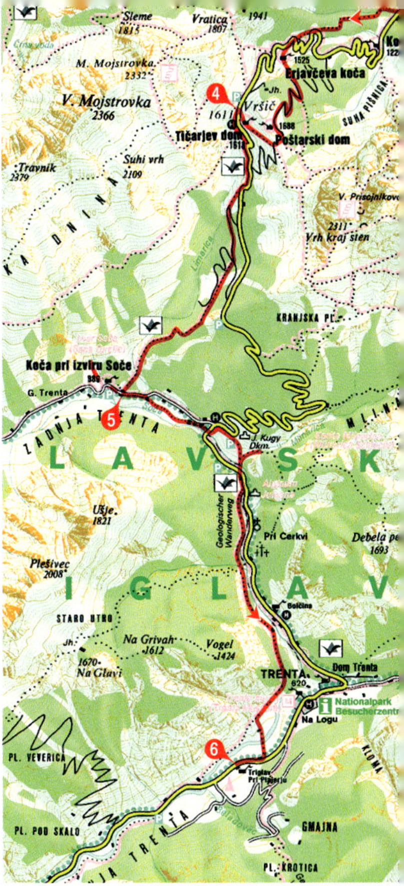

(Soška pot). An der Passstraße können wir ohne großem Umweg das Kugy-Denkmal (mit Jalovec-Blick!) und die Milnarica-Klamm mitnehmen. Dazu folgen wir der Straße kurz bergauf bis zur nächsten Kurve, wo wir rechts zum Denkmal abzweigen. Vom Denkmal gelangt man direkt zum Einstieg der sehenswerten Mlinarica-Klamm. Hier nehmen wir die Hängebrücke und kommen so ans rechte Flussufer.

Erst im Ortsgebiet von **Trenta (6)**, 620 m, wechselt der Trail erneut die Seite. Die erste Nächtigungsmöglichkeit, das Dom Trenta, befindet sich gleich unweit der Brücke. Am unteren Ortsende befinden sich rund um den Sportplatz weitere Quartiere sowie die gemütliche Gostilna Metoja.

22 Trenta – Bovec

6.00 Std.

↑200 ↓360

Die Farbe des Smaragdes

Den »schönsten Fluss Europas« nannte ihn Julius Kugy, der große Erschließer der Julischen Alpen. Die Soča ist heute Wegweiser und Sehenswürdigkeit in einem. Auf einem angenehmen, manchmal auf Flussniveau, manchmal hoch über der Gischt verlaufenden Weg begleiten wir die Soča entlang ihres spektakulärsten Abschnittes. Mehrere schaukelfreudige Hängebrücken tragen zum Abenteuerfaktor der Tour bei und bieten fantastische Aussichtspunkte. Ein Tag für Fotografen!

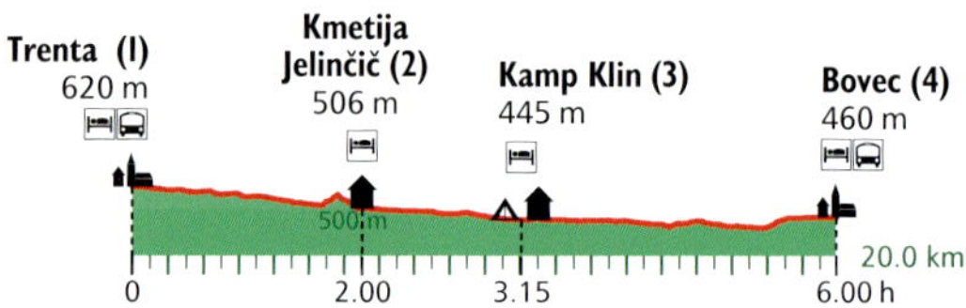

Ausgangspunkt: Trenta, 620 m.
Anforderungen: Nicht sonderlich schwierig, doch bei Nässe tückisch. Stellenweise rutschiger Untergrund, nach Regenfällen kann es auf den Wegen zu Überschwemmungen kommen. Wer es gemütlich angehen will, plant eine zusätzliche Stunde ein.
Einkehr: Turistična kmetija Jelinčič; Kamp Klin; Bovec. Etwas Wasser mitnehmen. Trinkwasser ist unterwegs Mangelware.
Unterkunft: Entlang der **Soča:** Turistična kmetija Jelinčič, Tel. +386 53 889510, kmetijajelincic.si; Kamp Klin, Tel. +386 53 889513, pension-kamp-klin-soca.beds-pro.com. – **Bovec:** z. B. Gostilna Martinov Hram, Tel. +386 53 886214, martinov-hram.si; Apartma Flajs, Tel. +386 31 643730, apartma-flajs.si.
Einkauf: Turistična kmetija Jelinčič; Lebensmittelmärkte im Ort Bovec.
Information: TI Bovec, Tel. +386 53 029 647, bovec.si.
Karten: f&b WK 141, K WK 2801.

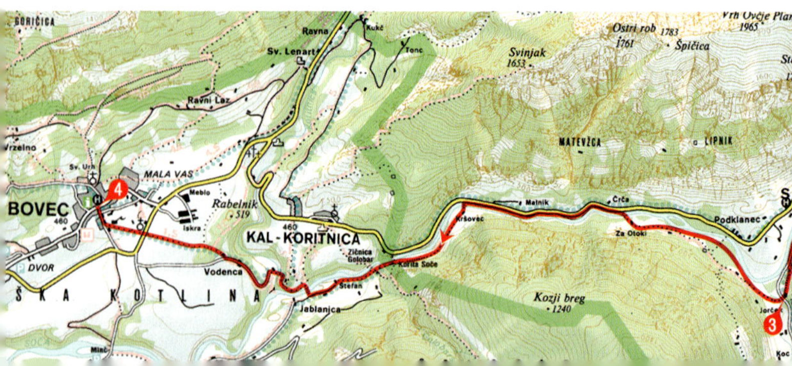

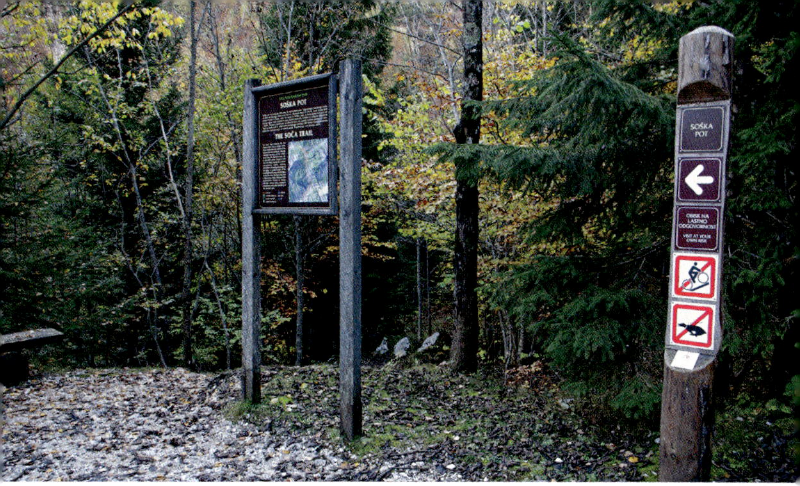

Eingang zum Soča-Trail.

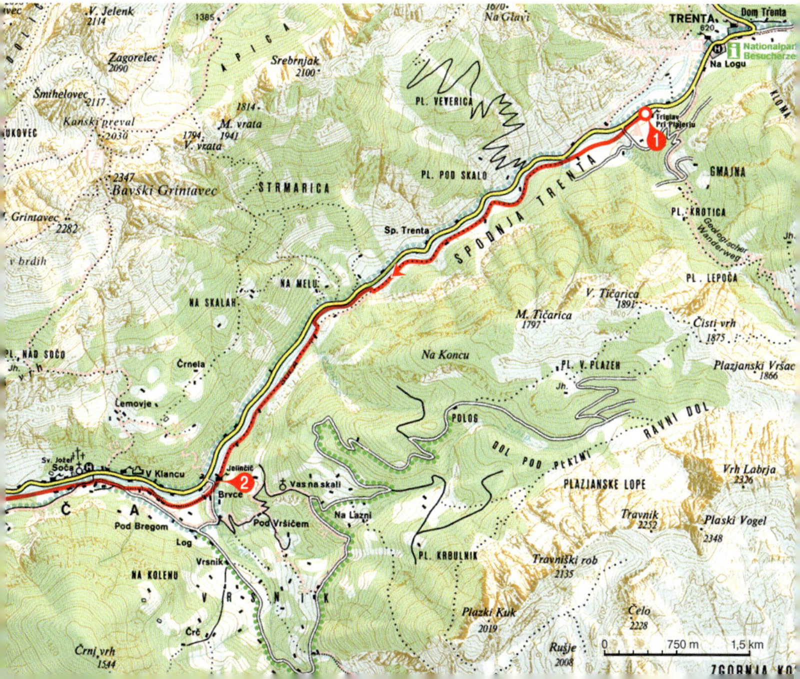

Die heutige Etappe verläuft auf einem der ältesten Wanderwege des Nationalparks stets entlang der Soča. Kurz nach dem Sportplatz in **Trenta (1)**, 620 m, beginnt unsere Fortsetzung des Soča-Trails, auf der (flussabwärts)

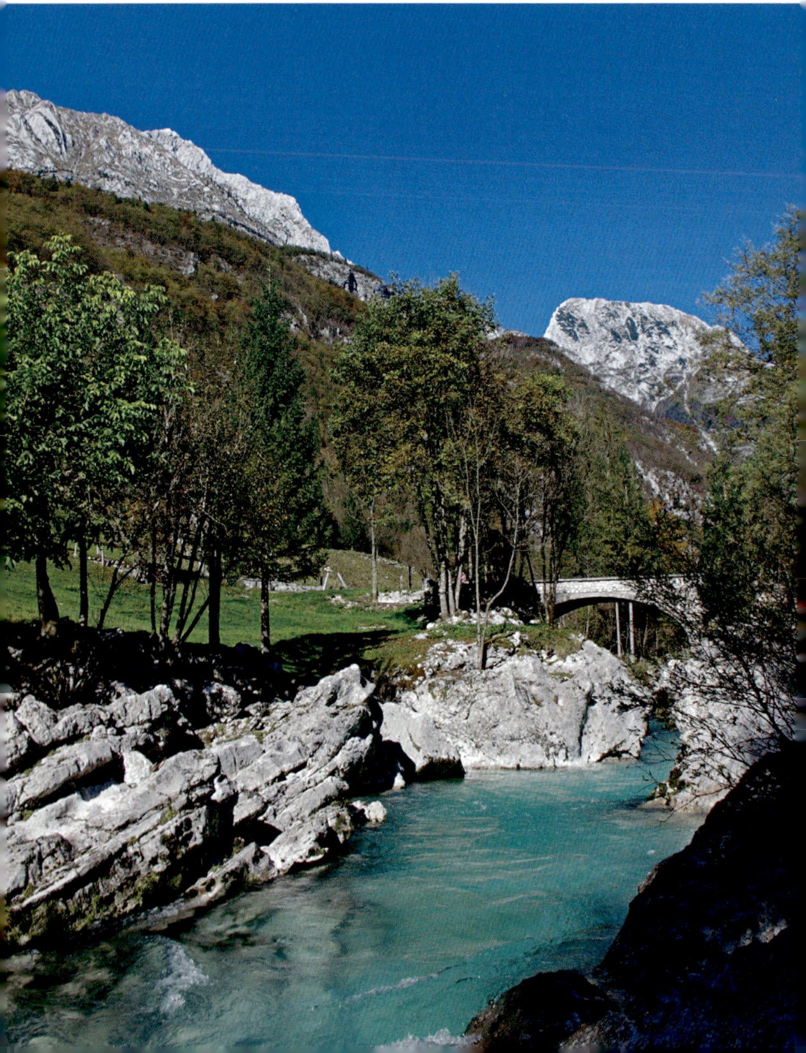

i ***Bovec**, 460 m (3300 Einwohner), ist der erste größere Ort an der Soča und daher bei Wassersportlern (Rafting, Kanufahren, Kajakfahren, Schwierigkeit I-VI) sehr beliebt. Wegen der zentralen Lage im Westen des Nationalparks und einem umfangreichen Angebot an Nächtigungsmöglichkeiten ist Bovec auch eine ideale Basis für Spaziergänger und Wanderer. Das Dorf liegt in der Südflanke des Rombon, 2208 m (Auf- und Abstieg: 7 Std.), und steigt daher in Richtung der historischen Ortsmitte bei der Kirche leicht an. Während des Ersten Weltkrieges wurde Bovec vom Militär genutzt – die Zivilbevölkerung musste den Ort verlassen. Nach dem Krieg war der Ort vollkommen zerstört, historische Bauten sucht man daher hier vergebens. Wenige Kilometer oberhalb des Ortes blieb ein Teil der mittelalterlichen Festung Kluže (deutsch: Flitscher Klause) gut erhalten. Hier befindet sich ein Zeitgeschichtemuseum, das auch die Kriegsgeschehnisse in der Region dokumentiert.*

linken Straßenseite. Über stabile Hängebrücken mit teils spektakulären Tiefblicken wechseln wir zweimal die Flussseite.
Nach rund einem Drittel der Etappe wird nach einem kurzen, steilen Aufstieg (Naturkundepfad, + 60 Hm) die **Turistična kmetija Jelinčič (2)**, 506 m, erreicht.
Zum **Kamp Klin (3)**, 445 m, gelangen wir wieder entlang des linken Ufers. Hier vereint sich die Lepena mit der Soča. Noch bevor mit der Koritnica ein zweiter Zufluss in die Soča mündet, passieren wir ein sehenswertes Naturschauspiel: Die Trogschluchten der Soča verengen sich an dieser Stelle teilweise auf bis zu 1 m Breite und erreichen Tiefen von bis zu 15 m. Wir queren die Lepena unweit des Mündungsdeltas über eine befahrbare Brücke und halten uns weiter flussabwärts links der Soča. Bemerkenswert ist hier ein Baum, der es schaffte, auf einem kahlen Felsen inmitten der Strömung zu einer stattlichen Größe heranzuwachsen.
Ein weiteres Mal queren wir die Soča und bleiben bis zu einer befahrbaren Brücke am Steig zwischen Straße und Fluss. Nach Überqueren dieser Brücke folgen wir rechts dem Schotterweg und gelangen in die Kršovec-Schlucht. Eine Hängebrücke bringt uns nach der Schlucht zurück ans Nordufer, dem wir bis zur Mündung der Koritnica folgen. Wer sich hier umsieht, kann leicht nachvollziehen, warum sich dieser Flussabschnitt bei Wassersportlern großer Beliebtheit erfreut.
Der Weg zum Campingplatz Toni wird entlang der Koritnica gemeistert. Die letzte Hängebrücke der Tour bringt uns direkt zum Kiosk. Bei der Einfahrt zum Parkplatz gelangen wir zu einer Asphaltstraße, der wir wenige Hundert Meter bergauf folgen. Bald geht es wieder eben weiter, und wir verlassen die Straße rechts, wo uns ein beschilderter Spazierweg über eine letzte Kuppe direkt in die Ortsmitte von **Bovec (4)**, 460 m, bringt.

Die Soča bei Wegpunkt 2.

23 Bovec – Drežnica

7.30 Std.

↑550 ↓470

Fallweise Wasser

Wieder eine Etappe, die ganz im Zeichen des Wassers steht: Schon im ersten Etappendrittel kommen wir in den Wäldern von Plužna zu einer mächtigen Karstquelle, deren Ausstoß so groß ist, dass er dem örtlichen Wasserkraftwerk als Antrieb dient. Gleich daneben, und ebenfalls mitten im Wald gelegen, befindet sich der idyllische Virje-Wasserfall. Wer den größten Wasserfall Sloweniens besuchen möchte, hat ebenfalls heute Gelegenheit dazu. Auf einer Länge von nur rund einem Kilometer überwindet der Boka-Fluss über 500 Höhenmeter – ein Drittel davon im freien Fall. Der zweistufige Boka-Wasserfall kann auch von der Straße aus bewundert werden – ein Vor-Ort-Besuch lohnt sich jedoch allemal.

Ausgangspunkt: Bovec, 460 m.
Anforderungen: Unschwierige Tour mit wenig Schatten.
Einkehr: Gostilna Žvikar (nahe der Boka-Brücke); Kamp Trnovo; Drežnica.
Unterkunft: Hotel Boka, Tel. +386 5 3845552, hotel-boka.si; **Kobarid:** Kamp Trnovo, Tel. +386 5 3845583, en.camp-trnovo.si; **Drežnica:** z. B. Jelkin Hram, Tel. +386 41 953370, jelkin-hram.com; Sobe pri Lovrižu, Tel. +386 41 494565, lovriz.kurincic.si; mehrere Apartments in Drežnica, z. B. Apartma Nataša, Tel. +386 31 432922, apartma-natasa.si.
Einkauf: Drežnica. Zwischen Bovec und Tolmin kein Bankomat.
Information: TI Kobarid, Tel. +386 5 3800490, soca-valley.com.
Variante: Abstecher zum Boka-Wasserfall.
Karten: f&b WK 141, K WK 2801.

Sonnenbaden bei Drežnica.

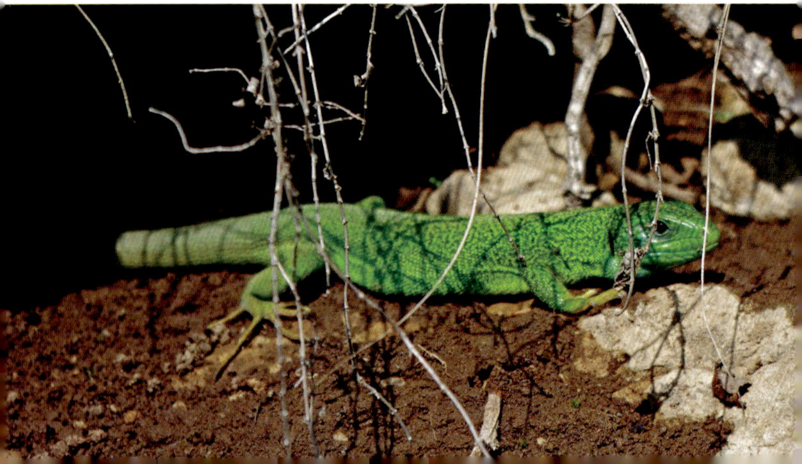

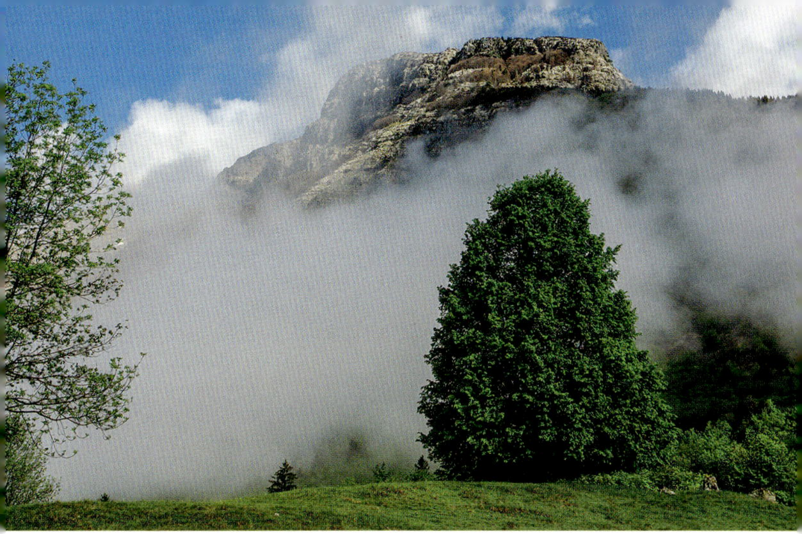

Das slowenisch-italienische Grenzmassiv im Norden von Plužna.

Am westlichen Ortsrand von **Bovec (1)**, 460 m, befindet sich der Einstieg in den Wanderweg, der über mit Bäumen bestandene Wiesen unter der Kanin-Seilbahn hindurch nach **Plužna (2)**, 448 m, führt. Im Ort gehen wir die Linkskurve aus und biegen beim Kriegerdenkmal rechts hinauf. Vorbei am Haus Nr. 55 und einer Fahrverbotstafel erreichen wir über einen Schotterweg den imposanten Wasserfall Slap Virje (3 Min. links bergab, retour auf demselben Weg) und die ebenfalls sehenswerten Glijun-Quellen (Izvir Glijuna, 2 Min.). Über einen betonierten Wasserkanal gelangen wir zum Stausee, halten uns vor einem privaten Anwesen rechts und folgen auf der anderen Seeseite auf etwa gleichbleibender Höhe dem Kanal. Entlang des Fallrohres des **Plužna-Wasserkraftwerkes** steigen wir auf Stufen nach unten (und umgehen so einen kurzen, oft glitschigen Abschnitt des markierten Weges). Beim unteren Kraftwerksgebäude können an einem Brunnen die Trinkwasservorräte aufgefüllt werden. Kurz vor Erreichen der Nationalstraße 203 halten wir uns rechts und erreichen auf Nebenwegen die etwa 2 km entfernte Brücke über die Boka.

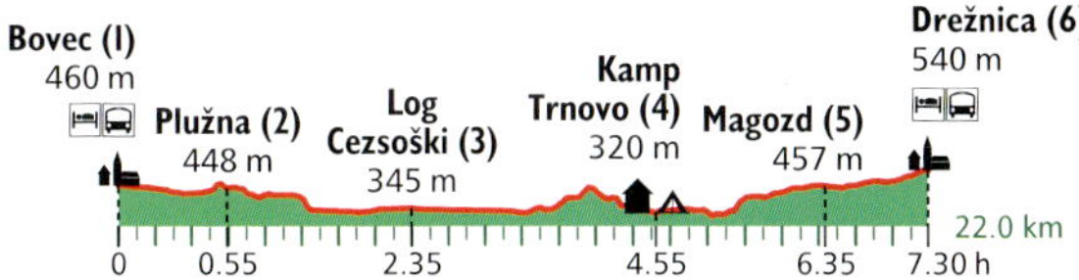

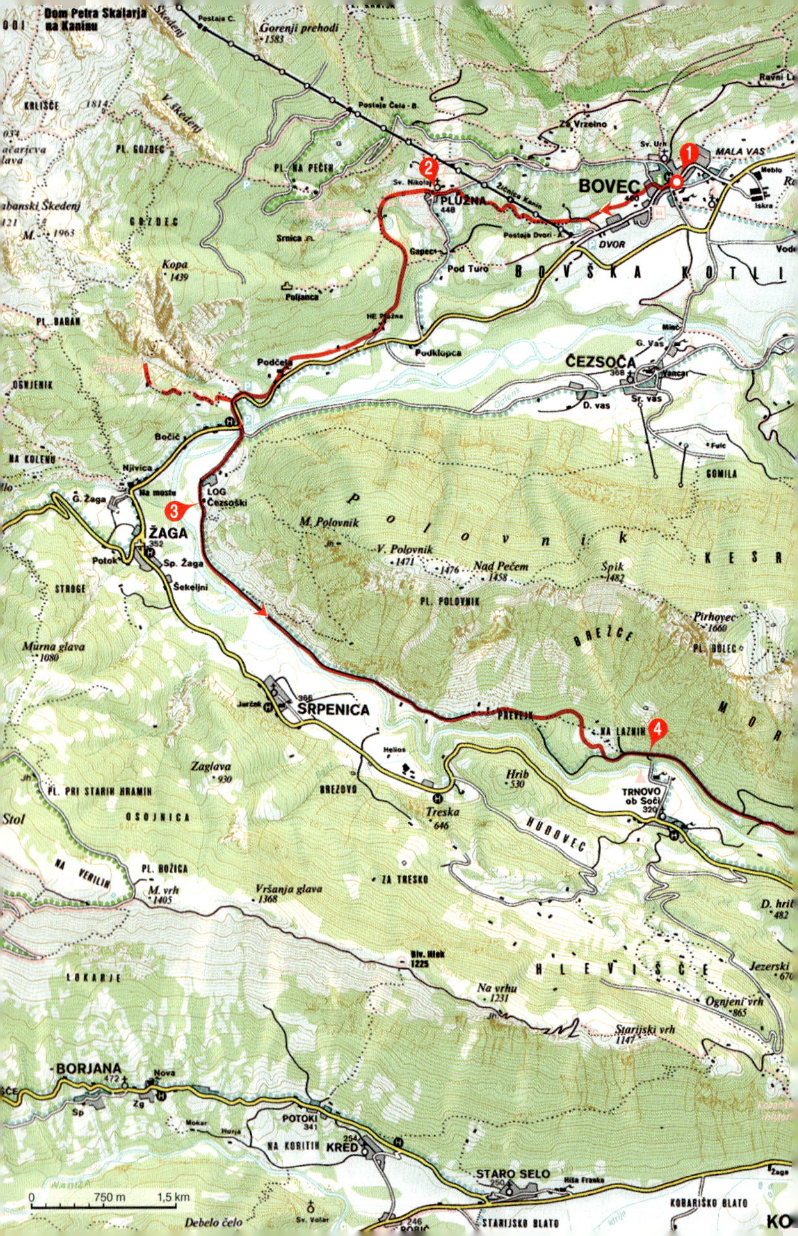

Dom Petra Skalarja na Kaninu
Gorenji prehodi
1583
Postaja C.
Postaja Čela - B.
Za Vrzelno
Sv. Urh
MALA VAS
BOVEC
460
Iskra
PL. GOZDEC
PL. NA PEČEH
Sv. Nikolaj
PLUŽNA
448
Žičnica Kanin
Postaja Dvori - A
DVOR
GOZDEC
Kopa
1439
Srnica
Gapecr
Pod Turo
B O V Š K A K O T L I
Poljanca
HE Plužna
PL. BABAN
Podčela
Podklopca
ČEZSOČA
368
G. Vas
Vancar
Sr. vas
D. vas
OGNJENIK
Bočič
NA KOLENU
Njivica
Na mostu
G. Žaga
ŽAGA
352
LOG Čezsoški
Potok
Sp. Žaga
Šekeljni
P o l o v n i k
M. Polovnik
V. Polovnik
1471
1476
Nad Pečem
1458
Špik
1482
GOMILA
K E S R
PL. POLOVNIK
Pirhovec
1660
PL. DOLEC
BREŽCE
STROGE
Murna glava
1080
SRPENICA
366
Jurčak
PREVEJK
NA LAZNIH
M O R
Helios
Zaglava
930
BREZOVO
Treska
646
Hrib
530
TRNOVO ob Soči
320
HUDOVEC
PL. PRI STARIH HRAMIH
OSOJNICA
Stol
NA VERILIH
PL. BOŽICA
M. vrh
1405
Vršanja glava
1368
ZA TRESKO
D. hrib
482
LOKARJE
Biv. Hlek
1225
H L E V I Š Č E
Jezerski
Na vrhu
1231
Ognjeni vrh
865
Starijski vrh
1147
BORJANA
472
Nova
Sp
Zg
POTOKI
341
KRED
254
NA KORITIH
STARO SELO
250
Hiša Franko
KOBARIŠKO BLATO
STARIJSKO BLATO
Debelo čelo
Sv. Volar
0
750 m
1,5 km
KO

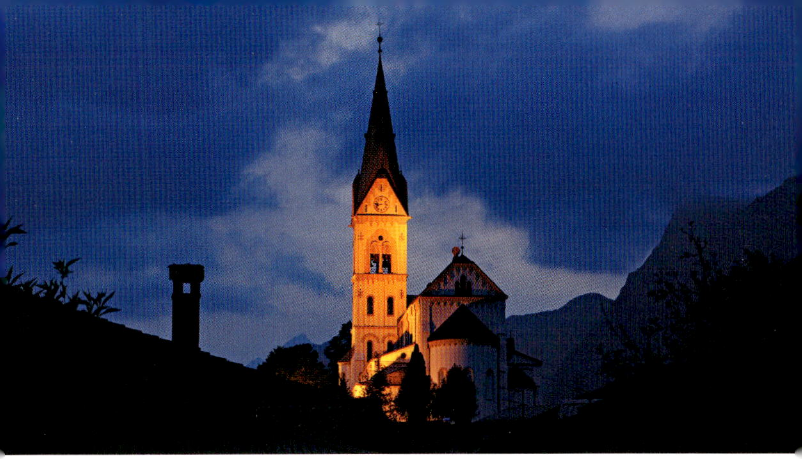

Drežnica by night.

Variante: Zum Besuch des Wasserfalles folgt man der Beschilderung an der Südwestseite der Brücke zum **Boka-Wasserfall** (Slap Boka, insg. ca. 1.15 Std. hin und retour).

Der weitere Weg verläuft von der Boka-Brücke der Straße entlang zum Hotel Boka (Einkehr nur abends am Wochenende). In der folgenden Rechtskurve verlassen wir die Nationalstraße. Nach Überquerung der Soča erreichen wir **Log Čezsoški (3)**, 345 m. In der Ortsmitte folgen wir der Beschilderung des Wanderweges 5 zum **Kamp Trnovo (4)**, 320 m (rund 1,5 Std.).
Wer im Kamp eine Pause einlegen möchte, nimmt die Brücke über die Soča.

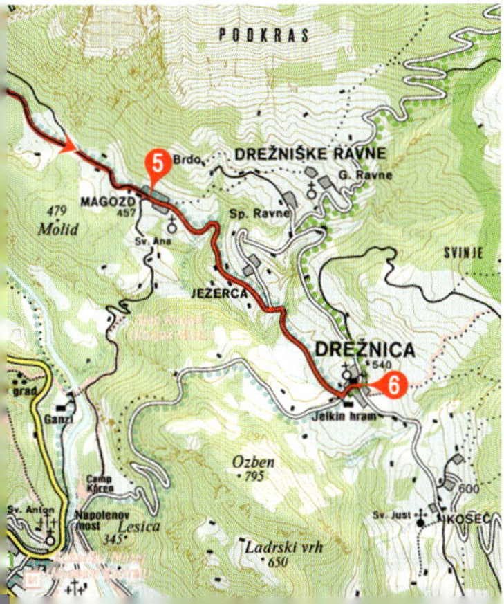

Unser Weiterweg bleibt aber weiterhin links des Flusses. Es geht nun durch den Wald leicht bergauf. Nur einmal kommen wir unterwegs zu einer Gabelung, wo wir uns rechts (bergab) halten. Für eine Pause bietet sich unterwegs eine schattige Rastbank an, die direkt am Eingang einer kleinen Grotte liegt. Bald sehen wir die Kirche Sv. Ana in der Ortsmitte von **Magozd (5)**, 457 m. Gut 30 Min. Fußmarsch entlang der Bergstraße unterhalb von Jezerka trennen uns nun noch von unserem heutigen Tagesziel **Drežnica (6)**, 540 m.

24 Drežnica – Tolmin

7.30 Std.

↑820 ↓1160

Im Schatten des Indianers

Mit seinen 2244 Metern ist der Krn die dominierende Bergspitze des südlichen Soča-Tales. Die Sicht auf den Bergzug, den die Italiener Monte Nero nennen, wird uns noch mehrere Tage begleiten. Und wir werden ihn mit Sicherheit auch noch von der Ferne aus erkennen. Unsere Gastgeberin in Drežnica machte uns auf etwas aufmerksam, das man – hat man es einmal gesehen – nie mehr vergisst: Der Krn sieht mit etwas Fantasie aus wie ein liegender Indianer – so auch sein inoffizieller Spitzname.

Auf den Hochalmen der Kuhinja.

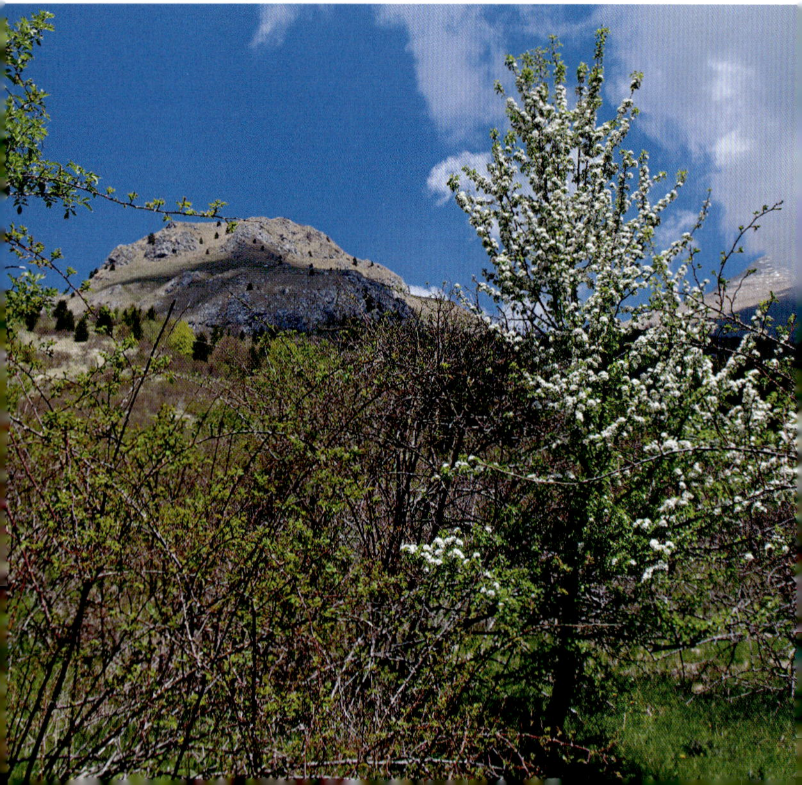

Ausgangspunkt: Dreznica, 540 m.
Anforderungen: Unschwierige Wanderung mit konditionell anspruchsvollem Tagesbeginn.
Einkehr: Koča na Planini Kuhinja; diverse in Tolmin.
Unterkunft: Am **Krn:** Koča na Planini Kuhinja, je nach Wetterlage, Tel. +386 51 688684, pdkobarid.com/koca-na-planini-kuhinja. – **Tolmin:** z. B. Hotel Dvorec, Tel. +386 53 821100, hoteldvorec.com.
Einkauf: Lebensmittel- und sehr gut sortierte Sportgeschäfte in Tolmin; zwischen Tolmin und Cividale kein Bankomat.
Hinweis: Tolmin ist bekannt für seine gut besuchten Musikfestivals, daher besser rechtzeitig ein Zimmer sichern.
Information: TI Tolmin, Tel. +386 53 800480, soca-valley.com.
Karten: f&b WK 141, K WK 2801.

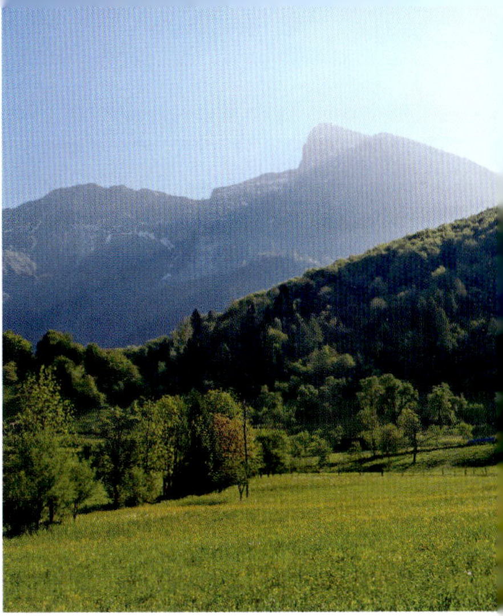

Blick zum »liegenden Indianer« Krn.

Wir starten unsere Tour in **Drežnica (1)**, 540 m, beim »Beherbergerverzeichnis« des Ortes: An der großen Infotafel weist uns eine Tafel »Na Krn« (»auf den Krn«). Ein Stück des Weges folgen wir dem Aufstiegsweg auf den höchsten Gipfel der Region. In **Koseč**, 600 m, kommen wir erneut zu einer Infotafel – wir gehen hier dem Straßenverlauf folgend bergauf. Weiter auf dem Schotterweg und in Kurven bis zum Abzweiger über den Bach (auf die Markierung zur Kapela achten). Ein gleichmäßig steiler Aufstieg führt hinauf zur **Italienischen Kapelle (2)**, 1220 m, auf der Planica. Sie wurde während des Ersten Weltkrieges von Soldaten nahe der vordersten Frontlinie errichtet.
Unweit der Kapelle betreten wir wieder Nationalparkterrain (Weidegatter) und gleichzeitig den höchsten Punkt der heutigen Tour. Auf der Almweide halten wir bei der Gabelung rechts auf die beiden Birken zu. Bei einer Weg-

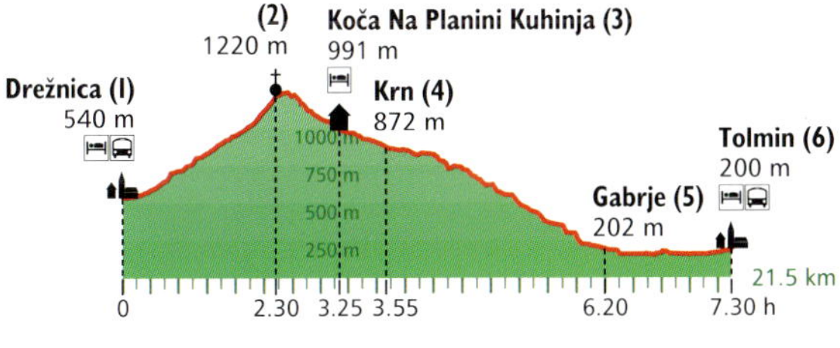

teilung im Wald ist links der Miru Pot (Friedensweg) markiert, dem wir folgen. Bei einer weiteren Wegteilung halten wir uns nach 150 Metern rechts. Nach etwa 10 Min. erreichen wir einen Almweg, dem wir bergab zu den Hochalmen der **Kuhinja** folgen. Im Blickfeld rechts sehen wir am Hang vis-à-vis bereits die Kirche von Krn. An einer Wassertränke vorbei (Hinweis »Koča«) kommen wir etwas weiter unten zur einzigen Einkehrmöglichkeit am Weg, der **Koča na Planini Kuhinja (3)**, 991 m.

Vor der Hütte folgt man über den Parkplatz auf etwa gleichbleibender Höhe der Straße nach Krn, die Abzweigung unterwegs wird ignoriert. Bei der Weggabelung in **Krn (4)**, 872 m, gehen wir nach links. Nach rund 300 m gelangen wir zur Hausnummer 11 und steigen rechts durch das Gehöft in einen Talkessel, den wir in einem Rechtsbogen ausgehen. Es folgen weitere Häuser, unser Weg führt unterhalb des letzten Hauses bergab. Nun folgt man dem Wegverlauf, Abzweiger werden ignoriert. Ständig leicht bergab und ohne markante Richtungsänderungen stehen wir schließlich auf der Anhöhe **Skalca**, 596 m, wo wir wieder auf ein Weltkriegsrelikt stoßen: Ein in den Fels geschlagener Gang führt direkt unter dem Gipfel hindurch – Schießscharten ermöglichen den Blick auf die Soča auf Höhe der Orte Volarje und Gabrje.

Unser Weg führt nun anfangs nach Westen, dreht jedoch bald nach Südosten und führt unterhalb des Aussichtspunktes hinab in den Talboden. In **Gabrje (5)**, 202 m, folgen wir der Beschilderung zum Kamp Gabrje und gelangen auf Radwegen nahe dem Soča-Ufer bis **Tolmin (6)**, 200 m. Über die Nationalstraße 102 (Ulica padlih borcev) erreichen wir die Ortsmitte auf Höhe des Hotels Dvorec. Die erste Straße rechts führt zur Tourismusinfo, die sich hinter dem Hotel befindet.

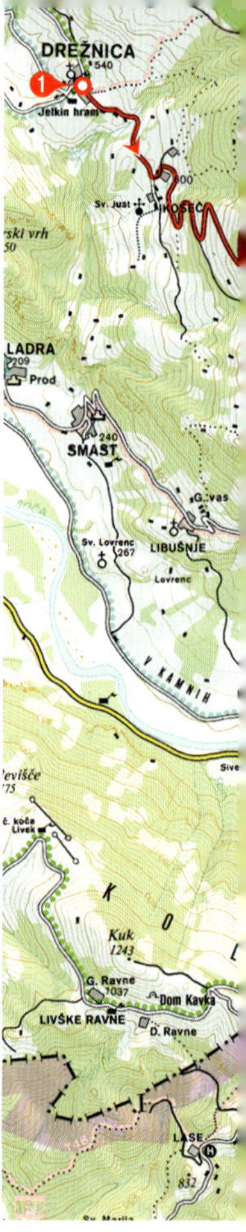

i ***Tolmin****, 200 m (12.000 Einwohner, davon knapp 4000 in der Stadt selbst), ist das Zentrum der Region und liegt auf der sonnseitigen Terrasse am Zusammenfluss von Soča und Tolminka. Nach Ende der Habsburger Monarchie gehörte Tolmin bis 1945 zu Italien, danach zu Jugoslawien. Die heute slowenische Stadt ist ein wichtiger Verkehrsknotenpunkt zwischen Nova Gorica, Idrija, Bohinjska Bistrica und Kranjska Gora und hatte daher seit jeher strategische Bedeutung. Nicht zuletzt*

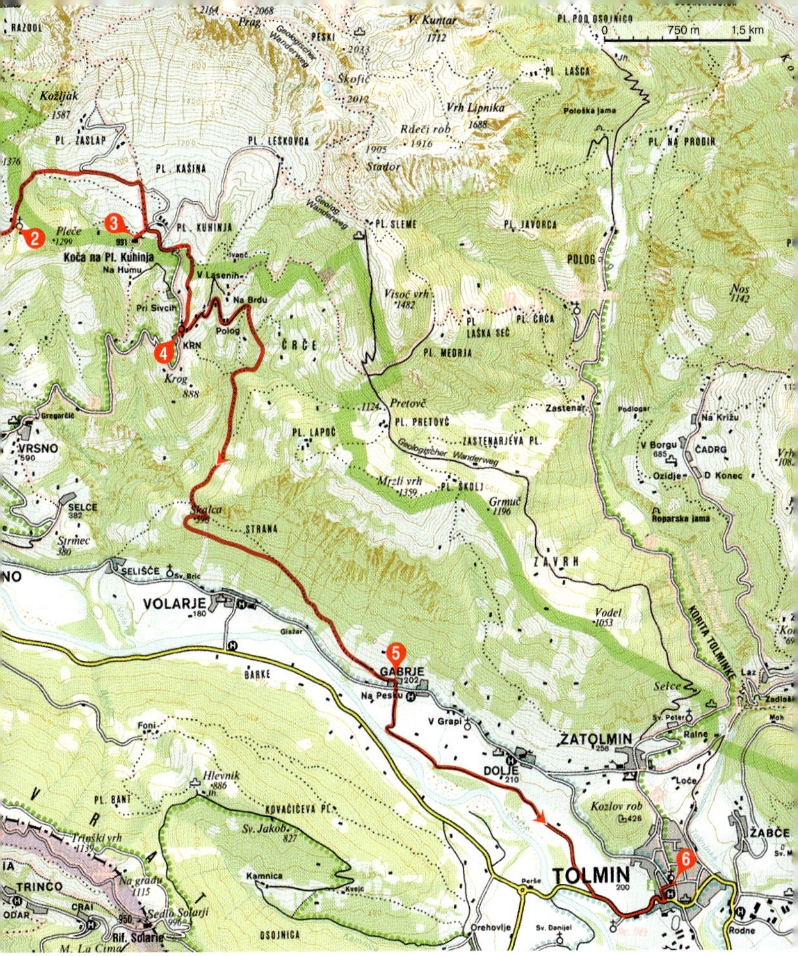

deshalb war auch Tolmin nach Ende des Ersten Weltkriegs ein einziger Schutthaufen. Heute ist Tolmin ein gemütlicher Fleck, dessen dichte Häuserreihen rund um den Hauptplatz darüber hinwegtäuschen, dass man sich in einer Kleinstadt mit nicht ganz 4000 Einwohnern befindet. Die Region erfreut sich bei Paragleitern großer Beliebtheit. Auch Liebhaber der slowenischen Küche kommen zwischen Kobarid und Tolmin auf ihre Kosten.

25 Tolmin – Tribil di Sopra

7.45 Std.

↑1340 ↓900

Am Kolovrat

Der Bergzug des Kolovrat ist die natürliche Grenze zwischen dem Soča-Tal auf slowenischer und dem Friaul auf italienischer Seite. Am aussichtsreichen Kamm befindet sich mit dem Freilichtmuseum ein weiteres Zeugnis des Stellungskrieges entlang der Isonzolinie. Unser Wanderweg verläuft direkt durch die Schützengräben und erreicht am Gipfel des Kolovrat die Staatsgrenze. Der Abstieg nach Tribil di Sopra folgt schattigen Wegen durch Laubwälder.

Danielskirche in Volče.

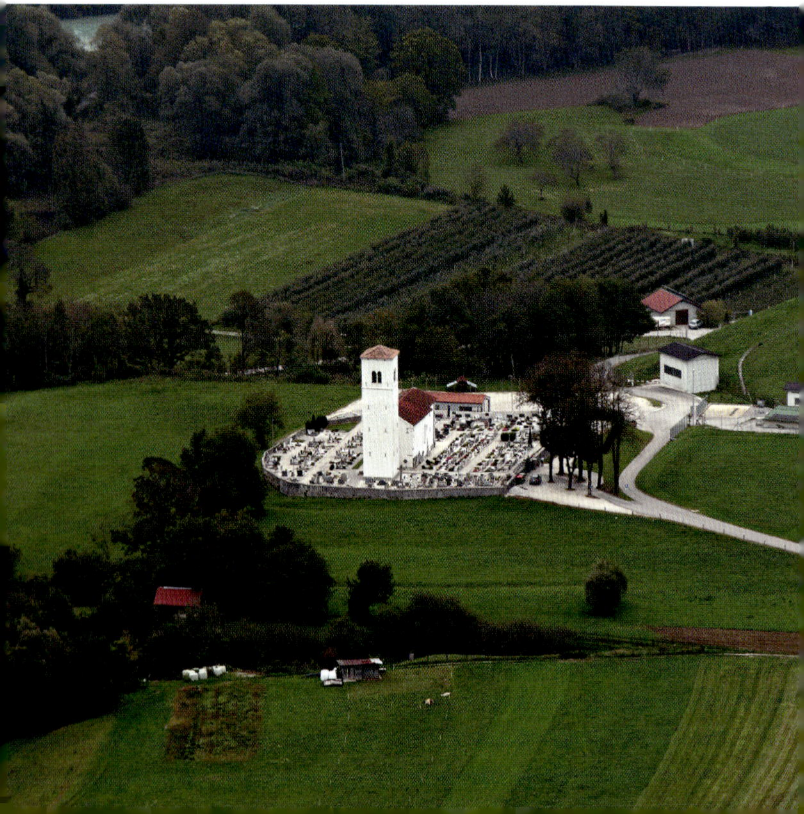

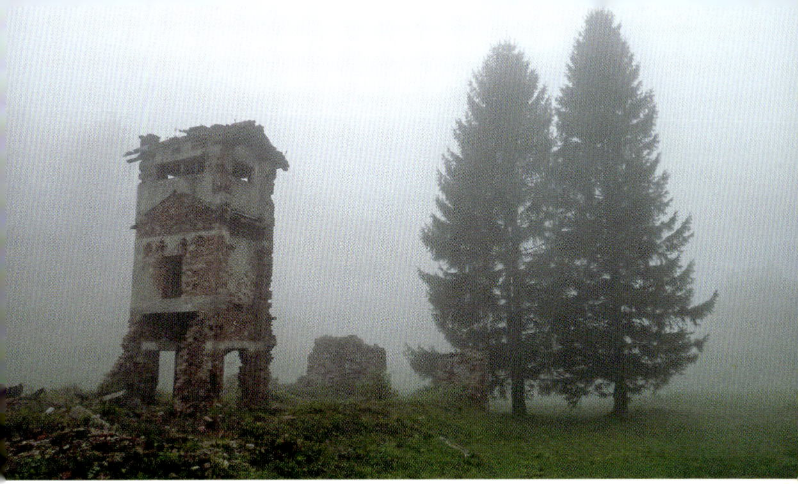

Am Kolovrat – das blieb vom Krieg.

Ausgangspunkt: Tolmin, Stadtmitte, 200 m.
Anforderungen: Schweißtreibende, doch unschwierige Tour.
Einkehr: Rifugio Solarie; Osteria Al Colovrat (bei Clabuzzaro); Osteria La Rosa dei Venti in Tribil.
Unterkunft: Am **Kolovrat:** Rifugio Solarie, Tel. +39 331 1926400, turismofvg.it/code/84618/Rifugio-Solarie. – **Tribil di Sopra:** Bed&Breakfast La Rosa dei Venti, nur auf Vorbestellung, Tel. +39 0432 724116; Albergo Diffuso Valli del Natisone: auf Vorbestellung, Tel. +39 338 2025905, slow-valley.com/de/rooms/casa-cebajova.
Tipp: Es empfiehlt sich, neben der Unterkunft auch das Abendessen vorab zu klären. Es ist entweder möglich, sich in der Unterkunft vom Vermieter privat verpflegen zu lassen (in der Regel empfehlenswerte regionale Küche), oder man kocht selbst in den Apartments, muss sich dann aber bereits in Tolmin mit allem Notwendigen eindecken. (Tipp des Autors in beiden Fällen: Den Vermieter nach einer Flasche Cabernet Franc aus dem Collio fragen!). Noch ein Hinweis: Die zentral vermittelten Apartments sind weitläufig verstreut. Man sollte aus diesem Grund bereits bei der Reservierung darauf hinweisen, dass man zu Fuß auf dem AAT unterwegs ist, um ein Quartier nahe am Weg zu bekommen.
Karten: f&b WK 141, T 041, K WK 2801.

Über die Straße 102 erreicht man westlich von **Tolmin (1)**, 200 m, die Soča, die man überquert, und folgt gleich nach der Brücke links dem Ufer. In einem Bogen und vorbei an der Danielskirche gelangt man abseits der befahrenen Straßen in die Ortschaft **Volče (2)**, 200 m, am Fuße des Kolovrat-Bergzuges. Im Ort überqueren wir die Straße und biegen bei der nächsten (klar als Nebenstraße erkennbaren) Gelegenheit rechts ein. Nach wenigen Hundert Metern führt links eine Straße in den **Kamnica-Graben**, der wir rund 30 Min. bergauf folgen. In der ersten Rechtskehre verlassen wir die Straße und folgen einem alten Almweg in gedachter Linie geradeaus. Durch Laubwälder geht es nun etwas steiler bergauf, bis wir auf etwa 800 m Seehöhe erneut auf die Straße treffen. Diese wird hier gequert, und auf einem teilweise mit Bachsteinen befestigten Weg gelangen wir in kurzen steilen Kehren auf den Kamm des **Kolovrat** und damit zum Eingang ins Freilichtmuseum.

Im Gelände folgen wir den Pfeilen durch die ehemalige Verteidigungsstellung. Durch Schützengräben kommen wir zum höchsten Punkt, den 1114 m hohen **Klabuk (3)**. Auf der italienischen Seite gehen wir geradeaus hinab zur ehemaligen Grenzstation mit benachbarter Einkehrmöglichkeit im **Rifugio Solarie**, 956 m. Links vom Sportplatz führt die Via Alpina als Weg 746, anfangs als breiter Fahrweg, später zunehmend verwachsen hinab nach **Clabuzzaro**, 802 m.

Unterhalb des Dorfes treffen wir auf die beschilderte Zufahrtsstraße auf den Kolovrat. Wir folgen der Straße wenige Meter bergab und orientieren uns an der Beschilderung des Weges 747, zuerst straßennah bis zur Frazione **San Volfango**, 754 m, mit Kriegerdenkmal und Kirche. Vor der Kirche führt rechts ein Pfad hinab und weiter in die Ortschaft **Rucchin (4)**, 626 m. Über ein Feld erreichen wir den Wald und biegen nach ein paar Metern scharf links auf den Gipfelweg. (Wer den Gipfel umgehen möchte, folgt rechts der Abzweigung des Weges 747a, der etwas oberhalb der Straße von Rucchin nach Tribil di sopra verläuft.) Immer weiter der

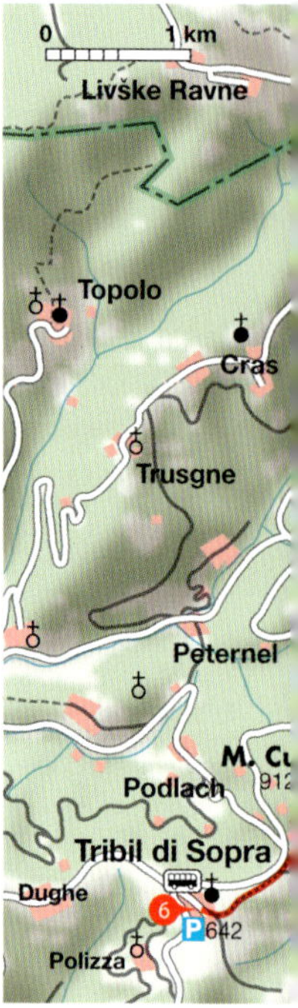

*Am Kamm des **Kolovrat** verlief vor dem Ersten Weltkrieg die Grenze zwischen Österreich-Ungarn und Italien. Am ersten Kriegstag überschritten die Italiener diesen Grenzkamm und begannen mit seiner Befestigung. Die italienische Armee baute allmählich eine umfassende Verteidigungslinie mit Kanonenstellungen und Beobachtungsposten, von wo sie u.a. das Isonzoschlachtfeld und den Tolminer Brückenkopf im Blick hatten. Aus diesen hoch liegenden Stellungen konnte die italienische Artillerie auf die österreichisch-ungarische Verteidigungslinie schießen. Der gesamte Kamm war zudem mit befestigten Gräben durchzogen. Die Stellungen auf dem Kolovrat waren für die Italiener ein wichtiger Schlüsselpunkt bei der Verteidigung in der 12. Isonzo-Offensive. Dem deutschen Alpenkorps gelang es, die Stellung Ende Oktober einzunehmen und mit der Einheit des jungen Erwin Rommel zu besetzen.*

Quelle und weitere Informationen (auch in Deutsch) auf der Homepage der Stiftung »Wege des Friedens«, die das Freilichtmuseum betreut: potmiru.si.

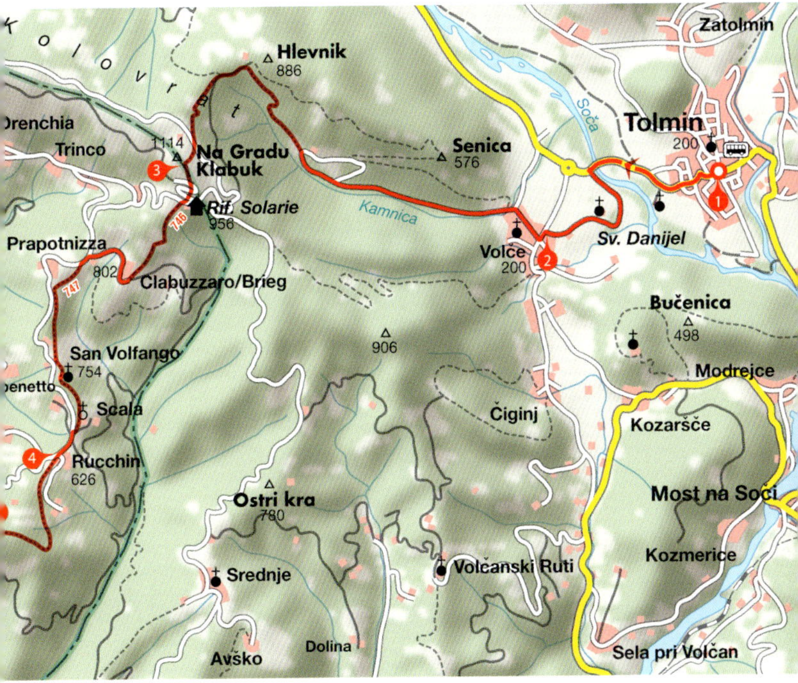

Markierung 747 folgend erreichen wir in gleichmäßigem Aufstieg, die letzten Meter etwas steiler, den Gipfel des **Monte Cum (5)**, 912 m.

Der Abstieg erfolgt westlich auf einem schönen Waldweg und in etlichen Serpentinen hinunter auf einen Schotterweg und weiter in das Bergdorf **Tribil di Sopra (6)**, 642 m.

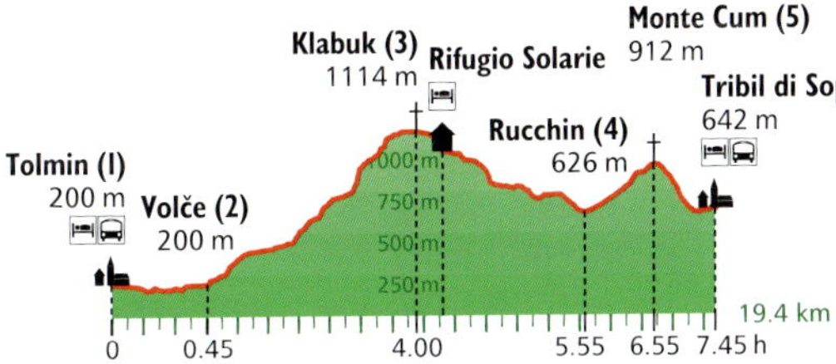

26

Tribil di Sopra – Cividale del Friuli

7.15 Std.

↑550 ↓1050

Ein Besuch im Valle di Natisone

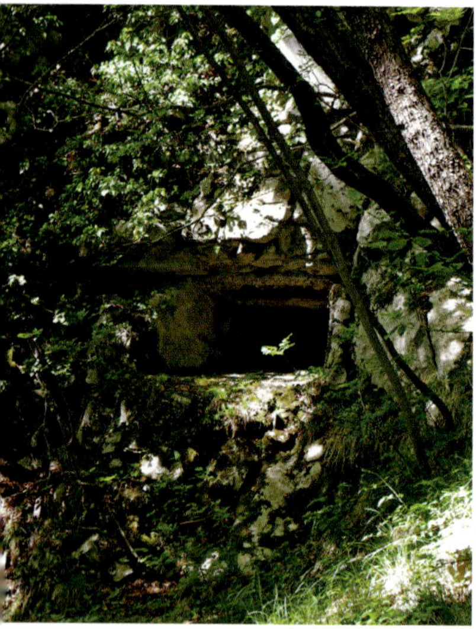

Versteckt im Wald – Bunkeranlage aus dem Ersten Weltkrieg.

Entlang der Hügelketten der Valle di Natisone erwartet uns heute ein aussichtsreicher Spaziergang auf dem Höhenweg 747. Einsame Bergdörfer, deren Häuserfassaden man oft die Abwanderung der letzten Jahrzehnte ansieht, wechseln sich mit weitläufigen, ehemals als Ackerland genutzten Wiesenflächen ab. Hier öffnet sich das Panorama auf das Umland des Natisone-Flusses mit seinen ausgedehnten Laubwäldern. Wer die Hügellandschaft nun als gottverlassen bezeichnet, liegt dennoch falsch: Rund 30 Votivkirchen auf kleinstem Raum zeugen von regem spirituellem Leben rund um einen der ältesten Pilgerorte Norditaliens, das Santuario Beata Vergine di Castelmonte. Angeblich rund 300.000 Gläubige finden jährlich den Weg zur Abtei und besuchen die in Stoßzeiten stündlich abgehaltenen Pilgermessen.

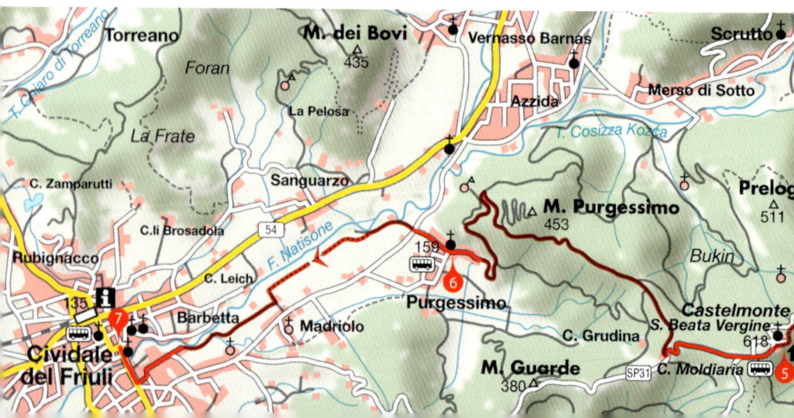

Ausgangspunkt: Tribil di Sopra, 642 m.
Anforderungen: Obwohl die Etappe tendenziell bergab verläuft, kommen durch das ständige Auf und Ab auch die Aufstiegshöhenmeter nicht zu kurz: Nicht unterschätzen!
Einkehr: Diverse Restaurants in Cividale; Castelmonte.

Unterkunft: Cividale: z. B. Hotel Roma, Tel. +39 0432 731871, hotelroma-cividale.it; B&B Aurora, Tel. +39 388 1272741, bedandbreakfastcividale.it.
Einkauf: Cividale.
Information: TI Cividale – Piazza Diacono, Tel. +39 0432 717012, cividale.com.
Karten: T 041, K WK 2801.

Der Einstieg in die heutige Tour befindet sich über der Bar alla Rosa dei venti am oberen Ortsende bei Park- und Sportplatz – also an jener Stelle, an der die vorherige Etappe bei den ersten Häusern von **Tribil di Sopra (1)**, 642 m, geendet hat. Die erste Etappenhälfte bringt keine großen Höhenunterschiede mit sich – über einen Forstweg wandern wir weiterhin mit der Markierung der Via Alpina (Weg 747) stets Richtung Südwesten und biegen nach insgesamt rund 1 km in einen Waldpfad. In der Ortschaft **Gnidovizza** folgen wir dem schmalen Weg links vor dem Haus Nr. 4. Vorbei an Obstbäumen queren wir in leichtem Gefälle hinüber zur nächsten Ortschaft **Clinaz**, 568 m. Hier nicht links in den Ort gehen, sondern dem Straßenverlauf folgen. Bei einer Vorrangtafel biegt man links in einen Forstweg ein und erreicht so – weiterhin auf gleicher Höhe – den Weiler **Varch**, 584 m. Bei Varch trifft der

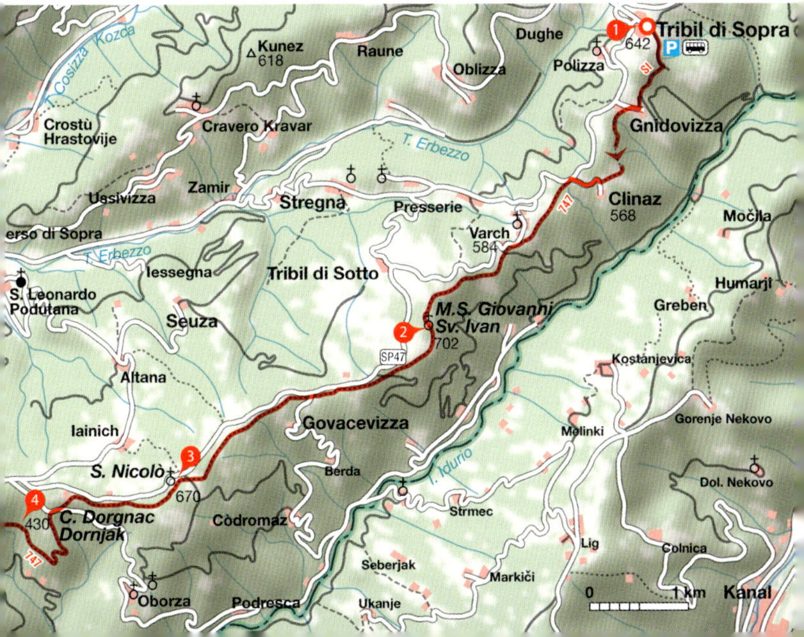

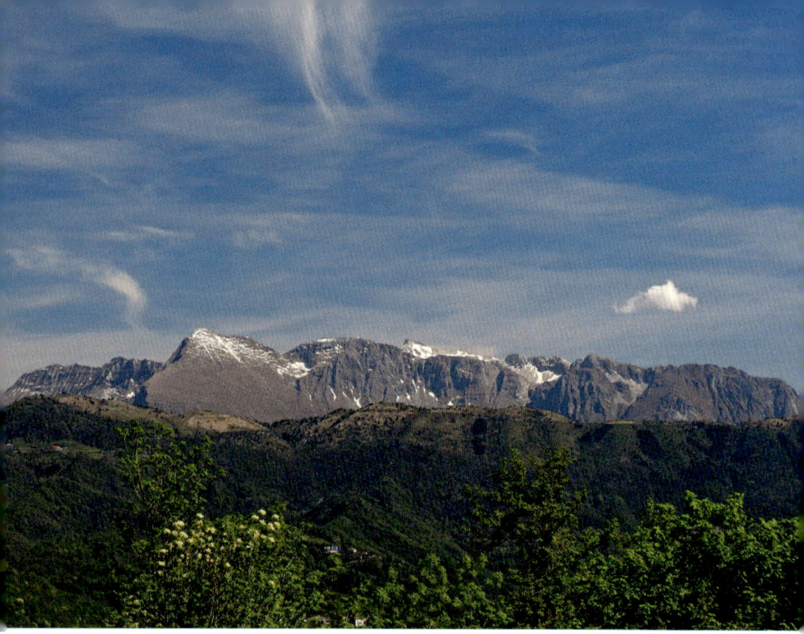

Beeindruckender Blick zurück zum Krn (links) im Süden der Julischen Alpen.

Waldpfad auf einen Schotterweg, den man nach 10 m wieder nach rechts verlässt (an einem Garten entlang). In einer Linkskurve verlässt man ihn wieder, um geradeaus am Waldrand zu bleiben. Auf diesem Abschnitt sind die Markierungsintervalle vergleichsweise dünn, die Wegfindung ist allerdings unschwierig: Man orientiert sich hier an den Grasnarben des ausgetretenen Pfades. Bei einer Gabelung führt der Weg rechts hinauf zur Kirche **San Giovanni (2)**, 702 m.

Geradeaus weiter geht es leicht bergab. Der Weg führt nun immer wieder abwechselnd straßennahe durch Wald und über kurze Abschnitte entlang der Strada Provenziale (SP) 47. Nachdem wir die Straße nach Govacevizza gequert haben, folgen wir einige Meter der nach Westen führenden Straße. Linker Hand führt ein Waldweg leicht bergauf zu einer Lichtung (Hütte, Unterstandsmöglichkeit). Weiter durch den Wald gelangt man zur Kirche **San Nicolò (3)**, 670 m.

Der Weiterweg folgt links dem Waldrand bergauf, führt gut markiert zur **Casera Dorgnac/Dornjak**, 586 m, und weiter in einem Bogen zuerst insgesamt rund 240 Hm hinab in eine Senke **(4)**, abschließend wieder teils bergauf zur Abtei von **Castelmonte (5)**, 618 m (Trinkwasser an der Rampe

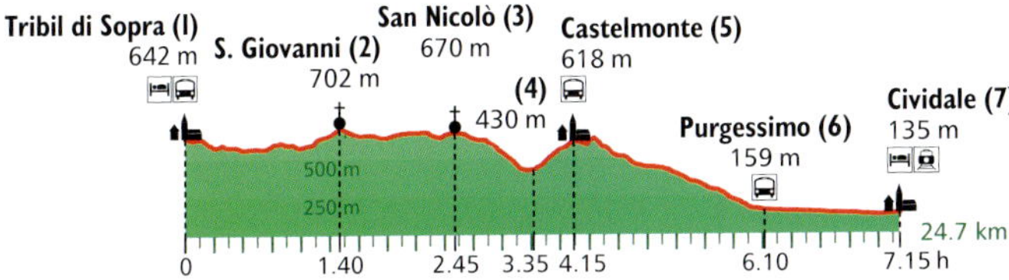

rechts, WC und Picknickplatz beim Parkgelände). Die Verkaufsstände zahlreicher Devotionalienhändler erlauben Rückschlüsse auf eine höchst irdische Auslegung der Mariengnade.
Für uns kommt nun nach der Kür die Pflicht: Den aussichtsreichen Höhen über dem Natisone-Tal folgt der unspektakuläre Abstieg zum Etappenziel. Dazu wandern wir auf der SP 31 links des großen Parkplatzes bergab Richtung Cividale. Bei Haus Via Castelmonte Nr. 89 verlassen wir die Straße und folgen dem Schotterweg bergab nach **Purgessimo (6)**, 159 m. Von dort geht es entlang der Via Ugo Foscolo zur Strada del Mulino, weiter durch die Strada della Lesa zur Via del Paradiso sowie zuletzt durch die Via Europa zur **Teufelsbrücke** und damit ins Zentrum von **Cividale del Friuli (7)**, 135 m.

i ***Cividale del Friuli*** *(12.000 Einwohner) blickt auf eine lange, wechselvolle Geschichte zurück. Die im 1. Jh. v.d.Z. von Julius Cäsar gegründete Stadt (Forum Iulii – als Friuli heute Namensgeber der ganzen Region) sah nach dem Untergang Roms Ostgoten, Byzantiner, Langobarden, Karolinger und Aquileas Patriarchen durch die Tore ziehen, bevor sie im Spätmittelalter an Venedig fiel. Die Langobarden hinterließen der Stadt reiche Kunstschätze, die zum Weltkulturerbe der UNESCO zählen, und heute im archäologischen Museum der Stadt zu sehen sind. Die Franken gaben der Stadt den Namen Civitas Austriae, aus dem sich der heutige Name Cividale herleitet.*
Seit Mitte des 19. Jh. gehört die vom Fluss Natisone geteilte Stadt zu Italien. Südlich der Altstadt befindet sich als Wahrzeichen der Stadt die aussichtsreiche Ponte del Diavolo, die Teufelsbrücke also, um deren Entstehung sich – wie bei den meisten Teufelsbrücken – eine Sage rankt. So wird erzählt, dass der Teufel als Gegenleistung für seine Hilfe beim Bau der Brücke die Seele desjenigen forderte, der das Bauwerk als Erster überquert. Die Bewohner Cividales hätten daraufhin einen Hund über die Brücke geschickt und dem Teufel so ein Schnippchen geschlagen. Diese Begebenheit, an deren Wahrheitsgehalt wohl kein Zweifel besteht, bescheinigt dem Leibhaftigen keine besonders steile Lernkurve – zog er doch bereits am Tuxerbach in Tirol sowie auf einer Brücke im Montafon (beiderorts ließ man übrigens einer Ziege den Vortritt) oder am Gotthardpass (Geißbock) nach derselben Finte den Kürzeren ...

27 Cividale del Friuli – Golo Brdo

3.45 Std.

↑150 ↓100

Flysch unter den Sohlen

In diese kurze Etappe sollte man möglichst zeitig starten: Die ersten Kilometer verlaufen durchwegs auf Asphalt und bieten wenig Schatten. Wer jedoch die Gunst der frühen Stunde nutzt, erreicht bereits vor Mittag die reizvollen Hänge rund um Albana di Prepotto sowie bald darauf die ausgedehnten Wein- und Obstgärten der Region Brda. Und das auf inzwischen weicherem, außerordentlich fruchtbarem Sandsteinboden, dem Flysch. Eingebettet zwischen der Soča im Südosten und dem Fluss Idrija im Nordosten werden hier Kirschen, Aprikosen, Oliven, Kastanien, Pfirsiche, Feigen und selbstverständlich Weinstöcke kultiviert und auf Märkten in ganz Slowenien angeboten.

Ausgangspunkt: Cividale – Teufelsbrücke, 135 m.
Anforderungen: Kurze, gemütliche Tour auf größtenteils asphaltiertem Boden.
Einkehr: Turistična kmetija Breg, Fr–So. Ausreichend Trinkwasser mitnehmen.
Unterkunft: vor **Romanutti**: Azienda Agricola Stroppolatini, Tel. +39 0432 732623, stroppolatini.it. – **Turistična kmetija Breg:** Tel. +386 53 042555 (Reservierung nur per Telefon!), turizembreg.com.

Hinweis: Breg liegt außerhalb von Golo Brdo auf einer Anhöhe. Wer gleich direkt zum Quartier will, folgt nach der Grenze der Beschilderung rechts auf den Hügel. Da die dazugehörige Gastwirtschaft nur am Wochenende geöffnet hat, ist es empfehlenswert, bei der Buchung das Abendessen zu klären.
Information: TI Brda, Tel. +386 53 95 9594, brda.si.
Karten: T 041.

Cividale am Morgen.

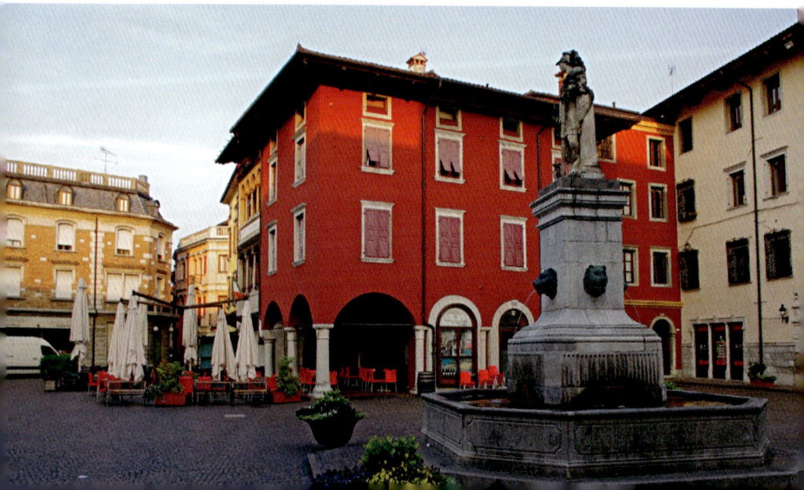

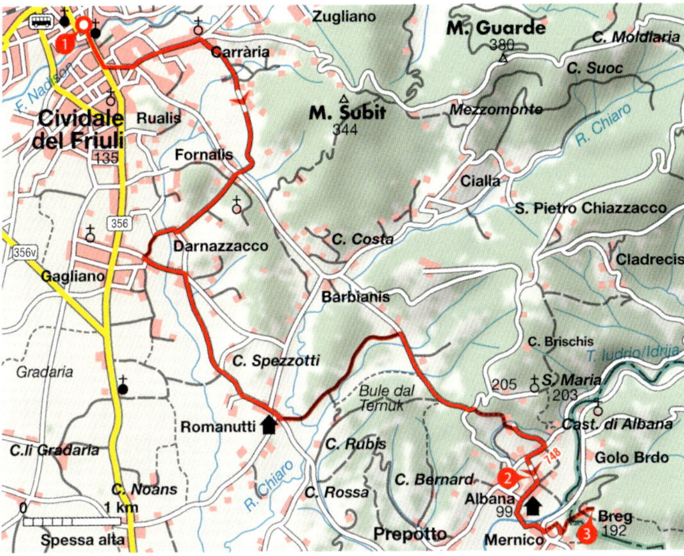

Über die Teufelsbrücke und weiter entlang der Viale Trieste verlassen wir **Cividale (1)**, 135 m. Auf Höhe des B&B Aurora zweigen wir links ab und halten auf den Ortsteil Carraria zu. Dort biegen wir rechts ab in die Via Druga, die uns später als Via della Fornaz nach Fornalis führt.
Nach Überqueren der Provinzsstraße 53 folgen wir der Via Darnazzacco in die gleichnamige Ortschaft. Die Strada del Sponseot führt uns zur Via Doria, der wir links nach Gagliano folgen. Hier biegen wir in die Strada di Propotto ein, die uns nach 2 Kilometern in das Örtchen Romanutti bringt. Bei einer allein stehenden Bar wechseln wir links auf einen Schotterweg. Diesem folgen wir, bis neuerlich eine Asphaltstraße erreicht wird.
Der Straße entlang geht es Richtung Albana. Nach etwa einem Kilometer wechseln wir auf den Weg 748, der über Centa nach **Albana (2)**, 99 m, führt. Am Ortsende benützen wir kurz die SP 21, um den **Judrio** zu überqueren. Unmittelbar nach dem Fluss erreichen wir **Mernico**, 99 m. Nach der Kirche überqueren wir die Grenze zu Slowenien und erreichen dort unser Tagesziel **Breg** bei **Golo Brdo (3)**, 192 m.

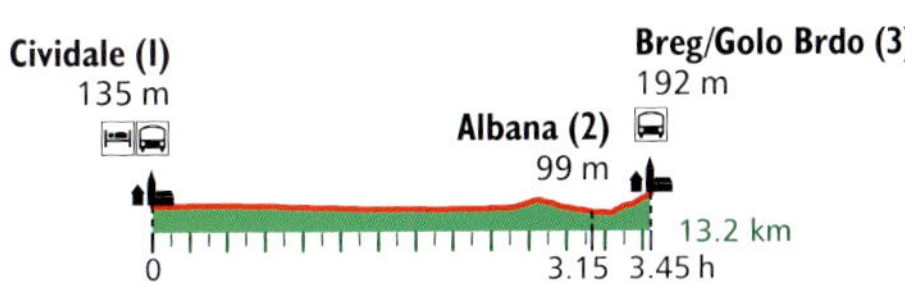

28 Golo Brdo – Šmartno

7.45 Std.
↑750 ↓680

Durch die Schlucht und auf die Weinberge

Heute erwartet uns eine abwechslungsreiche Etappe, die uns gleich zu Beginn rund 250 Höhenmeter hinauf zum höchsten Punkt des Tages führt. Nach dem Wechsel der Bergseite gelangen wir an das schattige Ufer des Kožbanjšček, wo sich etliche Felsbecken im Flussbett als Badestelle anbieten. An Ende dieser Etappe treffen wir auf die Kirschblütenwege der Region Goriška Brda, deren weitere Wegführung uns in die morgige Tour zur Staatsgrenze zu Italien begleiten wird.

Ausgangspunkt: Golo Brdo, 105 m, bzw. Breg, 192 m.
Anforderungen: Unschwierige Tour, die über weite Strecken lokalen Themenwegen folgt.
Einkehr: Okrepčevalnica Lipa (kurz vor Peternel); Hotel Casino Venko (kurz nach Vajta); Dobrovo, Šmartno. Auch auf dieser Etappe ist Trinkwasser Mangelware.
Unterkunft: Im Gebiet um **Dobrovo:** Hotel Casino Venko, Tel. +386 53 988750, venko.si. Pension Verderber, Hruševlje, Tel. +386 41 836377 oder +386 41 313 821, verderber.si; Kmetija Šibav, Neblo, Tel. +386 41 818163, vino-sibav.si. – **Dobrovo:** Garni Hotel Toscanina, Tel. +386 53 045555, toscanina.com. – **Šmartno:** Hotel San Martin, Tel. +386 51 335660, sanmartin.si. – Entlang des **Kirschblütenweges:** Hiša Marica, Tel. +386 53 04 1039, marica.si; Hotel Kozana, Tel. +386 68 172520, hotel-kozana.business.site; Belica Turizem, Tel. +386 53 042104, belica.si.
Einkauf: Supermarkt in Dobrovo, So geschlossen.
Information: TI Brda, Tel. +386 53 95 9594, brda.si.
Karten: T 041, 054.

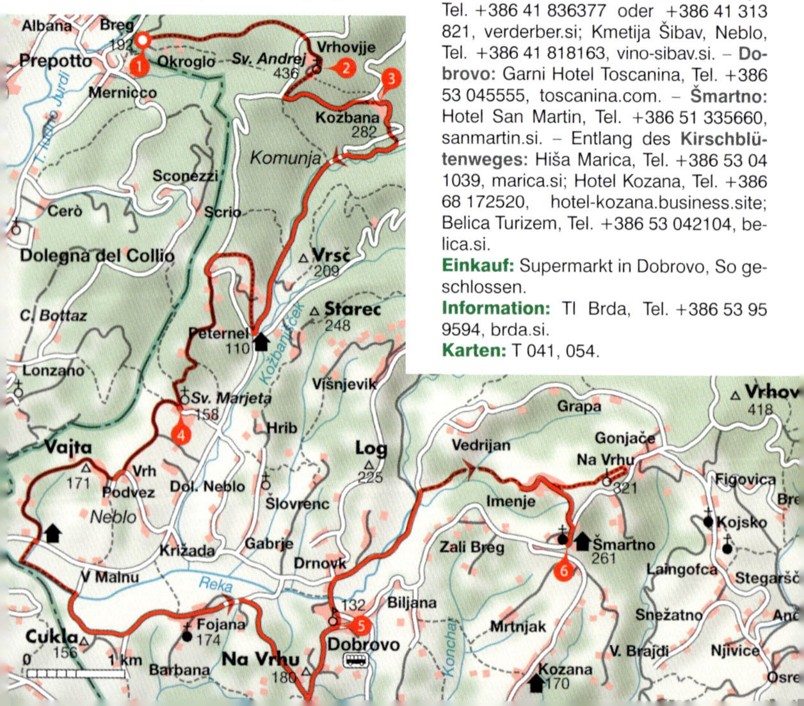

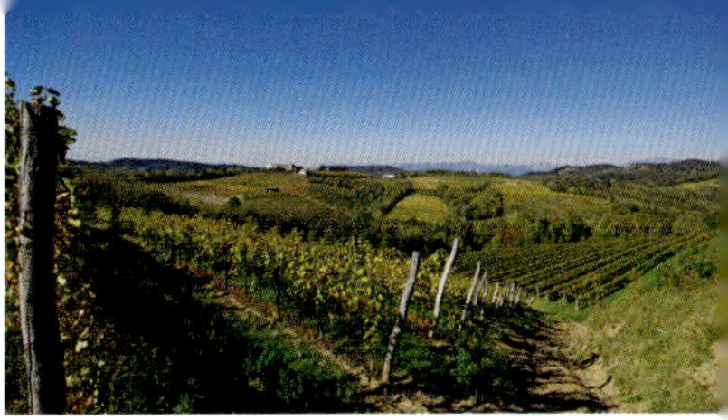

Die Rieden vor Dobrovo.

Wir starten unsere Tour in **Breg (1)**, 192 m, und biegen beim Agriturismo in die erste Gasse links. Weiter auf einem Feldweg, später bergauf durch Laubwald, erreichen wir den höchsten Punkt des Tages, die Kapelle **Sv. Andrej (2)**, 436 m. Der Kirchenweg, gleichzeitig Zufahrtsstraße, führt von der Kapelle bergab in die Ortschaft **Kožbana (3)**, 282 m, und über einige Abkürzer hinunter in den engen Talboden ans Ufer des **Kožbanjšček**. Rechts entlang der Straße gelangt man nach wenigen Hundert Metern in die **Krcnik-Schlucht:** Auf einer Länge von rund 40 m hat der Fluss neben beeindruckenden, rund 6 m tiefen Becken eine natürliche steinerne Brücke gebildet.
Immer dem Straßenverlauf folgend erreicht man bald **Peternel**, 110 m, mit gemütlicher, schattiger Einkehrmöglichkeit. Von der Straßenkreuzung steigen wir rechts zur Ortschaft Hlevnik auf. Sobald die erste Anhöhe erreicht ist, biegen wir der guten Beschilderung folgend in einer Kurve links in die Weinberge. Hier sieht man auch erstmals die Beschilderung des Črnica-Weges (Nr. 2), dem der Alpe-Adria-Trail nun bis Dobrovo folgt. Über die Weinberge von Neblo entlang der slowenisch-italienischen Grenze passieren wir die Kirche **Sveti Marjeta (4)**, 158 m.
Nach der Kirche geht es rechts erneut in die Weinberge. Über **Vrh**, 169 m, und **Vajta**, 171 m, steigen wir ab zur Provinzstraße, wo sich das Hotel Casino Venko befindet. Dorthin gehen wir jedoch nicht: Etwas weiter rechts führt uns ein Feldweg geradeaus zur **Reka** und weiter hinauf in den Ortsteil **Fojana**, 174 m. Nach einer Erfrischung beim Ortsbrunnen halten wir uns bei der nächsten Weggabelung rechts. Nach dem Weiler Kozlink folgen wir der Straße nach links und erreichen **Schloss Dobrovo (5)**, 132 m (Tourismusbüro im Innenhof).
Direkt unter dem Schloss führt der Weg bergab und quert die **Reka**. Rechts führt der Kirschblütenweg Nr. 3 in die Weinberge. Wir folgen seiner Beschilderung nach **Imenje**. Am Ortsende führt ein beschilderter, lohnenswerter Abstecher zum 23 m hohen Aussichtsturm auf dem Mejnik, 321 m; zurück auf dem Anstiegsweg. Für das kurze Stück von Imenje nach **Šmartno (6)**, 261 m, benützen wir die Straße.

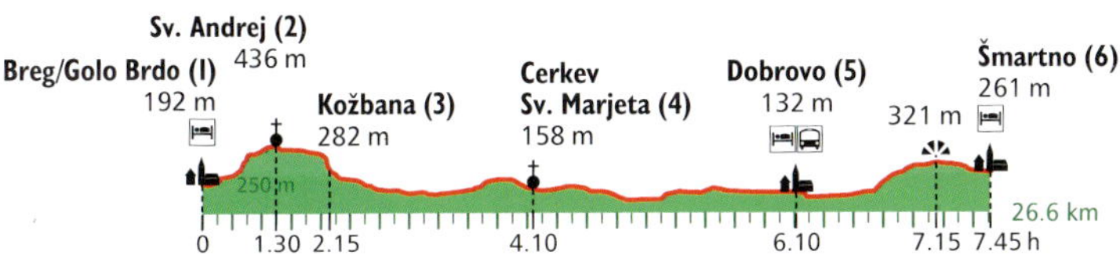

29 Šmartno – Cormons

5.00 Std.

↑430 ↓640

Unterwegs auf dem Kirschblütenweg

Die Besichtigungstour der Obst- und Weingärten findet auf den Wanderwegen der Brda ihre Fortsetzung. Das submediterrane Klima begünstigt hier vor allem den Weinanbau: Rebula, Merlot, Chardonnay, Pinot Grigio, Riesling, Tokaier und Traminer werden auf dem 2000 Hektar großen Gebiet angebaut. Die Etappe startet im mittelalterlich ummauerten Örtchen Šmartno mit seinen sieben Verteidigungstürmen. Den ganzen Tag über begleiten uns Olivenhaine, Wein- und Kirschgärten. Gegen Ende der Etappe sorgt einer der größten Laubwälder der Region für einen schattigen Ausklang.

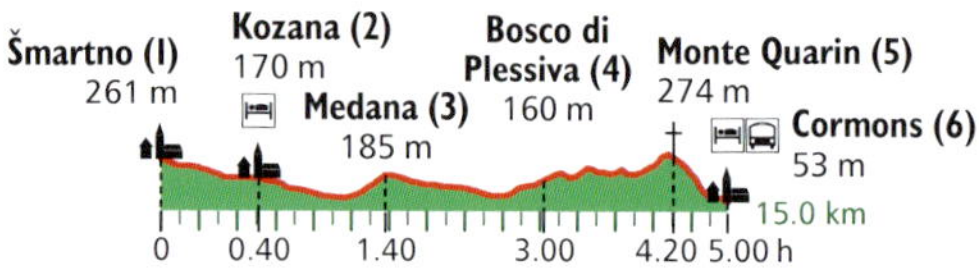

Die Hügel der Brda.

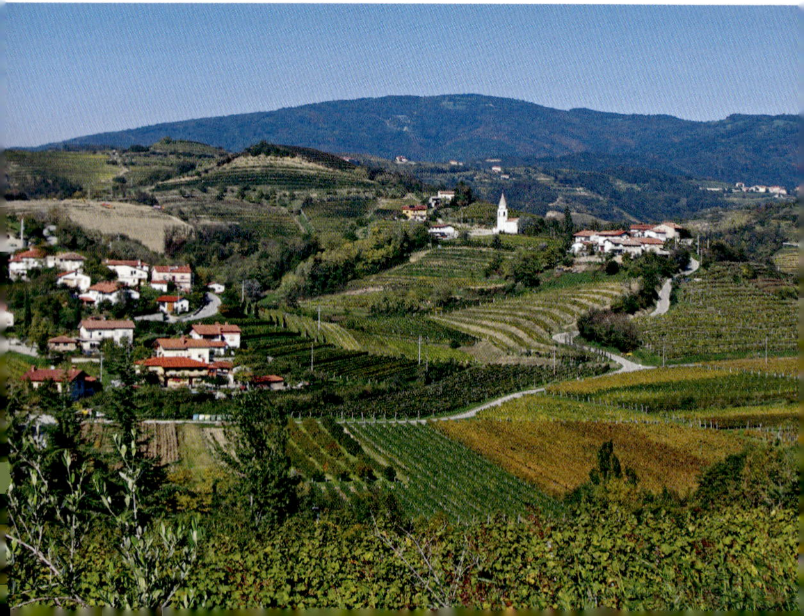

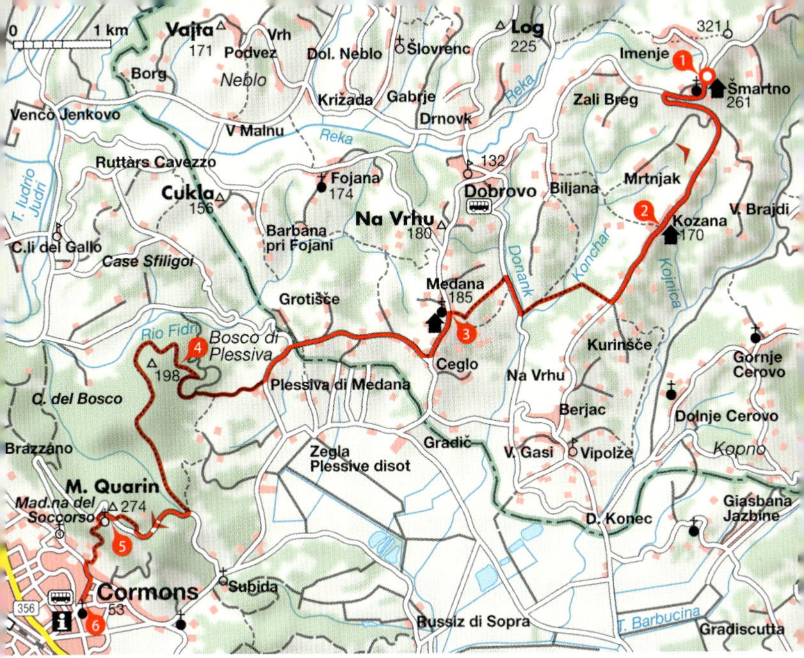

Ausgangspunkt: Šmartno, Ortsmitte, 261 m.

Anforderungen: Leichte Tour.

Einkehr: Kozana, Medana, Plessiva und Cormons.

Unterkunft: Cormons: z. B. Albergo Ristorante alla Pergola, Tel. +39 0481 630383, albergoristoranteallapergola.it; La Casa di Alice, Tel. +39 335 377994, lacasadialicebb.it; Hotel La Favorita, Tel. +39 0481 61800.

Einkauf: In Cormons.

Information: TI Cormons, Tel. +39 0481 639334, cormons.info.

Karten: T 054.

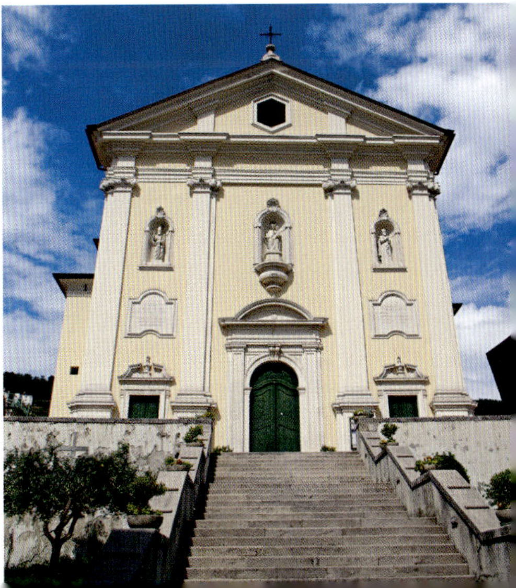

Kirche in Cormons.

Der Weiterweg folgt unterhalb von **Šmartno (1)**, 261 m der Straße nach Dobrovo und wechselt bei einer weiteren Abzweigung auf die Verbindungsstraße nach **Kozana (2)**, 170 m, Wir durchqueren die schattige Ortsmitte und verlassen die Straße erst am Ortsende. Rechts führt ein Weg steil hinab und durch Weinberge hinab ins Končnar-Tal. Unten angekommen, folgen wir der Landstraße nach rechts, bis wir auf der gegenüberliegenden Straßenseite am Kirschblütenweg 7 wiederum durch Weinberge nach **Medana (3)**, 185 m, aufsteigen.
Von der Ortsmitte Medanas geht es nun längere Zeit leicht bergab, bis man beim Grenzübergang bei **Plessiva** wieder italienischen Boden unter den Füßen hat. Der ehemalige Säumerpfad durch den gleichnamigen Naturpark nimmt beim Informationshäuschen seinen Ausgang. Vom höchsten Punkt des **Bosco di Plessiva (4)**, 198 m, steigen wir in südlicher Richtung ab, bis wir eine Häusergruppe erreichen. Hier weisen uns Schilder den Weg auf den **Monte Quarin (5)**, 274 m, der letzten, unschwierigen Erhebung des heutigen Tages. Direkt unter der Kirche führt die rot-weiße Markierung des SI 99 über breite Stufen zum großen Parkplatz und weiter neben der Infotafel über eine Abkürzung durch den Wald in die Ortsmitte von **Cormons (6)**, 53 m. Die Tourismusinfo befindet sich in der Via Matteotti.

Gassenverkauf in Cormons.

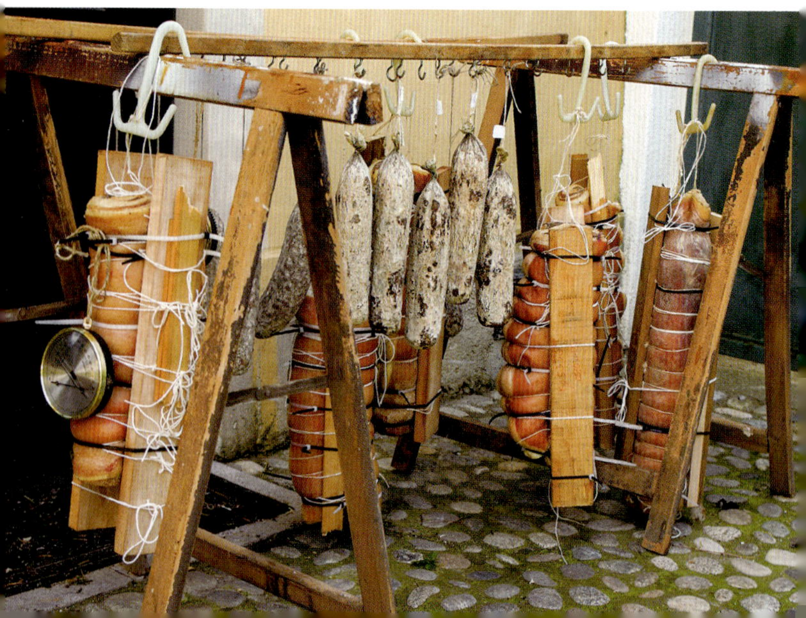

5.00 Std.

↑230 ↓250

Cormons – Gradisca d'Isonzo

30

Eine gemütliche Halbtagestour

Weder die Anzahl der Höhenmeter noch die Länge der Tour halten mit den Werten der letzten Tage mit. Doch bereits die nächste Etappe ist wieder einigermaßen anspruchsvoll, so ist es nur gut, dass heute ein gemütlicher Tag bevorsteht. Einzig die Hitze könnte den Erholungswert dieser Tour schmälern: Unterwegs gibt es kaum Schatten und wenig Trinkwasser. Daher empfiehlt sich – wie bei allen Etappen zwischen Collio und der Karstregion – vor allem in den Hochsommermonaten ein zeitiger Start in den Tag.

Ausgangspunkt: Cormons, 53 m.
Anforderungen: Turnschuhe sind ausreichend.
Einkehr: Weingut Russiz Superiore; Trattoria Al Molino in Farra d'Isonzo, diverse in Gradisca.
Unterkunft: **Russiz:** Relais Russiz Superiore, Tel. +39 0481 80328, marcofelluga.it. – **Gradisca:** z. B. Hotel Franz, Tel. +39 0481 99211, hotelfranz.it; B&B La Fortezza, Tel. +39 0481 483236; B&B Eggenberg, Tel. +39 346 3951465, beb.it/eggenberg.
Einkauf: In Gradisca.
Information: Ufficio IAT – Informazione ed Accoglienza Turistica, Tel. +39 0481 960624, prolocogradisca.it.
Karten: T 041, 054.

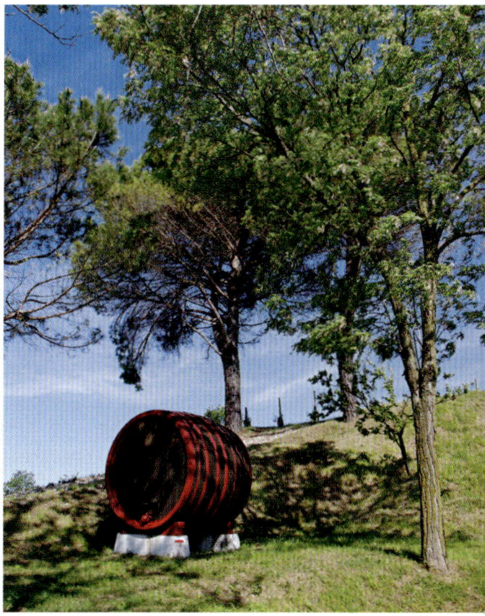

Russiz.

Ausgehend von der Ecke vor dem Tourismusbüro **Cormons (1)**, 53 m, wird die Stadtmitte über die Via Nazario Sauro, die Via Battisti und zuletzt die Via Dante Alighieri nach Südosten verlassen. Der Strada Statale SS 409 folgen wir vorerst den Hinweisschildern zur Ferienresidenz Subida. Nach etwa 1,5 km ab Stadtmitte, bei La Subida, verlassen wir die Staatsstraße vor der Kirche rechter Hand und folgen einem Güterweg durch ein Waldstück. Bis Gradisca verläuft unsere Strecke wieder gleichlaufend mit dem Sentiero Italia (Weg 99) und seinen rot-weißen Markierungen.

Da auf dieser Etappe nach Norden freie Sicht vorherrscht, kann man bei passender Wetterlage am Horizont die Spitze des 44 km entfernten Canin, 2587 m (links des Gipfels steil abfallend), und die Kuppen des Matajur, 1645 m (28 km entfernt, unmittelbar rechts vor dem Canin, linke und rechte Bergflanke verlaufen gleichmäßig), ausmachen.

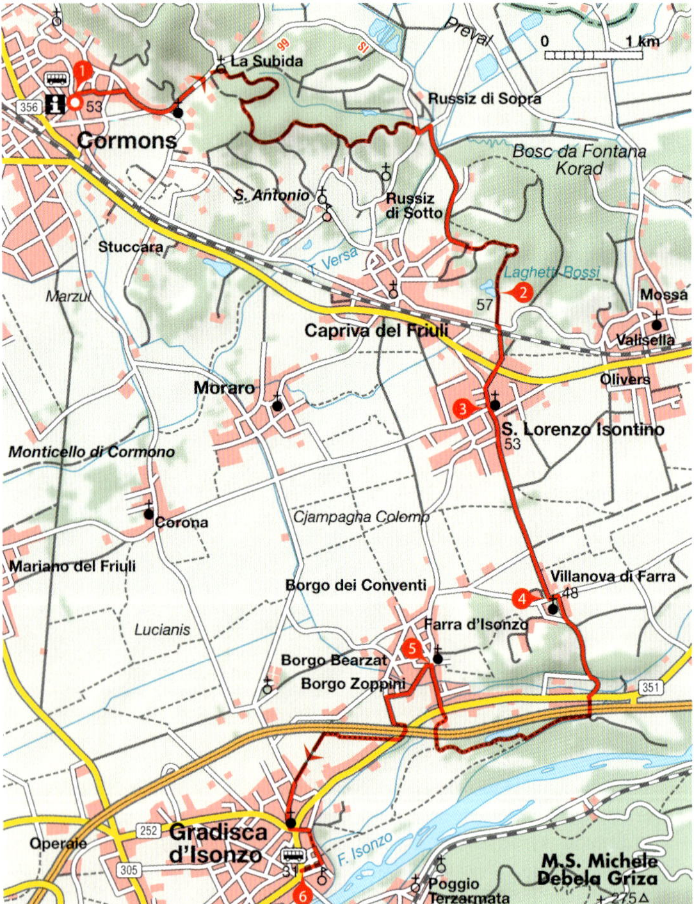

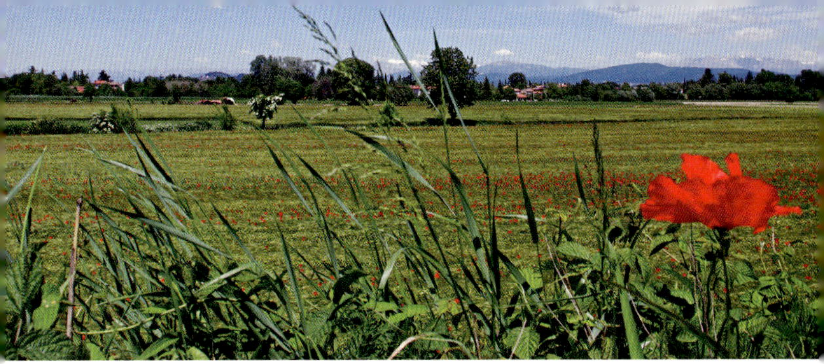

Mohnfelder vor Gradisca.

Stets auf guten, befahrbaren Wegen passieren wir bei **Russiz**, 77 m, eine leichte Anhöhe mit einigen fotogenen Weinfässern am Wegrand. Jenseits der Kuppe kommen wir zu einem Haus mit Steinfassade, in die ein Heiligenbild eingearbeitet wurde. Hier verlassen wir die Via Russiz. Eine zweimalige Links-rechts-Kombination (rot-weiße Markierung beachten) führt zu einer Siedlung am Rande von **Capriva**, wo wir der Via Val da Dobria geradeaus leicht hinauf in die Weinhänge folgen (zwischen den Reben auf die Markierung der Via Alpina achten!). Auf lehmigen Feldwegen gelangen wir zu den **Laghetti Rossi (2)**, 57 m, den Roten Seen.

Entlang des SI 99, der – in Gehrichtung links der Seen – gerade Richtung Süden verläuft, kommen wir nach **San Lorenzo Isontino (3)**, 53 m. Über die Via Gavinana folgen wir weiterhin der gedachten Falllinie Richtung Süden (am Weg Sportplatz und Friedhof), um so nach **Villanova di Farra (4)**, 48 m, zu gelangen. Hier kommen wir an der Enoteka Villanova vorbei, wo unser Weiterweg direkt gegenüber rechts an der Kapelle und weiter in einem großen Bogen hinab zur Autobahn führt.

Ab hier auf die Markierung achten, denn im Schlussabschnitt wurde der Wegverlauf abgeändert: Der Dammweg führt zuerst nach rechts auf den Laghetto Farra d'Isonzo zu und verläuft bald danach zurück zur Autobahn, die wir erneut unterqueren. Etwas weiter nördlich in der Ortsmitte von **Farra d'Isonzo, (5)**, 44 m, dreht der Weg nach Südwesten, wo wir nach nochmaliger Unterquerung der Autobahn scharf nach rechts abbiegen und über die Via Bidischini die imposanten Stadtmauern von **Gradisca d'Isonzo (6)**, 31 m, erreichen.

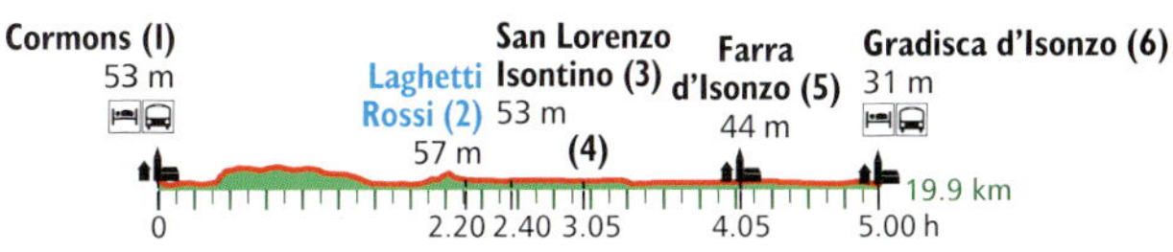

31 Gradisca d'Isonzo – Duino

7.30 Std.

↑650 ↓640

Monti e Mare!

Auch wenn ihm in den Köpfen der Menschen oft ein anderes Bild nachhängt: Der Karst ist alles andere als karg – davon können wir uns auf dieser Etappe überzeugen. Es wartet eine äußerst vegetationsreiche, bunte Etappe auf uns, die anfangs durch die Laubwälder des nördlichen Monte San Michele führt und später durch Niederwald und ausgedehnte Buschlandschaften verläuft. Erst kurz vor Duino wechselt die Szenerie, wenn die südlichsten Hänge Friauls den Blick auf die Hafenanlagen von Monfalcone freigeben und einen ersten uneingeschränkten Blick auf das Mare Adriatico gestatten.

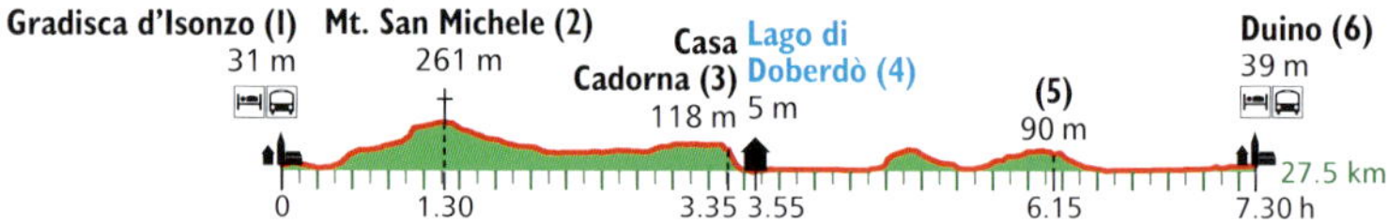

Karstvegetation.

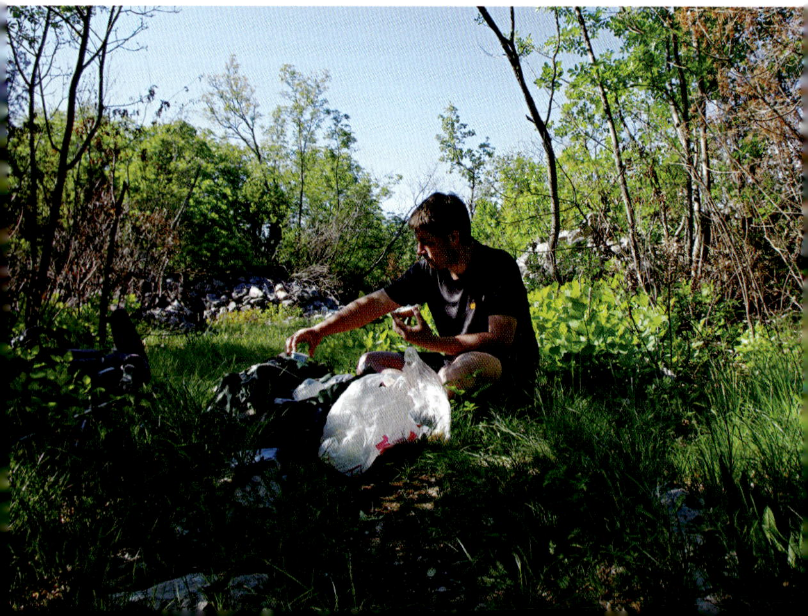

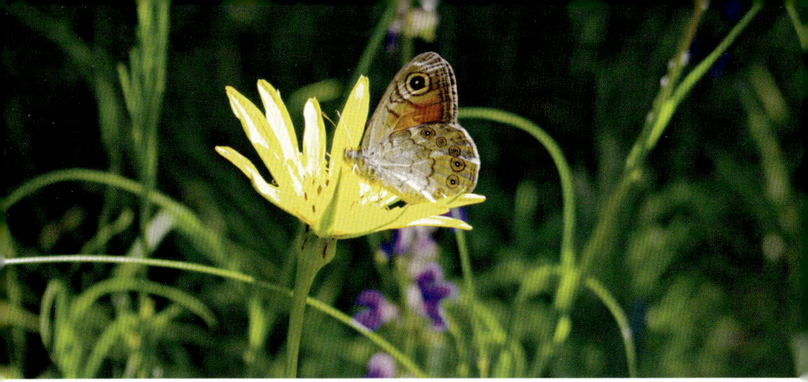

Am Lago di Doberdò.

Ausgangspunkt: Gradisca d'Isonzo, 31 m.
Anforderungen: Bei den Etappen im Karst sind Schuhe mit einem Mindestmaß an Geröllschutz von Vorteil. Genügend Trinkwasser mitnehmen.
Einkehr: Trattoria al Lago; diverse in Duino.
Unterkunft: Duino: z. B. Albergo Garni Aurora, Tel. +39 040 208212, auroraduino.com; B&B Villa Rilke, Tel. +39 347 019 7928, villarilke.it.
Einkauf: Duino.
Hinweis: Aufgrund eines Waldbrandes wurde 2022 eine neue Wegführung über Doberdò del Lago in Erwägung gezogen. Bei Redaktionsschluss für diese Auflage war die Originalroute zum Seeufer jedoch wieder begehbar, weshalb wir diese Wegführung auch in der Etappenbeschreibung beibehalten haben.
Information: TI Duino-Aurisina, Tel. +39 0431 387130, turismofvg.it (= Tourist Information Friuli Venezia Giulia mit Sitz in Triest).
Karten: T 054, 047.

Von der Piazzale Unità im Zentrum von **Gradisca d'Isonzo (1)**, 31 m, und weiter über die Via San Michele kommen wir zur **Isonzobrücke**, nach deren Querung wir gleich links in die Via II Giugno biegen. Die Provinzstraße Via IV Novembre wird überquert und der Via del Carso gefolgt, bis diese in einen Waldpfad mündet. An einer Wegkreuzung folgen wir links dem Weg 76 mäßig bergauf durch Wald bis zur Zufahrtsstraße, über die wir das Freilichtmuseum am **Monte San Michele (2)**, 261 m, erreichen.
Ein Rundweg führt hier vorbei an Bunkern und Aussichtswarten, für uns empfiehlt sich die Gehrichtung im Uhrzeigersinn. Kurz bevor wir wieder den Eingangsbereich erreichen, verlassen wir die Runde und folgen einem beschilderten Steig hinunter nach **San Martino del Carso**, 189 m.
Im Ort gehen wir rechts an der Kirche vorbei und folgen der Straße bis zur Markierung des Wegs 72, der hier in Schotter übergeht. Hier stößt auch der SI wieder hinzu – wir folgen der Markierung beider Wege durch die reichhaltige Karstvegetation nach **Marcottini**, 107 m. Gerade durch den Ort erreichen wir die SP 15. Weiter auf SI und Weg 72 kommen wir zur Wehranlage

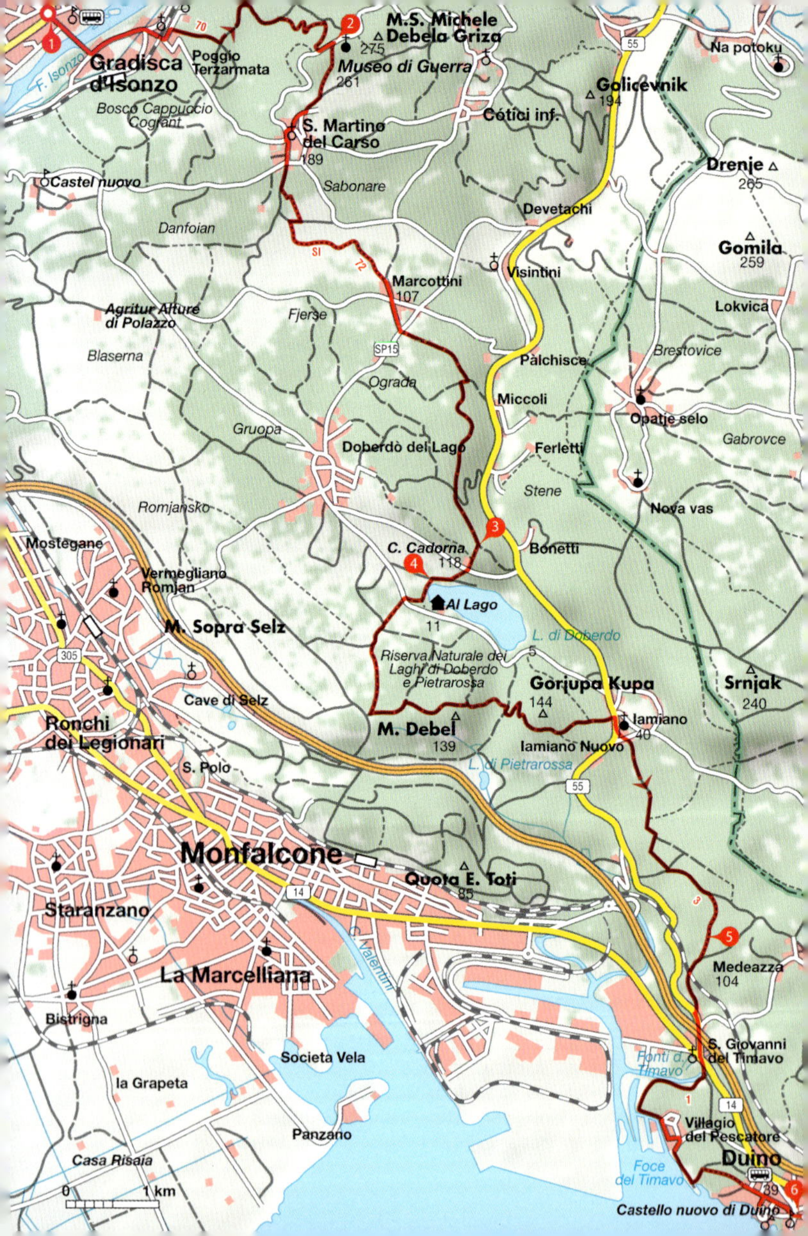

Gradisca d'Isonzo
F. Isonzo
Poggio Terzarmata
M.S. Michele
Debela Griza
275
Museo di Guerra
261
Bosco Cappuccio
Cogrant
S. Martino del Carso
189
Cótici inf.
Golicevnik
194
Na potoku
Castel nuovo
Sabonare
Drenje
265
Danfoian
Devetachi
Gomila
259
Visintini
Marcottini
107
Lokvica
Agritur Alture di Polazzo
Fjerse
Blaserna
SP15
Pàlchisce
Brestovice
Ograda
Miccoli
Opatje selo
Gruopa
Doberdò del Lago
Ferletti
Gabrovce
Stene
Romjansko
Nova vas
Mostegane
C. Cadorna
118
Bonetti
Vermegliano
Romjan
Al Lago
11
M. Sopra Selz
L. di Doberdo
305
Riserva Naturale dei Laghi di Doberdo e Pietrarossa
5
Cave di Selz
Gorjupa Kupa
144
Srnjak
240
Ronchi dei Legionari
M. Debel
139
Iamiano
40
Iamiano Nuovo
S. Polo
L. di Pietrarossa
55
Monfalcone
Quota E. Toti
85
14
Staranzano
C. Valentinis
Medeazza
104
La Marcelliana
Bistrigna
S. Giovanni del Timavo
Fonti d. Timavo
Societa Vela
la Grapeta
Villaggio del Pescatore
Panzano
Duino
Foce del Timavo
Casa Risaia
39
0
1 km
Castello nuovo di Duino

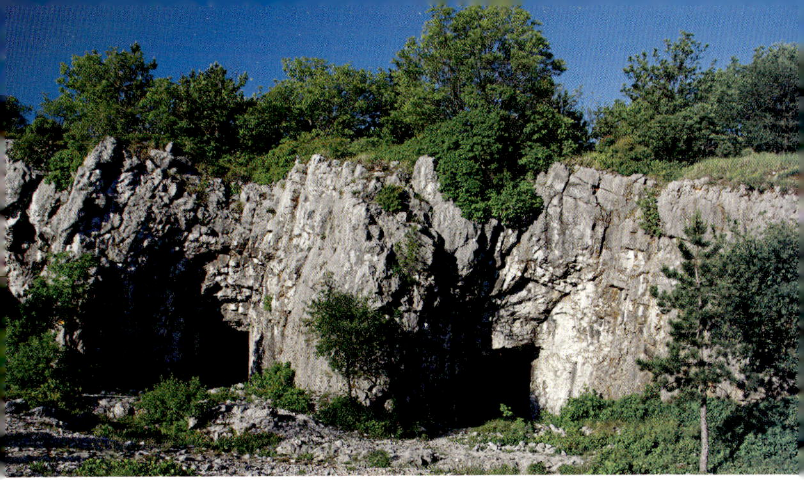

Bunkeranlagen am Monte San Michele.

Casa Cadorna (3), 118 m, aussichtsreich über dem **Lago di Doberdò** gelegen. Es lohnt sich, sich hier im Gelände etwas umzusehen, bevor man direkt unter der Anlage in kurzen Serpentinen zum **See (4)**, 5 m, absteigt.
Beim See angelangt folgen wir dem breiten geschotterten Spazierweg nach rechts bis zu einem Steinhaus. Eine leicht zu übersehende Markierung weist hier links in den Auwald. Knapp am Westufer des Sees vorbei und weiter durch Wald kommen wir zur Straße, die Doberdò del Lago mit Iamiano verbindet. Dieser Straße folgen wir Richtung Südosten und kommen zur einzigen Einkehrmöglichkeit am See, der **Trattoria al Lago**.
Wenn wir hier ein Stück nach Osten (links) gehen, kommen wir zur einzigen Einkehrmöglichkeit am See, der Trattoria al Lago. Der weitere Weg quert jedoch die Straße und verläuft entlang der Markierung des Weges 72 unterhalb des Grojupa Kupa vorbei in die Ortsmitte von **Iamiano**, 40 m.
Auf der Asphaltstraße halten wir uns rechts und folgen dem Verlauf bis zur Abzweigung Richtung Colmaria. Hier kurz der Straße folgen, um bei einer T-Kreuzung geradeaus in den Schotterweg Nr. 3 abzusteigen, der über einen kurzen Gegenanstieg in die Ortschaft **Medeazza (5)** führt. Vor Erreichen der ersten Häuser halten wir uns rechts und treffen einige Höhenmeter weiter unten auf die SP 55, deren Brücke über die Autobahn führt. An der Kreuzung mit der SP 14 (mit Trinkwasserbrunnen!) biegen wir gleich auf der anderen Straßenseite in einen Spazierweg (Weg 1, Markierung der Via Alpina), der uns über Villagio del Pescatore in die Ortsmitte von **Duino (6)** auf Höhe des Schlosses, 39 m, führt. Lohnend ist vorher ein Abstecher zum kleinen Hafen mit Bade-, Einkehr- und Übernachtungsmöglichkeiten.

32 Duino – Banne

8.15 Std.

↑690 ↓370

Ein Tag über dem Meer

Der aussichtsreiche Rilkeweg durchlebt seit der Geburt des Alpe-Adria-Trails ein stetes Auf und Ab. Die Flaniermeile – neben dem Schloss das zweite Wahrzeichen Duinos – war immer wieder einmal abschnittsweise gesperrt, weil offene Haftungsfragen für Gesprächs- und Diskussionsstoff zwischen Eigentümern und der Kommune sorgten. Sollte es wieder einmal zu Sperren kommen, gibt es dennoch einzelne Aussichtspunkte zwischen Duino und Sistiana, die einen Blick auf Schloss und Hafen erlauben. Doch auch der Gipfelsieg am knapp 400 m hohen Monte San Leonardo in der Mitte des Abschnittes sorgt für gute Aussichten, bevor im letzten Etappendrittel die flache, großzügig angelegte Strada Napoleonica herrliche Blicke auf das Hafenbecken von Triest ermöglicht. Zwischen den Aussichtspunkten verläuft der Weg auf der für die Region typischen roten Erde und durch die kleinen Orte auf der Karsthochebene.

Ausgangspunkt: Duino, 39 m. Dort sollte man sich am besten erkundigen, ob der Rilkeweg durchgehend begehbar ist.
Anforderungen: Eine lange Tour ohne technische Raffinessen. Im Bereich des Monte San Leonardo muss besonders auf die Wegmarkierungen geachtet werden!
Einkehr: Mehrere in Sistiana und Prosecco.
Unterkunft: Sistiana: z. B. B&B Le Falesie, Tel. +39 380 7023047, lefalesie.it; Hotel Posta, Tel. +39 040 299103. – **Prepotto:** Azienda Agricola Lupinc, Tel. +39 345 717 1274, lupinc.it. – **Sales:** Agriturismo Bajta Trieste, Tel. +39 339 3678152, bajta.it. – **Prosecco:** Residence Contovel, Tel. +39 040 251313, contovel.com; Ai Tre Fichi, Tel. +39 349 8675597. – **Santa Croce:** ca. 2 km Umweg; Nebojsega b&b, Tel. +39 348 5861205. – **Banne:** Albergo alla Valle di Banne, Tel. +39 0402 11089, allavalledibanne.it.
Einkauf: In Prosecco.
Tipp: Die letzten drei Etappen des Alpe-Adria-Trails lassen sich dank der guten Quartierlage entlang der Strecke sehr frei gestalten. Die hier vorgestellte Aufteilung ist durchaus sportlich. Wer es gemütlicher angehen mag, wird einen vierten Tag einplanen. Von allen aufgeführten Unterkunftsorten gibt es öffentliche Verbindungen zum Bahnhof in Triest. Banne liegt ein paar Gehminuten abseits des Trails und ermöglicht eine Aufteilung auf drei etwa gleich lange Tourentage.
Information: TI Friuli Venezia Giulia, Tel. +39 0431 387130, turismofvg.it.
Karten: T 047.

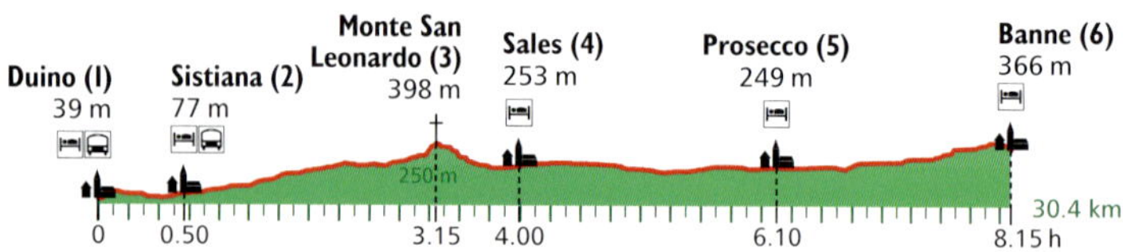

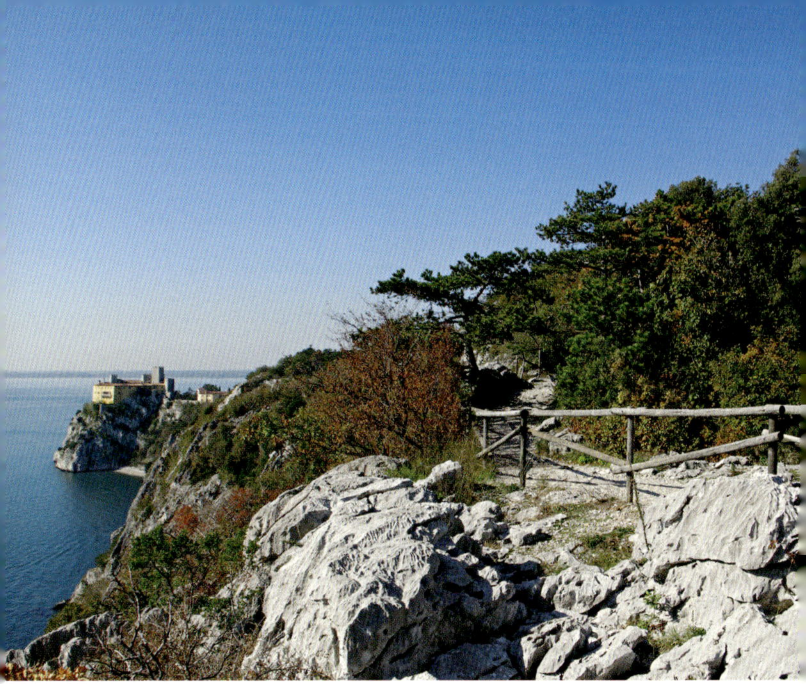

Am Rilkeweg.

Wir beginnen unsere Tour in der Ortsmitte von **Duino (1)**. Auf Höhe des Schlosses nimmt der Rilkeweg seinen Ausgang, dem wir bei klarer Wegführung nach Sistiana, 77 m, folgen. (Hinweis: Bei Sperre des Rilkeweges folgt man entweder 1,5 km der Straße nach Osten, oder aber man nimmt bis Sistiana einen der Busse Richtung Triest.)
Am westlichen Ortsende von **Sistiana (2)** wird die Hauptstraße erreicht, der wir rund 800 m nach rechts bis zum Kreisverkehr folgen. Hier führt links die SP 32 di Visogliano über die Autobahn. Der ersten Straße rechts folgen wir bis zum Ende und betreten hier den Karstwald der Region Duino-Aurisina. Gleich am Eintrittspunkt in den Wald liegt rechts mit Visogliano eine der ältesten archäologischen Fundstätten Italiens. Wenige Meter von unserem Weg entfernt wurden etwa 500.000 Jahre alte menschliche Überreste gefunden, die heute im Naturhistorischen Museum in Triest aufbewahrt werden.
Unser Weg führt ständig geradeaus (anfangs als Weg 33 markiert) über **Slivia**, 154 m, und **San Pelagio**, 225 m, in den Ort **Prepotto**, 251 m. Hier folgen wir Weg Nr. 10 nach **Ternova Piccola**, wo wir nicht geradeaus in den

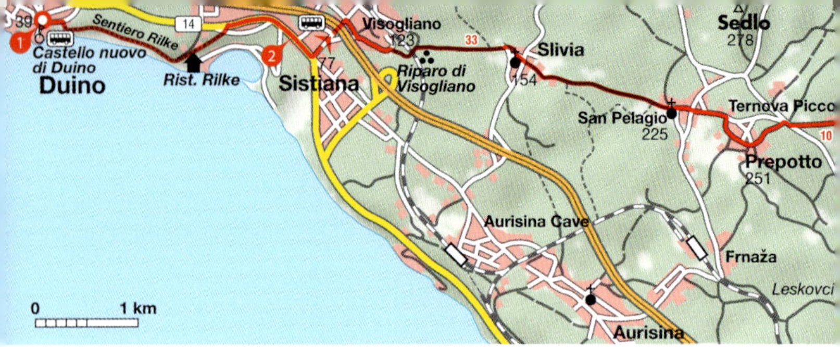

Karst(rund)weg, sondern links entlang der letzten Häuser auf den Schotterweg wechseln. Entlang weiterhin guter Markierungen gelangen wir ohne böse Steigungen auf den **Monte San Leonardo (3)**, 398 m. Von den Mauerresten hat man einen herrlichen Ausblick auf das Triestiner Becken, sowie die südlichen Ausläufer der Alpen im Norden.

Ein Steig führt wieder hinunter zur Verbindungsstraße Samatorza – Sales, auf der man linker Hand bis ans Ortsende von **Sales (4)**, 253 m, gelangt. Bei einer Infotafel vorbei folgen wir links dem Schotterweg zum Teich und weiter zur gleichnamigen Ortschaft **Colludrozza**, 278 m. Geradeaus kommen wir erneut zur Verbindungsstraße, die wir in **Sgonico**, 278 m, wieder verlassen: Wir folgen hier rechts der Straße 7 vorbei am Botanischen Garten Carsiana nach **Gabrovizza**, 236 m.

Der lokale Weg 19 führt nun in südwestlicher Richtung am Kriegerdenkmal vorbei über die Autobahn und quert die Strada Provinciale del Carso 1. Auf Höhe der Bushaltestelle wenige Meter südöstlich biegen wir nach rechts und nach einigen Metern im Wald links in den Fußweg Nr 1. Diesem folgen wir stets parallel zur Straße nach **Prosecco (5)**, 249 m.

Im Ort erreichen wir in südlicher Richtung etwas unter der Straße den kleinen Teich **Stagno di Contovello**. Vorbei am Teich kommen wir in südöstlicher Richtung wieder zurück zur Ortsstraße, die wir überqueren. Auf der gegenüberliegenden Seite folgen wir einer Nebenstraße weiterhin in südöstlicher Richtung. In einer 90-Grad-Linkskurve gehen wir geradeaus. Hier beginnt die Promenadenstraße Strada Napoleonica, die 1797 als Versorgungsstraße zwischen Venedig und Triest angelegte, heutige Höhenpromenade. Vollkommen eben und für den motorisierten Verkehr gesperrt, erlaubt der perfekt ausgebaute Weg, sich ganz auf die großartige Aussicht auf Triest und das Meer zu konzentrieren.

Nach rund 4 km wird die Via Nazionale erreicht. Eine Unterführung links des Obelisken führt auf die andere Seite. Oben beim Campingplatz folgen wir dem Schotterweg geradeaus bis zu einer Kurve der Via della Bellavista, wo unser Weg die AAT-Route verlässt, um über wenige Meter bergauf, doch bald in leichtem Gefälle, zu unserem Quartier in **Banne (6)**, 366 m, zu gelangen.

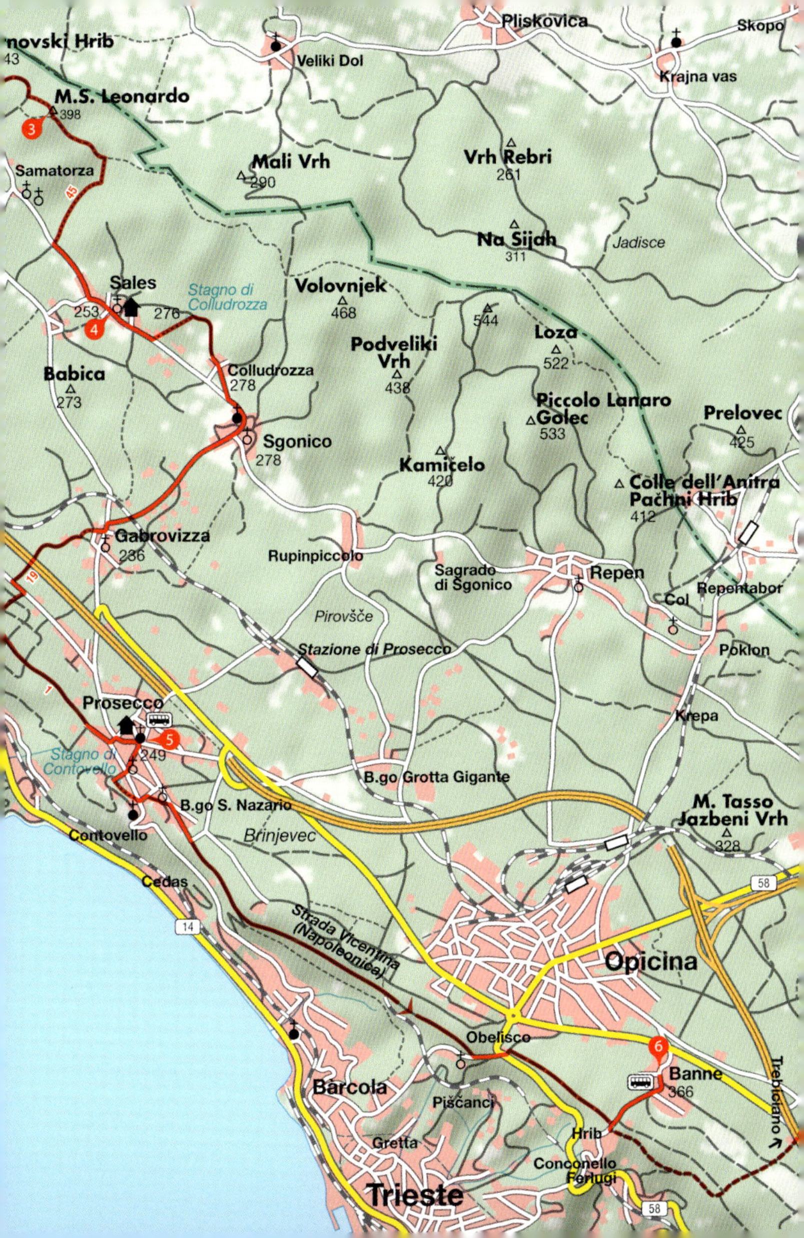

novski Hrib
43
Pliskovica
Veliki Dol
Skopo
Krajna vas
M.S. Leonardo
398
3
Samatorza
45
Mali Vrh
290
Vrh Rebri
261
Na Sijah
311
Jadisce
Sales
253
4
276
Stagno di Colludrozza
Volovnjek
468
544
Loza
522
Babica
273
Colludrozza
278
Podveliki Vrh
438
Piccolo Lanaro
Golec
533
Prelovec
425
Sgonico
278
Kamičelo
420
Colle dell'Anitra
Pachni Hrib
412
Gabrovizza
236
Rupinpiccolo
Sagrado di Sgonico
Repen
Repentabor
Col
19
Pirovšče
Stazione di Prosecco
Poklon
1
Prosecco
5
249
Stagno di Contovello
Krepa
B.go Grotta Gigante
B.go S. Nazario
M. Tasso
Jazbeni Vrh
328
Contovello
Brinjevec
58
Cedas
14
Strada Vicentina (Napoleonica)
Opicina
Obelisco
6
Banne
366
Bárcola
Piščanci
Trebiciano
Hrib
Gretta
Conconello
Ferlugi
Trieste
58

33 Banne – Bagnoli della Rosandra

8.30 Std.

↑400 ↓690

An der Kokoskoppel

Eines haben die letzten drei Etappen des Alpe-Adria-Trails gemein: Man ist nur einen Steinwurf vom größten Hafen der oberen Adria entfernt – doch man merkt es nicht. Auch diese Etappe führt durch das grüne Triestiner Hinterland. Ein letztes Mal kommen wir nach Slowenien, um dem weltbekannten Gestüt Lipizza einen Besuch abzustatten. Von der Pferdekoppel geht es auf den Kokos samt großzügiger Aussicht auf das Hinterland von Triest. Noch vor wenigen Jahrzehnten durfte sich der Berg mit seinen 672 Metern Seehöhe als höchste Erhebung eines Landes bezeichnen: Ihn umgab ab 1947 einige Jahre lang der Kleinstaat Freies Territorium Triest, der jedoch 1954 zwischen Italien und Jugoslawien aufgeteilt wurde.

Ausgangspunkt: Albergo alla Valle di Banne, 366 m.
Anforderungen: Unschwierige Tour.
Einkehr: Lipica, Schutzhütte am Kokos (nur WE), Krvavi Potok, Draga sant'Elia, Bottazzo, Bagnoli della Rosandra.
Unterkunft: **Basovizza:** Center Hotel, Tel. +39 040 9221334, centerhotel.it. – **Lipica:** Hotel Maestoso, Tel. +386 57 391790, lipica.org. – **Kokos:** Koča na Kokoši (Lagerbetten), Tel. +386 31 391742, planinske-koce.si/koca_na_kokosi. – **Draga S'Elia:** Locanda Mario, Tel. +39 0402 281 93, adrilup.wixsite.com/locanda-mario-2 (Voranmeldung!). – **Bagnoli della Rosandra:** z. B. B&B Rosandra, Tel. +39 040 281954, bbrosandra.it.
Information: TI Friuli Venezia Giulia, Tel. +39 0431 387130, turismofvg.it.
Karten: T 047, K WK 238.

Blick über den Karst.

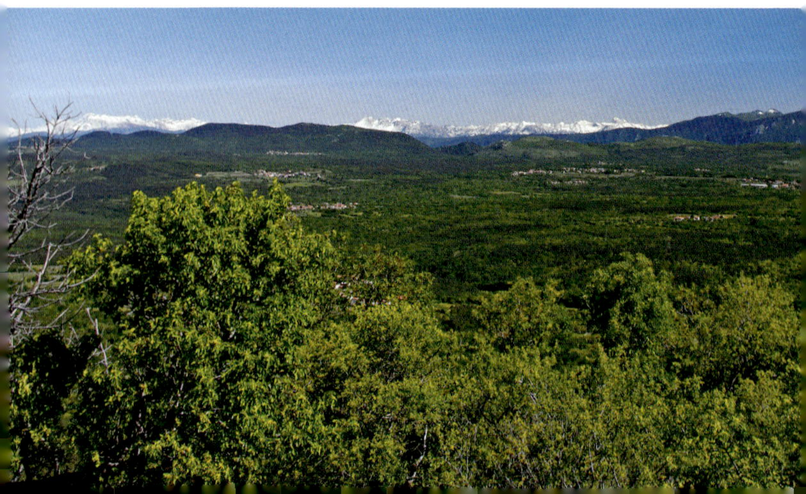

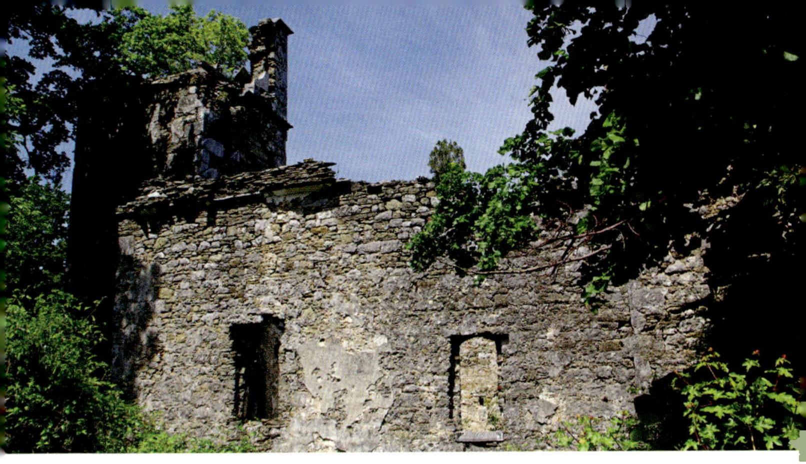

Kirchenruine vor Krvavi Potok.

Vom **Albergo alla Valle di Banne (1)**, 366 m, führt der Weg der Straße entlang zurück bis zur Abzweigung vom Vortag. Hier gehen wir geradeaus weiter bis zum Ende der Straße (Infotafeln). Dem Radweg folgen wir nun bis zur Brücke über die Autobahn (hier wieder AAT-Wegmarkierung) und kommen auf der gegenüberliegenden Seite in den Ort **Trebiciano**, 343 m. Vor der Kirche am Dorfplatz folgen wir links der Asphaltstraße Richtung Südosten. Wir passieren einen Teich und wählen hier den Weiterweg in der Mitte (Schotter). Durch den Karst erreichen wir die ersten Häuser von **Gropada**, 398 m.

Entlang der SP 19, einer wenig befahrenen Landesstraße, erreichen wir nach rund 2 km **Basovizza**. Bereits vor den ersten Häusern treffen wir auf einem Parkplatz auf den behindertengerechten (mit Erleichterungen vor allem für blinde Menschen) Sentiero Ressel (Resselweg), der bis zum Gestüt **Lipica (2)**, 398 m, verläuft. An der Westseite des Clubhotels wird eine asphaltierte Zufahrtsstraße erreicht, der wir nach links rund um den Komplex folgen. Wer hier eine Pause einlegen möchte, benützt den Zugang auf der Nordseite (Golf-Café, Hotelrestaurant).

Der Weiterweg folgt dem weiß lackierten Zaun, der den weitläufigen Weidebereich umgibt. Im Süden verlässt man durch ein steinernes Tor das Gestüt.

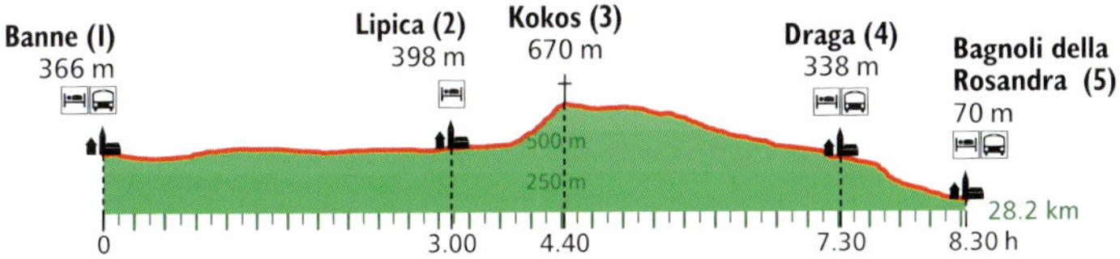

Hier steht auch der erste (rote) Richtungspfeil des weiterhin gut markierten Weges auf den **Kokos**, dem wir nach Überquerung der Straße relativ gerade, im Detail jedoch in kurzen Serpentinen auf das **Gipfelplateau (3)**, 670 m, folgen.

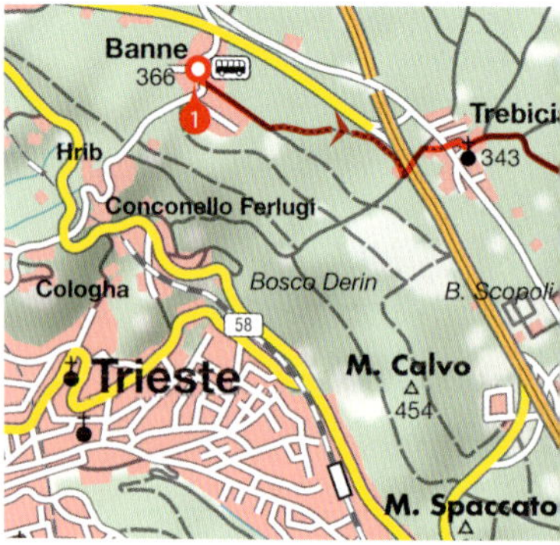

Der Abstieg auf der Südostseite folgt der Schotterstraße. Nach rund 3 km kommen wir zu einer Wegteilung. Rechts geht es vorbei an alten Häusern und kurz auf Asphalt zu der verfallenen Kirche Sv. Tomaž. Zuerst mäßig, später etwas steiler bergab erreichen wir über mehrere lang gezogene Kurven **Krvavi Potok**, 455 m, wo die Staatsstraße 7 überquert wird. Weiter geradeaus der Straße entlang kommen wir in die Ortschaft **Mihele**, 435 m. Im Ort rechts, beim Agriturismo gleich wieder links. Kurz geht es bergab zu einem alten Häuschen. Nach rechts führt der Radweg nun direkt zur kleinen Ortschaft **Draga Sant'Elia (4)**, 338 m, wobei der letzte ausladende Linksbogen über einen Steig abgekürzt werden kann, der direkt rechts vom alten Bahnwärterhaus Sant Elia auf die Ortsstraße hinunterführt. **Bagnoli della Rosandra (5)**, 70 m, ist auf dem markierten Weg in rund einer Stunde erreicht – außer natürlich, man kehrt in der netten Trattoria in Bottazzo ein, die neben Getränken auch ein paar regionale Kleinigkeiten zum Essen anbietet.

Lipica.

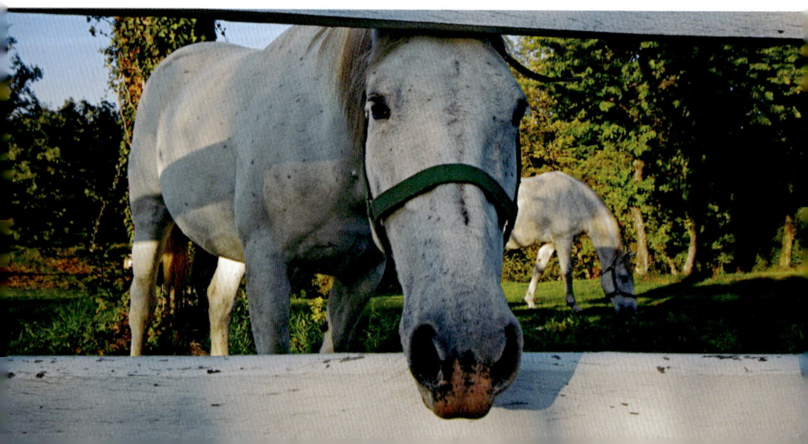

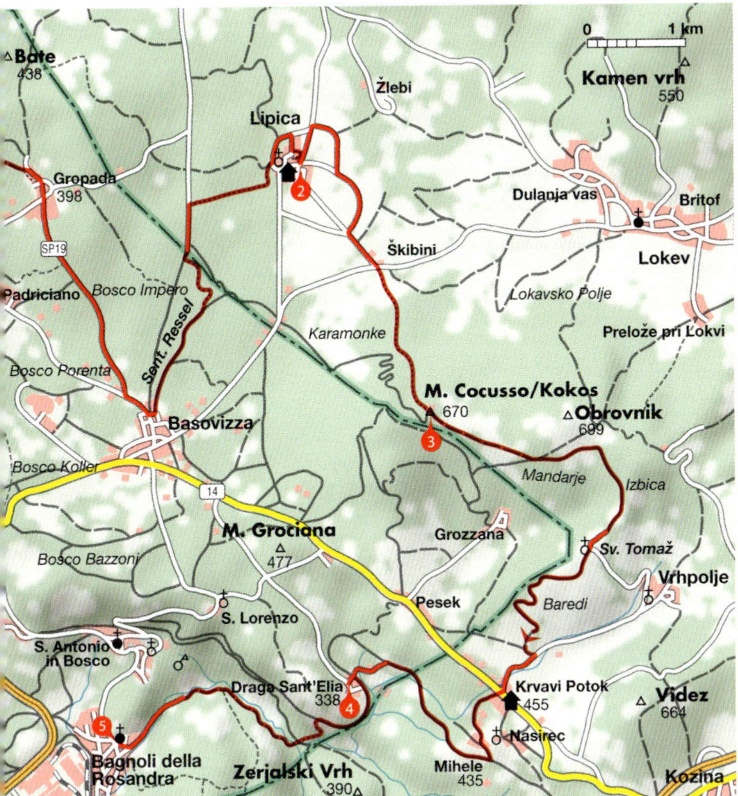

i *Auf dem Weg nach Bagnoli befinden wir uns bereits inmitten des* ***Rosandra-Tals****, einem Erosionsphänomen des gleichnamigen Wildbachs. Am Taleingang sieht man die Reste des 14 Kilometer langen römischen Aquädukts zur Wasserversorgung der Stadt. Von der gegenüberliegenden Bergseite rund um die Kirche Santa Maria lässt sich der spektakuläre Wasserfall bewundern: Der Rosandrabach ist übrigens der einzige überirdische Fluss in der Provinz Triest. 1996 wurde das Gebiet nicht zuletzt wegen seiner reichhaltigen Pflanzenwelt zum Naturschutzgebiet erklärt. Gleichzeitig ist das Rosandra-Tal ein beliebtes Betätigungsfeld für Outdoor-Sportler.*

34 **Bagnoli della Rosandra – Muggia**

8.15 Std.

↑950 ↓1010

Grande Finale!

Für uns beide gehört der Triestiner Karst zu den schönsten Landschaften am gesamten Alpe-Adria-Trail. Diese Etappe setzt damit einen würdigen Schlusspunkt. Unterwegs erwartet uns eine aussichtsreiche Höhenwanderung sowie ein letzter Besuch in Slowenien, bevor es hinunter in den Hafen von Muggia geht. Wir wünschen allen Begehern für diese Etappe das allerbeste Wetter, denn wer den Übergang vom Rosandra-Tal ins Becken von Triest erreicht hat und erstmals das Ziel der langen Reise vor Augen hat, wird dieses Bild nicht so bald vergessen!

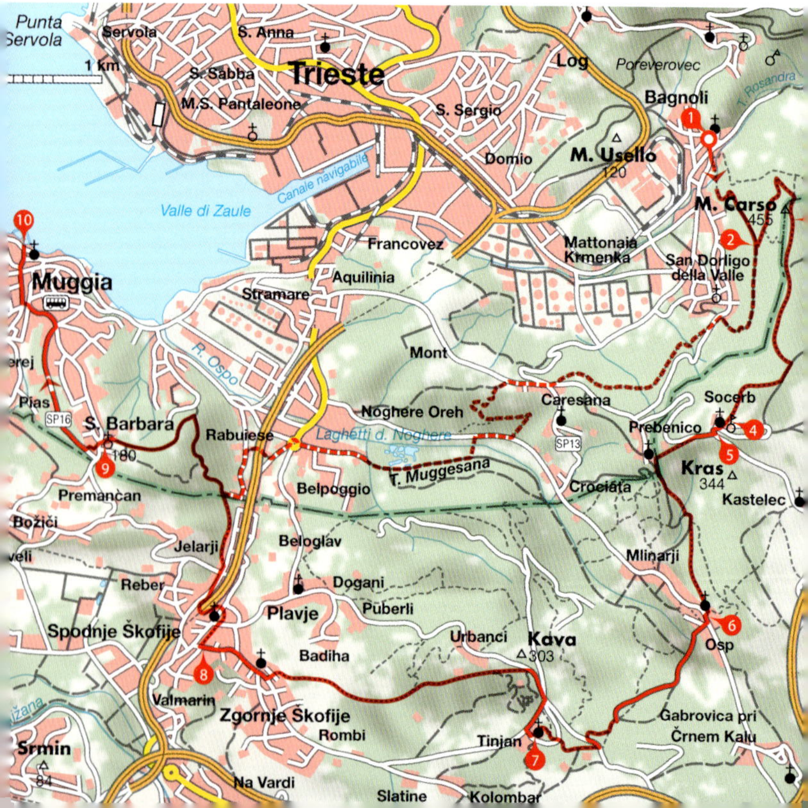

Ausgangspunkt: Bagnoli della Rosandra, 70 m.
Anforderungen: Trittsicherheit auf einzelnen steilen Geröllabschnitten und insbesondere bei Nässe Schuhe mit guter Profilsohle nötig. Mehrere Gegenanstiege – die Länge der Tour ist daher nicht zu unterschätzen.
Einkehr: Burg Socerb (Fr–So ab Mittag), Campingplatz Osp, Spodnje Škofije, diverse Einkehrmöglichkeiten in Muggia.
Unterkunft: Muggia: z. B. Hotel La Bussola, Tel. +39 0409 277278, labussoladimuggia.it; Hotel Gaia, Tel. +39 040 23 1164, locandagaia.com.
Einkauf: Bagnoli della Rosandra, Muggia.

Variante: Bei schlechtem Wetter oder knappem Zeitbudget bietet die »alte» Route eine Alternative. Sie zweigt an der Vedetta di Crogole (2) ab und führt weniger bergig vorbei an den Laghetti delle Noghere. Bald nach der Unterquerung der Autobahn erreicht man nahe der Staatsgrenze wieder die Hauptroute. Die Variante ist 3 Std. kürzer als die Hauptroute.
Tipp: Die Orte entlang der Strecke sind mit Bussen verbunden. Tickets lassen sich vorab in den Tabacchi-Geschäften (»T«) erwerben.
Information: TI Friuli Venezia Giulia, Tel. +39 0431 387130, turismofvg.it.
Karten: T 047, K WK 238.

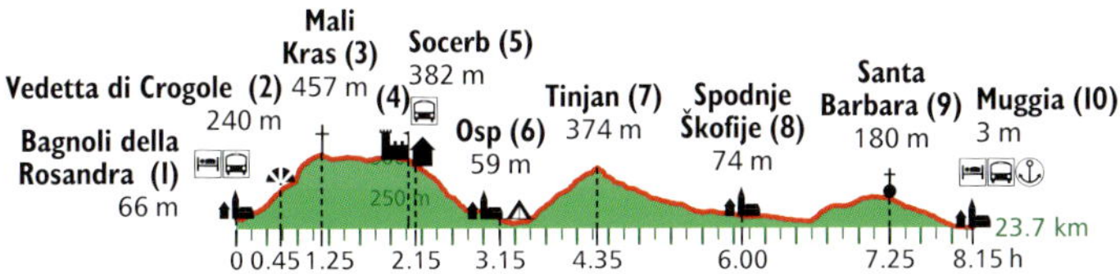

Wir starten in der Ortsmitte von **Bagnoli della Rosandra (1)**, 66 m, wo rechts neben dem SPAR-Supermarkt eine Gasse zu den steil abfallenden Karstfelsen führt. Über eine Brücke gelangen wir auf einen Parkplatz. Dort bildet eine weitere, schmale Brücke den Beginn des Wanderweges (Beschilderung »Monte Carso«). Leicht ansteigend erreichen wir die Siedlung Crogole, wo wir oben am Waldrand links halten. Auf einem breiten Forstweg geht es nach einer Rechtskurve hinauf zu einer beschilderten Einmündung nahe dem (etwas verwachsenen) Aussichtspunkt **Vedetta di Crogole (2)**, 240 m, wo man geradeaus (bergab) auf die Variante abzweigen könnte. Der Hauptweg verläuft jedoch links anfangs flach, bald jedoch steil über Geröll zum ersten von zahlreichen prächtigen Aussichtspunkten mit Blick über das Hafenbecken. Unser Weg dreht dort nach Südost und steigt leicht in Richtung Monte Carso an. Bald überschreiten wir die Grenze zu Slowenien, wo der Gipfel mit Rastbank als **Mali Kras (3)**, 457 m, geläufig ist.
Richtung Süden folgen wir einem Schotterweg über aussichtsreiche Hochflächen in den Wald und erreichen eine Almweide. Dort folgen wir kurz einem breiteren Schotterweg, den wir jedoch bald wieder rechts verlassen, um – nun wieder mit Blick auf Triest – die **Ruine Socerb (4)**, 422 m, zu erreichen. Unmittelbar neben dem Aufgang zum Turm führt ein Steig hinab nach **Socerb (5)**, 382 m. Wir gehen entlang der Ortszufahrt hinunter zur Landesstraße, wo wir nach wenigen Metern bergab links einem Wanderpfad folgen, der

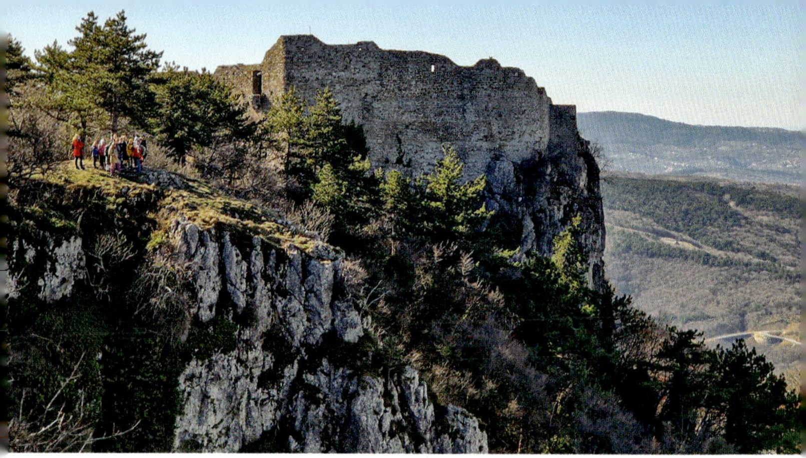

Die Ruine Socerb dient unterwegs als weithin sichtbarer Orientierungspunkt.

in Richtung der nahen Ortschaft Prebeneg leitet. Unser Weg dreht jedoch noch vor Erreichen der Häuser nach Süden, um in einen steilen Steig steil bergab in den Karstwald einzumünden. Am Horizont ist eine Autobahnbrücke zu erkennen – sie zeigt unsere grundsätzliche Gehrichtung an.
Durch ein steiles Waldstück, wo wir bei Unklarheiten auch der Markierung eines lokalen Wanderweges (Roter Kreis) vertrauen, erreichen wir ein Bächlein, nach dessen Querung ein etwas flacheres Wegstück an den Ortsrand von **Osp (6)**, 59 m, führt.
Vorbei an der Kirche und nach einem kurzen Stück auf der Landstraße (wieder Richtung Brücke) erreichen wir den Campingplatz mit Einkehrmöglichkeit. Am Campinggelände vorbei queren wir eine kleine Brücke und halten auf den gegenüberliegenden Waldrand zu. Bei meist mäßiger Steigung, stellenweise auch etwas knackiger, verläuft dort ein Weg über eine Autobahn-Versorgungsstraße hinweg und zuletzt entlang einer Schotterstraße (am Wasserhaus vorbei) hinauf zum Gipfel des **Tinjan (7)**, 374 m. Kurz vor Erreichen der kleinen Barockkirche ermöglicht uns ein Aussichtspunkt rechts des Weges einen großartigen Blick zurück auf die Burgruine Socerb und die bisher zurückgelegte Route durch das Tal.
Von der Kirche folgen wir nun der Straße in Blickrichtung Triest bergab zu einer Panoramatafel, wo wir rechts daneben einem etwas mühsamen Geröllweg hinunter zur Straße folgen. Hier kurz links der Straße entlang bis zu einem links abzweigenden Forstweg. Gleich zu Beginn dieses Forstwegs zweigt erneut links ein Steig ab, dem wir länger leicht bergab und kurz nach Erreichen einer Brücke (Rastplatz) kurz bergauf nach **Spodnje Škofije (8)**, 74 m, folgen. Im Ort gehen wir bei der Steinmauer die Straße hinunter bis zu

i ***Muggia*** *(13.000 Einwohner) hat eine ähnliche Geschichte wie Cividale hinter sich: Vermutlich standen hier bereits in vorgeschichtlicher Zeit befestigte Dörfer (castellieri), und auch hier waren es die Römer, die an diesem wichtigen Verkehrsstrang ein Lager errichteten. Wieder kamen die Ostgoten, Awaren und Franken, und es war auch hier das Patriarchat Aquilea, das die Stadt durchs Mittelalter führte. Bis zum Ende des 18. Jh. hatte dann Venedig hier das Sagen. Die venezianischen Einflüsse sind es auch, die in den engen Gassen der Altstadt nicht zu übersehen sind. Wappen zieren viele Häuser, der Dom trägt eine gotisch-venezianische Fassade.*

Muggia war übrigens nicht immer an dem Fleck, an dem heute unsere rund 650 Kilometer lange Reise zu Ende geht. Das Dorf befand sich ursrpünglich auf den Hügeln von Muggia vecchia (»altes Muggia«). Aufgrund besserer Verteidigungsmöglichkeiten wurde die Siedlung aber zugunsten des Platzes am Meer aufgegeben. Die Zeugnisse dieser Zeit lassen sich heute im archäologischen Park rund um die Kirche von Santa Maria Assunta bestaunen – bei gleichzeitig schönem Ausblick auf den Golf von Triest.

einem auffälligen, Y-förmigen Baum am rechten Straßenrand. Dort wenden wir uns nach rechts. Ab nun folgen wir dem (erst später markierten) Radweg »Via Parenzana« bis zur Staatsgrenze. Eine Begleitstraße ohne Fußgängerstreifen führt uns etwas oberhalb der Staatsstraße Richtung Triest. Wir verlassen diese nach einigen Minuten nach links. Am verbleibenden Weg zur Staatgrenze passieren wir einen schattigen Rastplatz.

Inzwischen ist der Alpe-Adria-Trail auf dieser Etappe meist sehr gut markiert, im Schlussabschnitt scheint es aber Unsicherheiten über den genauen Wegverlauf zu geben. Wir teilen uns die restliche Wegstrecke aber mit mehreren gleichlaufenden Weitwanderwegen: In unmittelbarer Nähe zur Staatgrenze verlassen wir den Radweg links und folgen (auf dem Sentiero Italia und dem Jakobsweg) einer rot-weißen bzw. blau-weißen Markierung bergauf.

Bei einem Steinbruch wird der Weg etwas flacher, und wir erreichen **Santa Barbara (9)**, 180 m. Dort genießen wir die großartige Aussicht, denn von oben breitet sich ein letztes Mal das gesamte Triester Becken vor uns aus. Nun geht es endlich direkt hinab nach Muggia. Dazu nehmen wir die Via Santa Barbara (SP 16) und gehen durch das Zentrum, weiter links am Yachthafen vorbei und erreichen getreu dem Motto »Vom Großglockner bis an die Adria« den schönen Hafen von **Muggia (10)**, 3 m.

Am Ziel im Muggia.

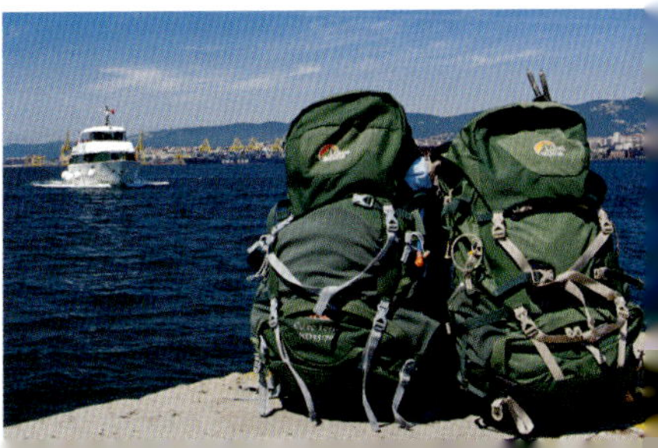

R1 Baumgartnerhof – Warmbad Villach

4.15 Std.

↑130 ↓550

In vier Stunden vom 12. ins 21. Jahrhundert

Südlich des Faaker Sees, hoch über der Burgruine Finkenstein, beginnt die 7-tägige Kurzversion des Alpe-Adria-Trails. Der Rundkurs führt einmal mehr, einmal weniger nah rund um das Dreiländereck Kärnten-Italien-Slowenien. Der heutige Abschnitt beginnt im Schatten der 1142 erstmals urkundlich erwähnten Ruine und endet an der Pforte der 2012 eröffneten »Kärnten Therme« in Warmbad Villach.

Ausgangspunkt: Gasthof Baumgartnerhof, 919 m, Zufahrt bis Bahnhof Faak am See, von dort Abholung nach Voranmeldung bei Gasthof Baumgartnerhof. Neben dem offiziellen Startpunkt kann man die Runde z. B. auch in Nötsch oder Tarvis beginnen – beide Orte sind mit dem Zug erreichbar.

Anforderungen: Unschwierige Tour auf guten Wegen.

Einkehr: Ruine Finkenstein, Faak am See und Höfling; Marktcafé der Finkensteiner Nudelfabrik. Warmbad Villach in den Kuranlagen.

Unterkunft: Zahlreiche Möglichkeiten in **Villach Stadt** sowie **Warmbad Villach**, z. B Hotel Garni Sohler, Tel. +43 4242 31098, hotel-sohler.at; Aktiv Apartments (ehem. Gästehaus Schneider), Tel. +43 664 1131597, aktiv.apartments.

Gasthof Baumgartner – Terrassenausblick.

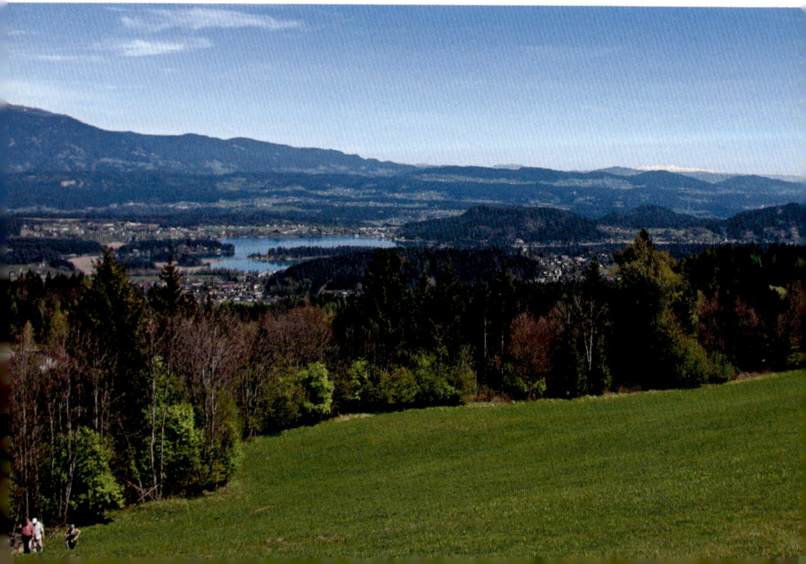

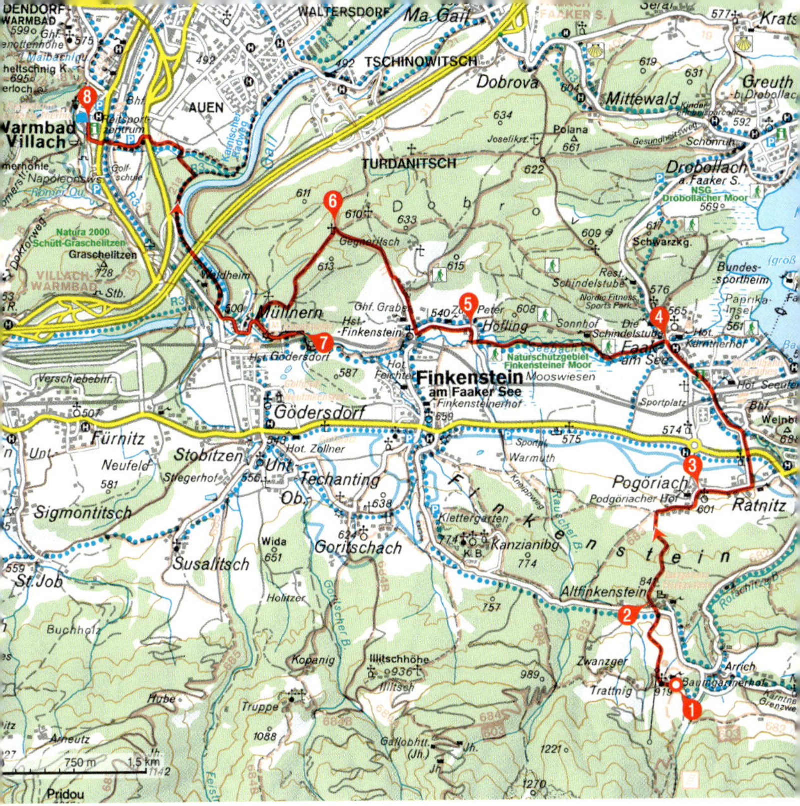

Einkauf: Faak am See.

Tipp: Abstecher in die »Finkensteiner Nudelfabrik«. Dort gibt es die besten Spaghetti weit und breit – mit vielen selbst gemachten Saucen. Markt Café in der Nudelfabrik, täglich ab 9 Uhr, sonntags Ruhetag; finkensteiner.at.

Information: TI Villach-Warmbad, Tel. +43 4242 42000, region-villach.at.

Karten: f&b WK 224, WK 0233, K WK 64.

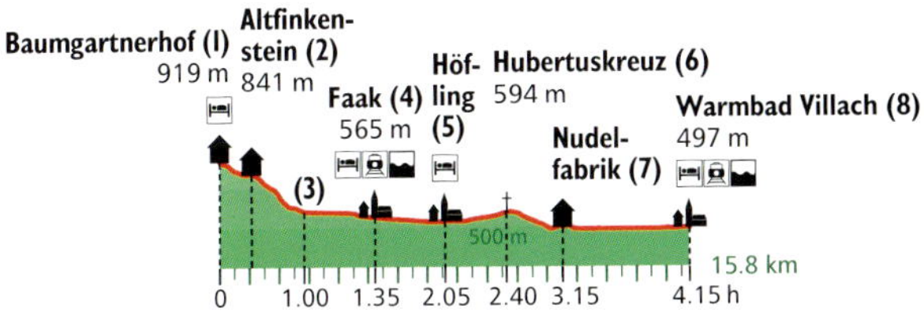

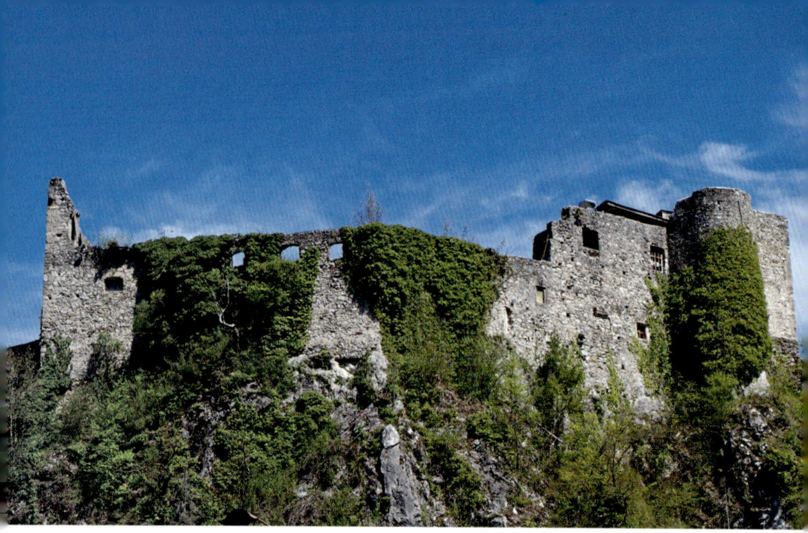

Die Burgruine Finkenstein.

Bei der kleinen Kapelle an der Westseite des **Baumgartnerhofes (1)**, 919 m, nimmt der lokale Wanderweg 27 seinen Ausgang. Der Steig führt hinunter zur Liftstation und mündet direkt unter der Hütte in den Wald. Nach dem Waldstück durchqueren wir das Gelände eines Wildparks und erreichen gleich unter dem Gehege nach Überquerung der Zufahrtsstraße zum Baumgartnerhof die Siedlung **Altfinkenstein (2)**, 841 m, am Fuße des Burgberges gelegen. Wir gehen am Gasthof Ruinenstüberl vorbei und weiter in Hangnähe (bei einer Gabelung rechts halten) talwärts. Nach 2 Min. auf die Markierung achten: Hier biegt der Weg scharf nach links ab. Über unschwierige Wege treffen wir am Ortsrand von **Pogöriach (3)**, 601 m, auf eine asphaltierte Straße. Hier geht es rechter Hand in wenigen Minuten zum Ortskern (Kirche).
Rechter Hand gelangen wir nach Ratnitz und von dort zur Bahnunterführung bei **Faak (4)**, 565 m. Geradeaus gelangen wir in den Ort und zu einem kleinen Weiher beim Campingplatz. Hier kann man sich bei Bedarf kurz abkühlen, bevor es Richtung Westen weitergeht. Nach Querung der Landesstraße stehen wir am östlichen Ende eines Rundweges durch das Finkensteiner Moor. Für die Durchquerung empfiehlt sich die linke Strecke (Lehrpfad). Am anderen Ende des Schutzgebietes treffen wir auf eine Asphaltstraße, die rechts in die Ortschaft **Höfling (5)**, 540 m, führt.
Vorbei an der Jausenstation Oschgan bleiben wir auf der Straße (Linkskurve), um zum Kriegerdenkmal auf dem Kirchenplatz zu gelangen. Hier rechts in den Villacherweg einbiegen. Bei einer markanten Rechtskurve verlassen

wir den asphaltierten Weg und halten uns geradeaus leicht bergauf Richtung Wald. Bei einer Abzweigung am Waldrand rechts halten (Radweg 21). Am höchsten Punkt des Waldes steht das **Hubertuskreuz (6)**, 594 m – ab hier zeigen gelbe Pfeile des Alpenvereins den Weg an mehreren Forstwegkreuzungen vorbei nach **Müllnern**, 500 m.
In Müllnern trifft der Waldweg auf den Wallandweg. Hier folgen wir dem Straßenverlauf Richtung Westen. Bei der Einmündung in die Warmbaderstraße führt die Route des AAT nach rechts – wer in der **Finkensteiner Nudelfabrik (7)** Kraft tanken möchte, geht hier etwa 300 m links entlang der Straße zum empfehlenswerten Marktcafé – dort wird täglich frisch gemachte Pasta serviert.
Am Ende der Warmbaderstraße halten wir uns links und überqueren die **Gail**. Gleich nach der Brücke zweigt rechts ein Rad- und Spazierweg ab, der dem Flussverlauf folgt. Rund 400 m nach der Autobahnbrücke biegen wir scharf links über die Dammböschung in einen Waldweg.
Bei einer T-Kreuzung gehen wir rechts über die Brücke, um gleich danach links, den Waldrand entlang, zur Unterführung der B 83 zu gelangen. Hier rechts halten, dann links in den Warmbachweg biegen. Wir gehen am Sportpark vorbei nach Westen, um durch die Bahnhofsunterführung nach **Warmbad Villach (8)**, 497 m, zu gelangen.

Blick von Finkenstein zum Mittagskogel.

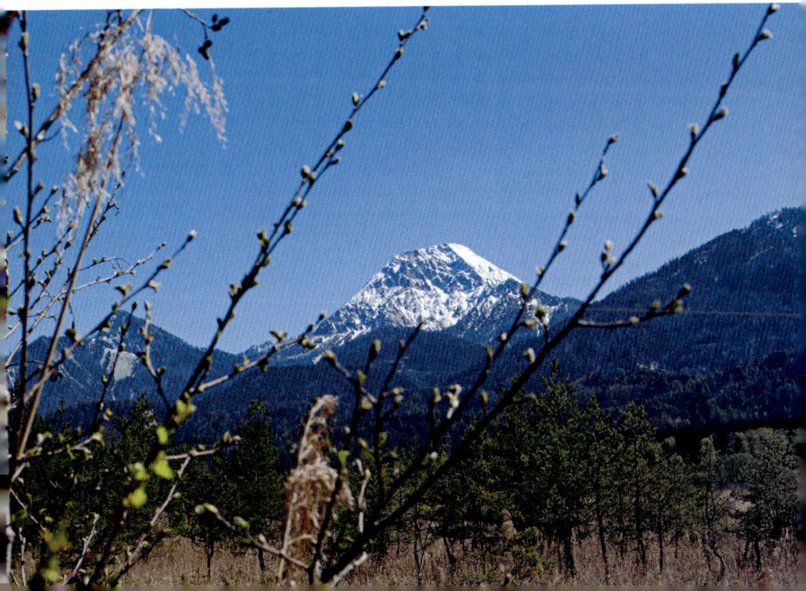

R2 Warmbad Villach – Nötsch/Feistritz

6.00 Std.

↑360 ↓260

Auf Römerstraßen durch das Naturschutzgebiet der Schütt

Eine Wiese, auf der bereits Napoleon Station machte, alte römische Handelswege, eine 1000 Jahre alte Burg – und überall Spuren des katastrophalen Erdbebens von 1348, das sogar Villach arg in Mitleidenschaft zog. Auf dieser Tour unter den Steilwänden des Dobratsch kommen geschichtsinteressierte Wanderer auf ihre Kosten. Und das, ohne auf eindrucksvolle Naturerlebnisse entlang der Gail verzichten zu müssen.

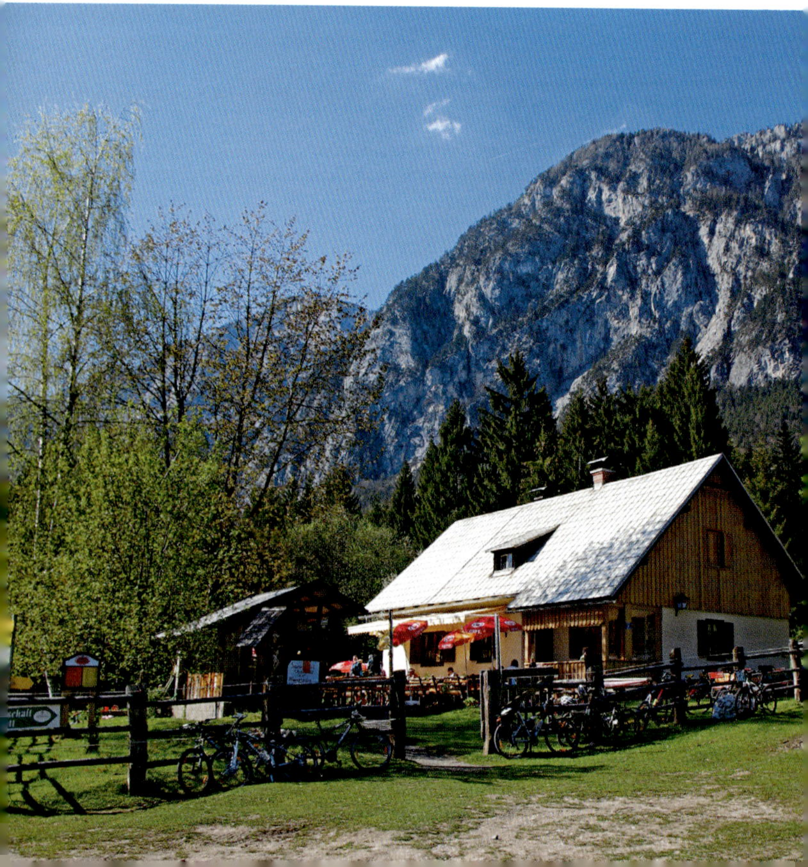

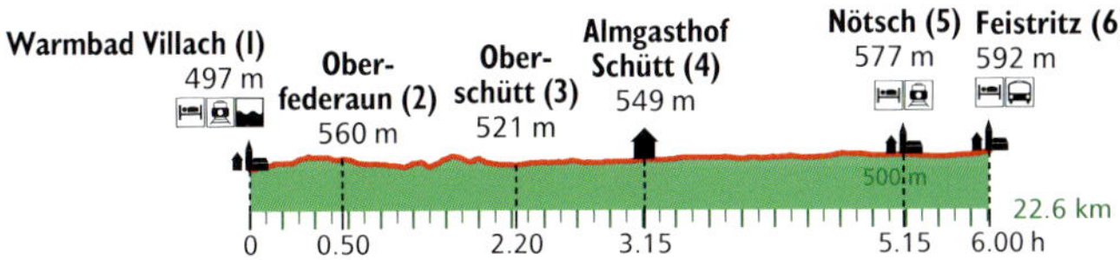

Ausgangspunkt: Bahnhof Warmbad Villach, 497 m.
Anforderungen: Waldreiche, größtenteils eben verlaufende Tour mit längeren asphaltierten Abschnitten. Lässt sich auch gut mit dem Rad erkunden.
Einkehr: Almgasthof Schütt; Lindenwirt in Saak bei Nötsch, Nötsch; Feistritz.

Unterkunft: Nötsch: z. B. Hotel Marko, Tel. +43 4256 2142, hotelmarko.at. – **Feistritz:** Hotel Alte Post, Tel. +43 4256 29050, altepost.biz.
Einkauf: In Nötsch und Feistritz.
Information: TI Nötsch im Gailtal, Tel. +43 4256 2145, noetsch.at.
Karten: f&b WK 224, K WK 64.

Ausgehend vom Bahnhof **Warmbad Villach (1)**, 497 m, führen mehrere markierte Spazierwege durch den Kurpark (vis-à-vis des Bahnhofsgeländes) und von dort in wenigen Minuten zur **Napoleonwiese**. Die Wiese erhielt ihren Namen während der französischen Besatzung, als Napoleon hier für seine Truppen einen Park anlegen ließ. Hier treffen wir auch auf den Weitwanderweg 09, der bis Oberfederaun der alten Römerstraße folgt. Wir halten uns daher an die Weitwandermarkierung Richtung Westen und sehen nach wenigen Hundert Metern die ersten gut erkennbaren Steinquader des Römerweges mit manchmal mehr, manchmal weniger deutlich sichtbaren Räderspuren.
Am Ausgang des Römerweges treffen wir unmittelbar nach Verlassen des Waldes auf die Siedlung **Oberfederaun (2)**, 560 m. Bei der Kreuzung verabschiedet sich der Weitwanderweg 09 in Richtung Unterfederaun (gelbe Wegtafeln), unser Weiterweg ist ab hier als lokaler Wanderweg 17 markiert. Wir folgen nun dem Wegverlauf in einen Schotterweg, wo nach wenigen Metern ein schmaler Pfad links den Hang hinabführt. Durch ein Waldstück kommen wir zur Landesstraße 30 (bei der Gabelung im Wald halten wir uns rechts). Nun geht es für rund 1,5 km die Straße entlang – auf halbem Weg gibt es an der **Simonmühlenquelle** erfrischend kaltes Wasser. Kurz vor der Ortschaft Unterschütt biegen wir noch vor den ersten Häusern rechts in einen Waldweg ein (Schranken). Mehrere Forstwege zweigen immer wieder links und rechts vom Hauptweg ab, lokale Markierungen kennzeichnen jedoch unseren Wegverlauf Richtung Oberschütt. Bei einer Weggabelung mit Rastbank und gelben Pfeilen folgen wir dem Weg nach rechts. Ohne wesentliche Steigungen erreichen wir einen Bach mit einem weiteren Rastplatz und wenig später die Ortschaft **Oberschütt (3)**, 521 m, wo wir auf Asphalt zum Dorf-

Almgasthof Schütt.

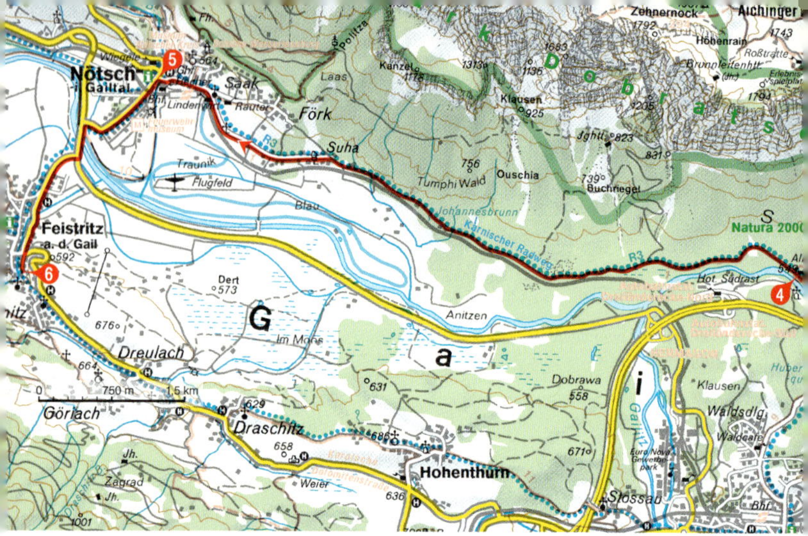

platz (Bushaltestelle) mit Trinkwasserbrunnen vorstoßen.

An der Freiwilligen Feuerwehr Schütt/ Villach vorbei gelangen wir zu einem Schotterweg, der über die nächsten 8 km geradeaus durch die Gail-Auen (Radweg R3) verläuft. Immer wieder bieten sich Möglichkeiten, zur Gail abzubiegen und am Flussufer eine Pause einzulegen.

Nach rund 4 km kommen wir zum **Almgasthof Schütt (4)**, 549 m, der einzigen Einkehr in den Auen. Von hier aus folgen wir weiter dem nun asphaltierten Radweg bis nach **Saak** und weiter durch den Ort nach **Nötsch (5)**, 564 m. Nächtigungsmöglichkeiten gibt es hier oder jenseits der Gailbrücke in **Feistritz (6)**, 592 m.

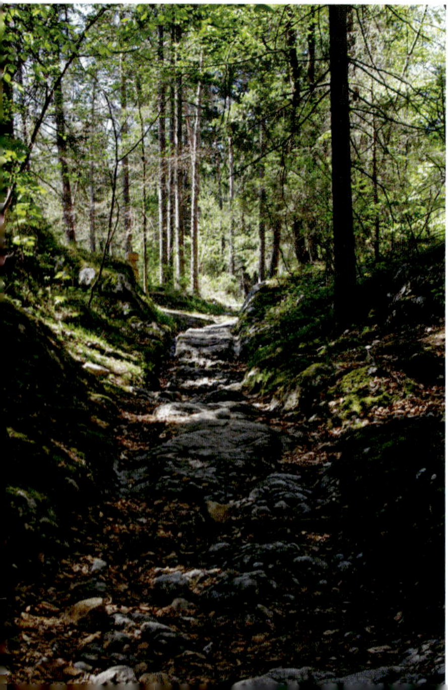

Die Römerstraße bei Villach.

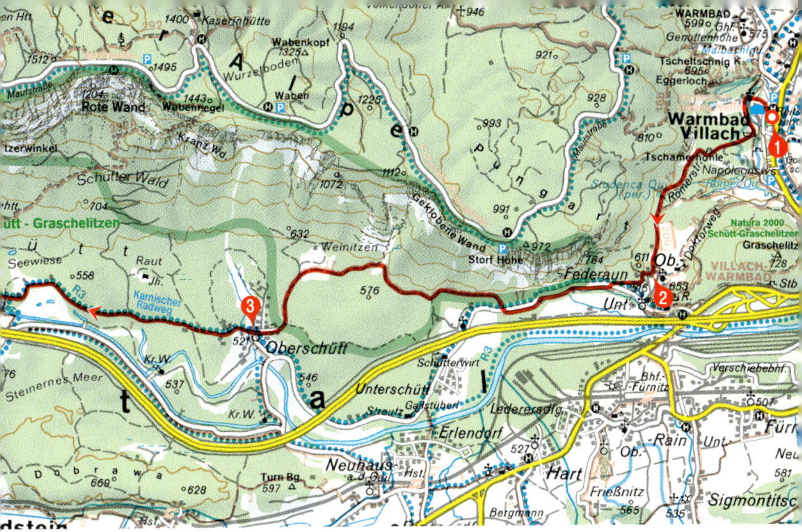

Das Katastrophenjahr 1348: *Es wird wohl ein ganz normaler Wintertag gewesen sein, jener 25. Januar 1348, als kurz nach Mittag in Villach die Welt unterging: Innerhalb einer einzigen Minute brachte ein gewaltiges Erdbeben die gesamte Stadt zum Einsturz, Tausende Menschen fanden dabei den Tod. Doch damit nicht genug: Eine in der Stadtmitte aufkommende Feuersbrunst zerstörte, was nach dem Beben von Villach noch übrig war.*

Wenige Kilometer flussaufwärts der Gail ereignete sich fast zeitgleich die nächste Katastrophe: Ausgelöst durch die starken Erschütterungen rutschte die Südwand des Dobratsch donnernd zu Tal. 150 Millionen Kubikmeter Geröll verschütteten das Tal und den Flusslauf der Gail. Gewaltige Flutwellen zerstörten die umliegenden Dörfer, selbst Burgen wie jene von Federaun stürzten in sich zusammen.

Glaubt man den Berichten dieser Zeit, begrub der Felssturz 17 umliegende Dörfer unter sich. Die wenigen Überlebenden der Katastrophe wurden zu einem großen Teil noch im selben Jahr von der Pest dahingerafft. Nur jeder vierte Bewohner des Villacher Beckens überlebte jenes schicksalhafte Jahr.

Wer heute – knapp sieben Jahrhunderte später – in diese Gegend südlich des Dobratsch kommt, die infolge der Ereignisse seit jenem Bergsturz als Schütt bezeichnet wird, kann von den Ereignissen jener Tage viele Spuren finden. Noch deutlich ist die Abbruchkante in der Bergwand zu erkennen, die in den Karten des Dobratschmassives als »Rote Wand« bezeichnet wird. Zahlreiche Felsbrocken säumen den Wanderweg zwischen Nötsch und Federaun jenseits der nun friedlich dahinmäandernden Gail. Die bewaldeten Hänge der Schütt gelten ob ihrer Artenvielfalt als Naturjuwel (Infos: schuett.at).

R 3 Nötsch/Feistritz – Camporosso

7.45 Std.

↑1320 ↓1090

Schöne Almtour mit Weitblick

Der erste Grenzübertritt auf dieser Rundtour führt hoch hinaus: 1200 Höhenmeter gilt es bis zur Feistritzer Alm zu überwinden. Bei passendem Wetter möchten wir denen, die noch etwas Restenergie haben, den Aufstieg auf den Oisternig nahelegen, der nicht umsonst als einer der schönsten Aussichtsberge Kärntens gilt. Nach der Achomitzer Alm wird italienischer Boden betreten, und es folgt ein steiler, doch dafür umso rascherer Abstieg zum Etappenziel.

Ausgangspunkt: Feistritz an der Gail, 592 m.
Anforderungen: Auch ohne Oisternig eine fordernde Etappe. Anstrengender Abstieg nach Camporosso am ungewöhnlich steilen, geröllreichen Forstweg.
Einkehr: Schutzhütte Oisternig; diverse in Camporosso.
Unterkunft: Feistritzer Alm: Schutzhütte Oisternig (Mai–Sept., Pächterwechsel 2022/23), aktuelle Infos über feistritz-gail.gv.at/buergerservice/tourismus. – **Camporosso:** z. B. Sport Hotel Bellavista, Tel. +39 0428 653901, sporthotelbellavista.it; Hotel Spartiacque, Tel. +39 0428 36040, hotelspartiacque.com.
Variante: Gipfelbesteigung des Oisternig (zusätzlich ca. 330 Hm und 1.15 Std. hin und zurück); Beschreibung siehe Text.
Information: TI Friuli Venezia Giulia, Tel. +39 0431 387130, turismofvg.it.
Karten: f&b WK 224, K WK 64.

Rechts: Am Oisternig-Gipfel.
Unten: Die Feistritzer Alm.

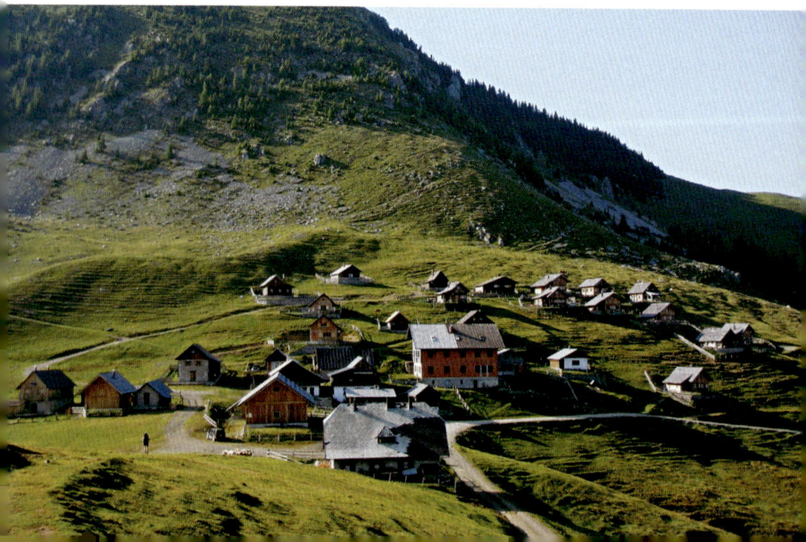

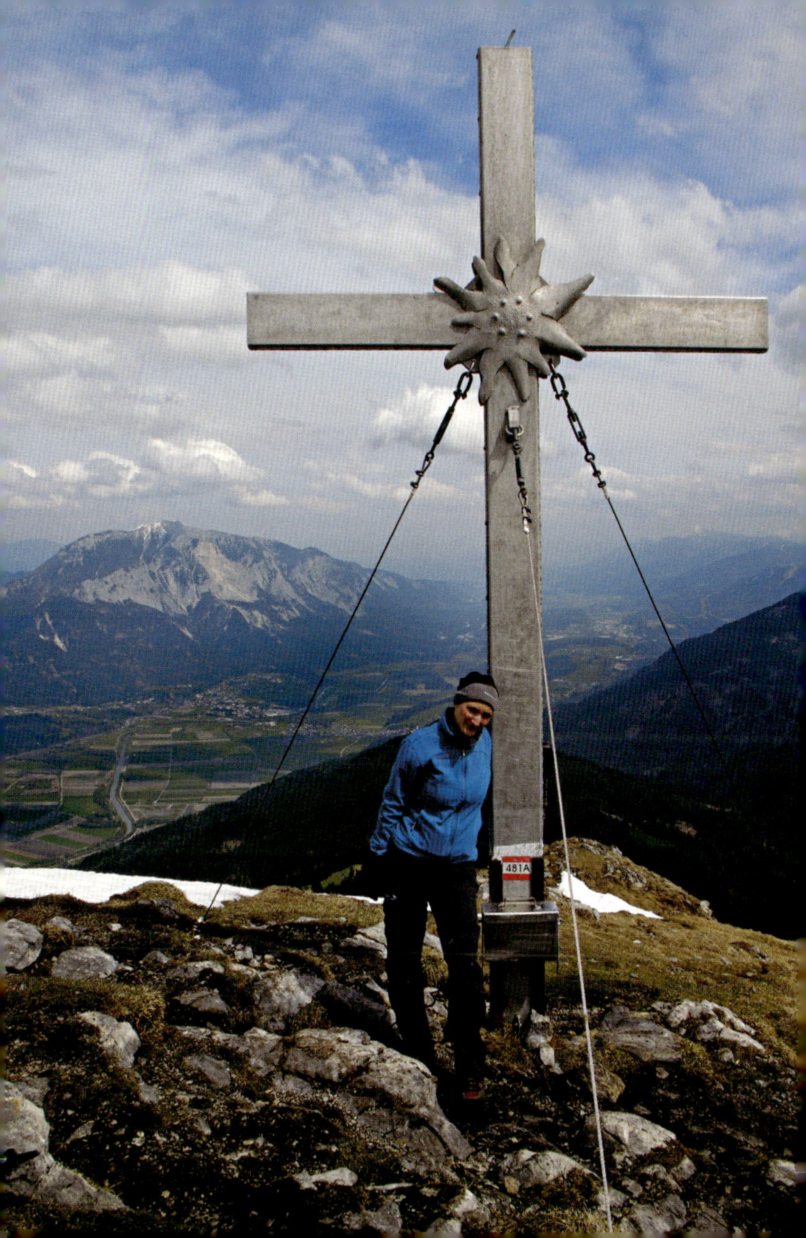
481A

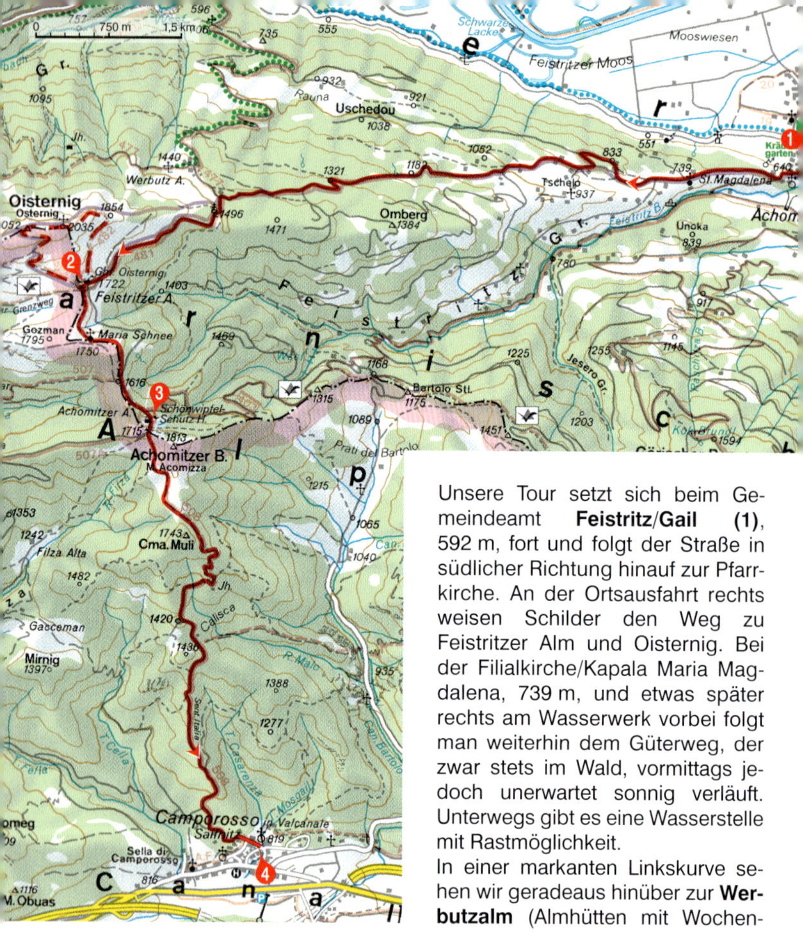

Unsere Tour setzt sich beim Gemeindeamt **Feistritz/Gail (1)**, 592 m, fort und folgt der Straße in südlicher Richtung hinauf zur Pfarrkirche. An der Ortsausfahrt rechts weisen Schilder den Weg zu Feistritzer Alm und Oisternig. Bei der Filialkirche/Kapala Maria Magdalena, 739 m, und etwas später rechts am Wasserwerk vorbei folgt man weiterhin dem Güterweg, der zwar stets im Wald, vormittags jedoch unerwartet sonnig verläuft. Unterwegs gibt es eine Wasserstelle mit Rastmöglichkeit.

In einer markanten Linkskurve sehen wir geradeaus hinüber zur **Werbutzalm** (Almhütten mit Wochenendhauscharakter), bleiben jedoch am Forstweg Richtung **Untere Alm**, 1496 m (Bildstock), und erreichen so die **Feistritzer Alm (2)**, 1722 m.

Variante: Hier empfiehlt sich ein Abstecher auf den 2052 m hohen **Oisternig** mit seinen Bunkeranlagen aus dem Ersten Weltkrieg. Wer den Gipfelrundweg gegen den Uhrzeigersinn geht, kann so die etwas steilere Schlusspassage im Aufstieg absolvieren. Das Gipfelkreuz mit seiner prächtigen Aussicht auf den Dobratsch und das Gailtalbecken rund um die gestrige Tages-

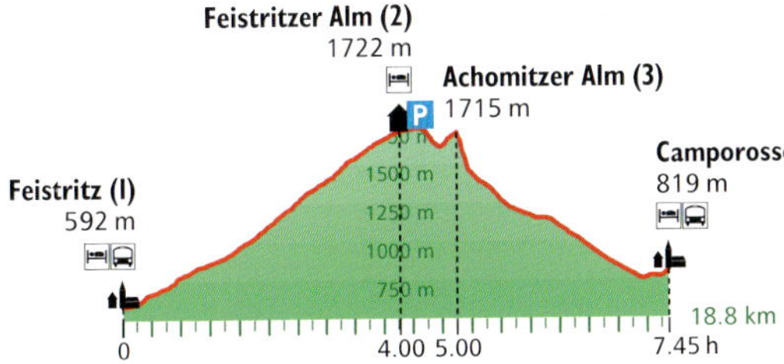

etappe steht etwas unter dem höchsten Punkt des Bergrückens. Dieser liegt 400 m weiter westlich und ist unschwierig entlang des Berggrates zu erreichen.

Zurück auf der Feistritzer Alm folgen wir der guten Beschilderung zur Almkapelle **Maria Schnee**, 1750 m, und weiter zur **Achomitzer Alm (3)**, 1715 m. Vom ehemaligen Schönwipfel-Schutzhaus folgen wir auf italienischer Seite dem Weg 508 bis zu einer Jagdhütte. Dem Schotterweg rechts folgt man steil bergab. Im Kanaltal angelangt trifft man auf den Talrundweg (Beschilderung »Camporosso – 4,5 Std.«), dem man selbstverständlich in entgegengesetzter Richtung folgt. Bald ist die Kirche in der Ortsmitte von **Camporosso (4)**, 819 m, zu sehen, die über asphaltierte Wege erreicht wird.

Maria Schnee.

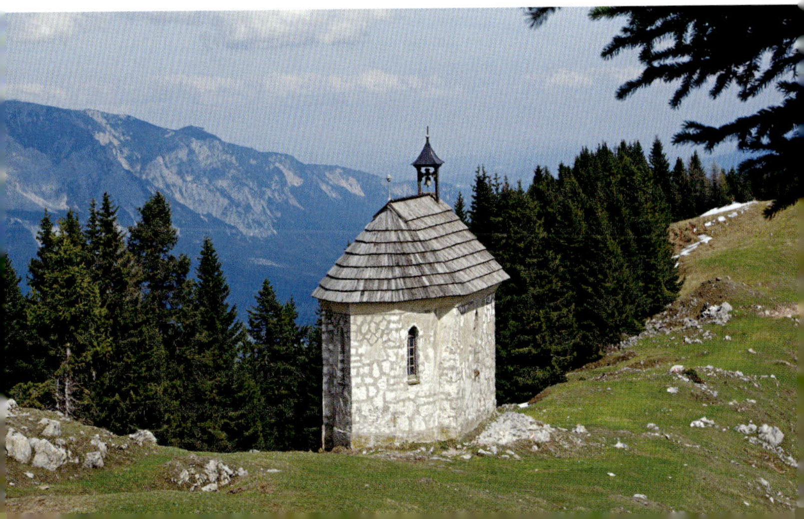

R4 **Camporosso – Tarvisio**

8.30 Std.

↑1060 ↓1150

Am Luschari

Der Monte Lussari – oder wie ihn die vielen Kärntner Besucher nennen – der »Luschari« ist für uns heute über zwei Wege erreichbar. Die gemütliche Variante führt über die Lussari-Talstation und in luftiger Höhe in 10 aussichtsreichen Minuten zum Gipfel samt Wallfahrtskirche. Die weniger bequeme, doch abwechslungsreiche Variante führt über Valbruna in das untere Saissera-Tal, um von dort aus auf dem schön ausgebauten Versorgungsweg dem Gipfel zu Leibe zu rücken.

Ausgangspunkt: Camporosso, Talstation Lussari-Gondelbahn, 819 m.
Anforderungen: Leichte Tour. Wer sein Gepäck im Quartier lässt, sollte trotzdem etwas zum Drüberziehen mitnehmen – am Gipfel ist es oft unerwartet windig und kühl.
Einkehr: Diverse in Valbruna, auf dem Monte Lussari (während der Seilbahnbetriebszeiten) sowie in Tarvisio.
Unterkunft: **Valbruna:** z. B. Rifugio Casa Alpina Julius Kugy, Tel. +39 0428 871860, rifugiokugy.com; Valbruna Inn, Tel. +39 0428 660554, valbrunainn.com. – **Monte Lussari:** z. B. Albergo Al Rododendro, Tel. +39 0428 653923, hotel-

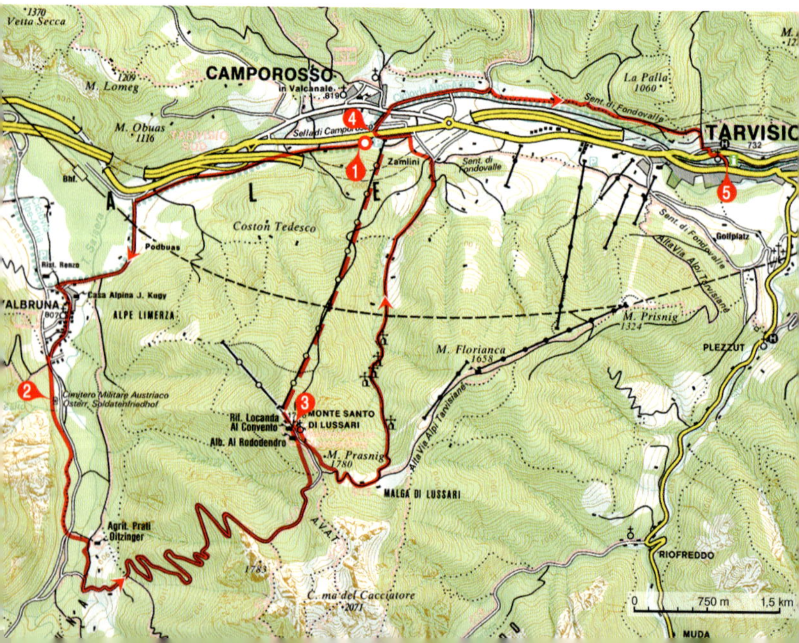

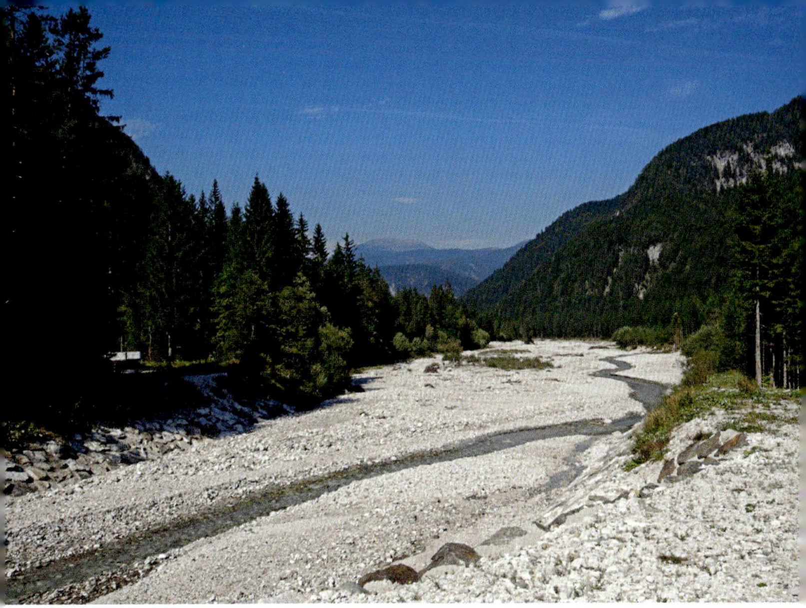

Der Torrente Saissera im Sommer.

spartiacque.com; Locanda al Convento, Tel. +39 338 1781133, rifugioalconvento.it. – **Tarvisio:** z. B. Hotel Haberl, Tel. +39 0428 2233, hotelhaberl.com; Hotel Raibl, Tel. +39 0428 2247, hotelraibl.com.
Einkauf: Monte Lussari (Souvenirläden), Tarvisio.
Tipp: Auf dieser Etappe kommt man nochmals in Camporosso vorbei. Eine gute Gelegenheit, das am Monte Lussari nicht benötigte Gepäck bis zur Rückkehr im Quartier zu lassen.
Variante: Bergbahn von Camporosso zur Wallfahrtskirche am Monte Lussari.
Information: TI Tarvisio, Tel. +39 0428 2135, turismofvg.it.
Karten: f&b WK 141, K WK 64.

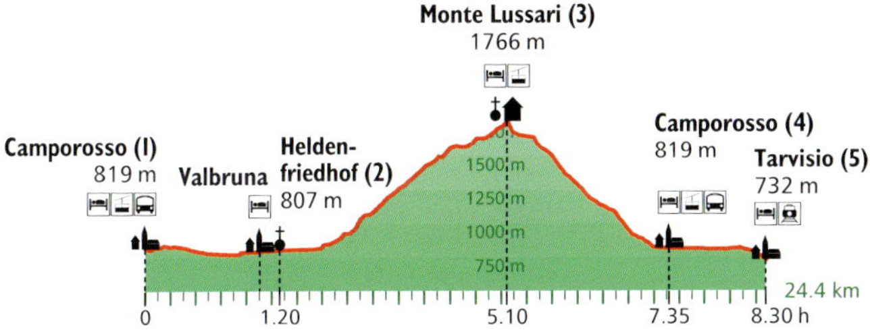

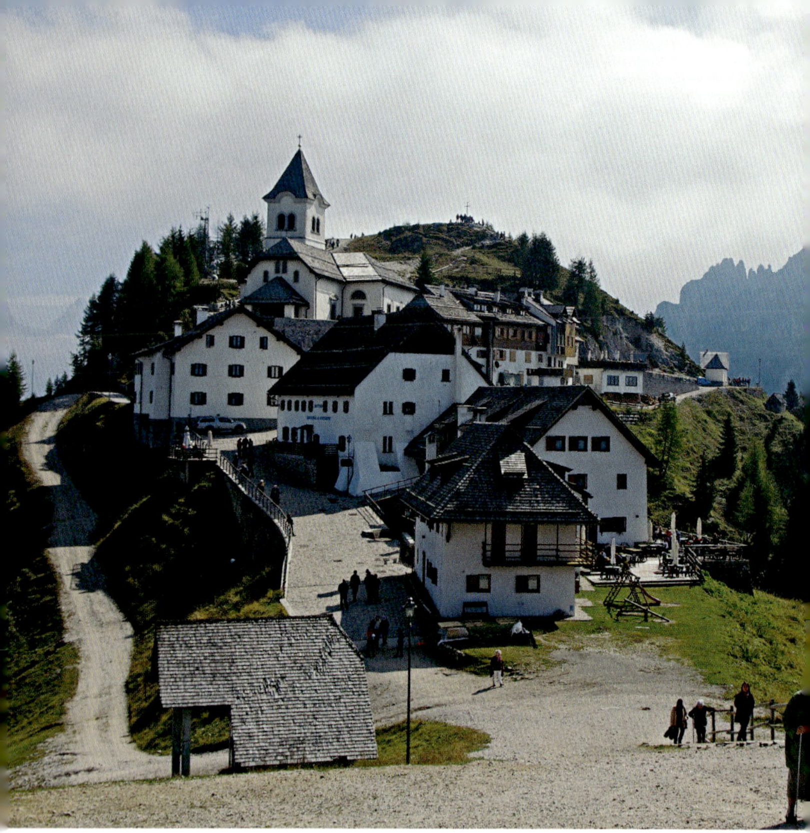

Monte Lussari.

Auf der Westseite des Parkplatzes der Lussariberg-Gondelbahn in **Camporosso (1)**, 819 m, befindet sich ein markanter Einstiegspunkt in den Alpe-Adria-Radweg (Ciclovia Alpe-Adria) mit Zählwerk/Lichtschranke. Dem Radweg folgt man nun einige Kilometer, bis man an der Abzweigung Ugovizza-Valbruna links der Landstraße, später einem rechts abzweigenden Wirtschaftsweg nach **Valbruna**, 812 m, folgt. Wir durchqueren den schönen Ort und gelangen etwas außerhalb von Valbruna zum **Heldenfriedhof (2)**, 807 m. Zuerst rechts, ab dem Wandererparkplatz dann links der Strada Valsaissera wandern wir auf Waldwegen weiter taleinwärts. Das Flussbett des Torrente Saissera wird auf einer Betonbrücke überquert. Am Rande einer

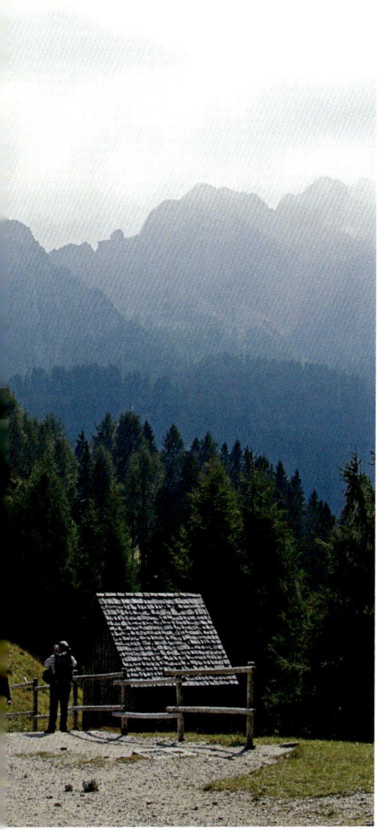

Weidefläche wandern wir nun noch rund 500 m taleinwärts, wo wir den Beginn des alten Versorgungsweges auf den Monte Lussari erreichen. Diese rund 7 km lange, nur in den Kurven asphaltierte Straße schlängelt sich den steilen Waldhang des Cima del Cacciatore, 2071 m, hinauf – beeindruckend die massiven Wegbefestigungen entlang der Strecke.

Wenn die letzten Serpentinen hinter einem liegen, sieht man auch schon hinüber zum Ziel des Aufstieges. Die restliche, relativ ebene Wegführung ist eindeutig – der Kessel wird in einem Bogen ausgegangen. Am **Monte Lussari (3)**, 1766 m, selbst herrscht an schönen Sommertagen Hochbetrieb – ein starker Kontrast zum einsamen Aufstieg und dem folgenden, gewöhnlich nicht minder ruhigen Abstieg nach Camporosso. Dieser ist zwar ein Bußweg, der Frequenz nach zu urteilen reisen die meisten Pilger jedoch reinen Herzens an.

Zu ebendiesem Abstieg nehmen wir die Stiege direkt unter dem Kirchenportal. Unterhalb der Kirche verläuft nun nach rechts ein relativ ebener Forstweg, der jedoch nach der ersten Kurve talseitig über einen Steig verlassen wird. Wir folgen nun dem Sentiero del Pellegrino (Wallfahrtsweg, Nr. 613) hinunter zurück zum Parkplatz in **Camporosso (4)**, 819 m.

Vom Parkplatz führt eine Fußgängerunterführung auf die andere Seite der SS 13. Der **nordseitige Parkplatz** wird mit Blickrichtung zur Kirche gequert. Der Alpe-Adria-Radweg führt nun von der Ortsmitte Richtung Tarvis. Alternativ kann man das Schlussstück auch auf dem parallel verlaufenden Abschnitt des Julius-Kugy-Talrundwegs (Anello di Fondovalle) meistern, dessen Markierung nach 1 km ab Ortsmitte links wegweist. Der Sentiero wird vor dem Gehege des Wildparks Parco Cervi verlassen, also an jener Stelle, an der die Folgeetappe fortgesetzt wird. Rechts führt ein Dorfweg zu den ersten Häusern und weiter ins Zentrum von **Tarvisio (5)**, 732 m.

R5 Tarvisio – Rifugio Zacchi

7.15 Std.

↑1180 ↓530

Zu den Juwelen der Julier

Die Weißenfelser Seen im Naturpark Laghi di Fusine zählen zu den schönsten Flecken des Kanaltales. Die unterirdisch miteinander verbundenen Seebecken liegen direkt unter der Nordwand des 2677 m hohen Mangart und geben daher ein ordentliches Fotomotiv ab. Ein anderes Naturjuwel liegt bereits vorher am Weg: die versteckte Slizzaschlucht am Rand von Tarvis. Sie ist der Einstieg in die heutige Abfolge mehrerer Naturschönheiten, die am Rifugio Zacchi mit beeindruckender Aussicht auf die Wände des Mangart-Massivs endet.

Ausgangspunkt: Tarvisio, 732 m.
Anforderungen: Unschwierige, jedoch lange Wanderung mit einem fordernden Finale.
Einkehr: Weißenfelser Seen; Rif. Zacchi.
Unterkunft: **Weißenfelser Seen:** Albergo Edelweiß, Tel. +39 0428 61050, albergo-edelweiss.com. – **Rifugio Zacchi:** Tel. +39 333 3080555, rifugiozacchi.com.
Information: TI Tarvisio, Tel. +39 0428 2135, turismofvg.it.
Karten: f&b WK 141, K WK 64.

Am Unteren Weißenfelser See.

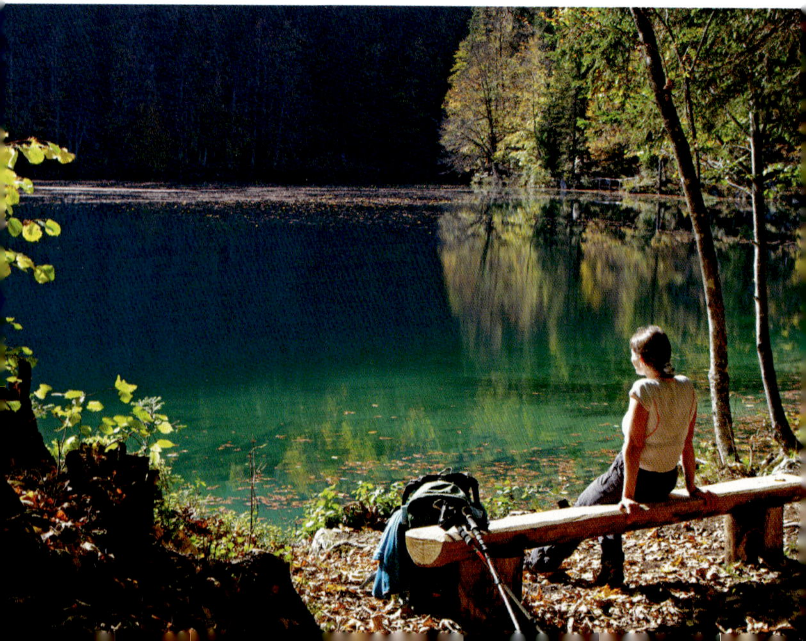

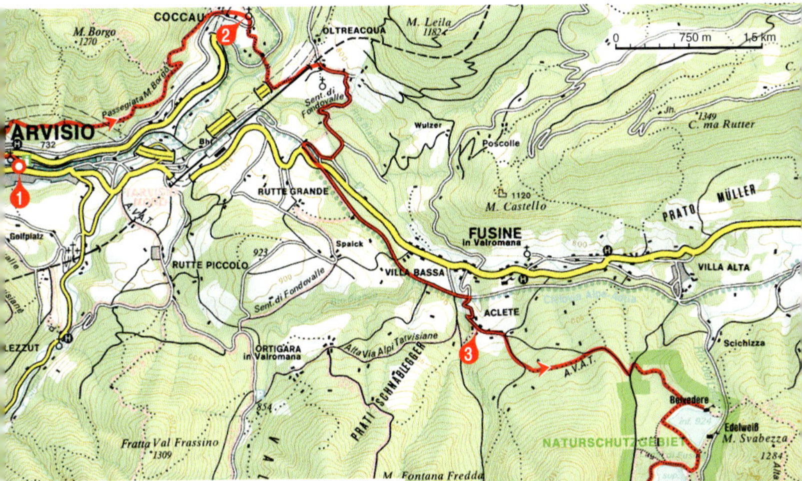

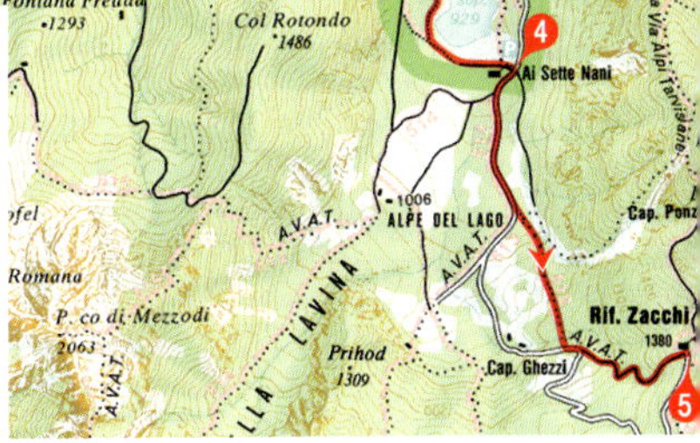

Wir verlassen das Zentrum von **Tarvisio (1)**, 732 m, über die Via Romana und – weiter leicht bergauf – die Via Delle Pinete in Richtung Parco Cervi. Vor dem Gehege des Tierparks treffen wir auf den Julius-Kugy-Rundweg, dem wir über die kleine Brücke folgen. Der AAT verläuft nun weggleich mit dem Kugy-Weg und führt in einem weiten Bogen in die Ortschaft **Coccau di Sopra (2)**, 780 m. Weiter in südöstlicher Richtung wird der Alpe-Adria-Radweg gequert und neben einer Steinmauer in Serpentinen in die **Slizzaschlucht** abgestiegen. Über eine Hängebrücke und weiter die Böschung hinauf führt der Weg zur Bahntrasse und an dieser

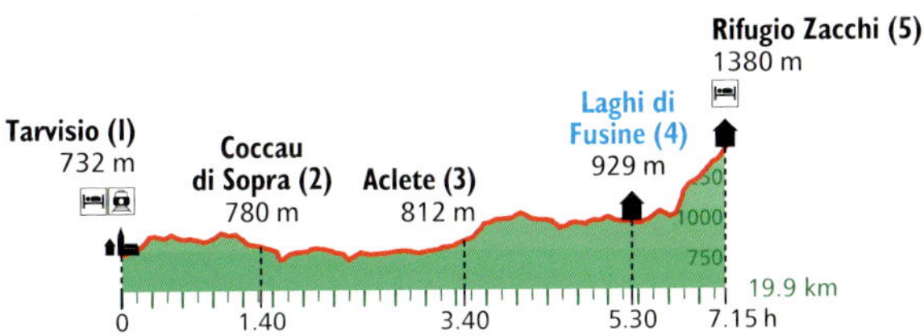

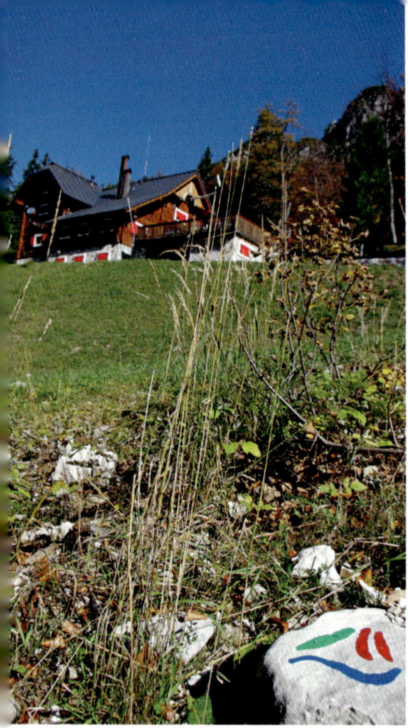

Rifugio Zacchi.

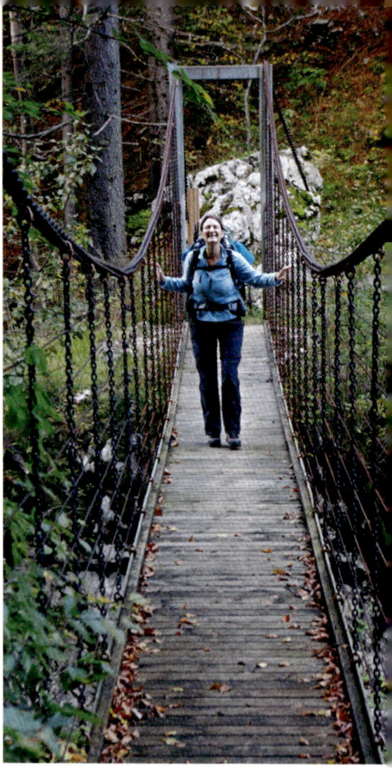

Klamm über die Klamm.

entlang weiter in die Siedlung **San Antonio**. Einige Zeit folgen wir nun der Asphaltstraße. Kurz vor einem Gehöft biegen wir rechts ab und folgen den weiterhin asphaltierten Serpentinen. Kurz vor Erreichen der SS 54 verlassen wir die Straße nach rechts und erreichen wenig später die ehemalige Bahntrasse der Kronprinz-Rudolf-Bahn, die nun als Teil des Alpe-Adria-Radweges durch die Wälder von Tarvis führt.

Bald nach der Überquerung der ehemaligen **Eisenbahnbrücke** kreuzt der Radweg die Zufahrtsstraße nach **Aclete (3)**, der wir bis in den Ort, 812 m, folgen. Ein breiter Forstweg führt von hier aus direkt zum Unteren Weißenfelser See. Beide Seen sind grundsätzlich über Rundwanderwege erschlossen – wir wählen für unseren Aufstieg die in Gehrichtung rechte, also westliche Seite und kommen so zum Parkplatz am **Oberen Weißenfelser See (4)**, 929 m. Hier folgen wir dem knackigen, jedoch gut markierten Weg 512 zum Etappenziel, dem **Rifugio Zacchi (5)**, 1380 m.

6.00 Std.

↑500 ↓1070

Rifugio Zacchi – Kranjska Gora

R 6

Grenzübergang im Hochgebirge

Von allen Punkten, an denen der Alpe-Adria-Trail eine zwischenstaatliche Grenze berührt, beheimatet diese Etappe den höchstgelegenen. Ein unschwieriger Aufstieg auf breiten Wegen führt zu jener schmalen Felsnische auf 1844 m Höhe, durch die wir auf das slowenische Planica-Tal hinunterblicken. Unsere vorletzte Etappe bringt uns auf italienischer Seite unter dem Großen Ponze zurück zu den Laghi di Fusine und weiter in das Tal der Save im Nordwesten Sloweniens.

Ausgangspunkt: Rif. Zacchi, 1380 m.
Anforderungen: Felsige, steilere Passagen rund um den Bergpass. Bei Schlechtwetter ist es ratsam, direkt zu den Seen zurückzukehren und die Tour bei Wegpunkt 4 fortzusetzen.
Einkehr: Weißenfelser Seen, Podkoren, Kranjska Gora.
Unterkunft: **Unterer Weißenfelser See:** Albergo Edelweiß, Tel. +39 0428 61050, albergo-edelweiss.com. – **Kranjska Gora:** z. B. Penzion Livada, Tel. +386 458 81222, penzion-livada.si; Gostilna pri Martinu, Tel. +386 458 20300, julijana.info; Hotel Miklic, Tel. +386 458 81635, hotelmiklic.com.
Einkauf: In Kranjska Gora.
Information: TI Kranjska Gora, Tel. +386 458 09440, kranjska-gora.si.
Karten: f&b WK 141, K WK 64.

Im Grenzgebiet Slowenien – Italien.

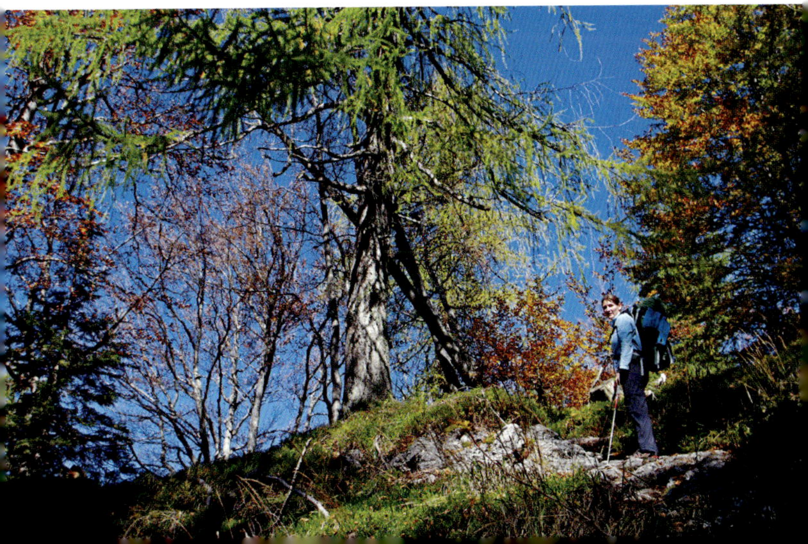

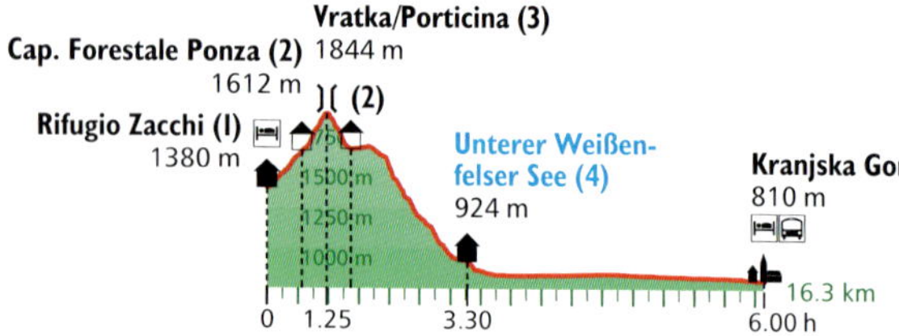

Vom **Rifugio Zacchi (1)**, 1380 m, folgen wir dem weiterhin gut ausgebauten Almweg hinauf zu einem schönen Aussichtspunkt auf 1550 m Seehöhe mit Blick hinunter auf den Oberen Weißenfelser See und weiter bis zum Kamm der Hohen Tauern. So ist rechts neben der Kuppe des Oisternig bei klarer Sicht der Großglockner zu erkennen, etwas weiter rechts die ebenfalls vergletscherte Hochalmspitze. Weiter dem Weg folgend kommen wir zur **Capanna Ponza (2)**, einer Selbstversorgerhütte mit meist unversperrtem Schutzraum im Dachgeschoss (nur Notschlafgelegenheit, keine Koch- und Heizmöglichkeit).

Weiter bergauf kommen wir zu einer Wegteilung. Wir folgen dem Aufstieg rechts zum Bergpass **Vratka/Porticina (3)**. Es erwartet uns ein spektakulärer Ausblick hinunter ins Planica-Tal (bekannt durch seine Skisprunganlagen) und weiter bis zum markanten Mittagskogel, in dessen Westflanke eine Etappe später die slowenisch-österreichische Grenze überschritten wird.

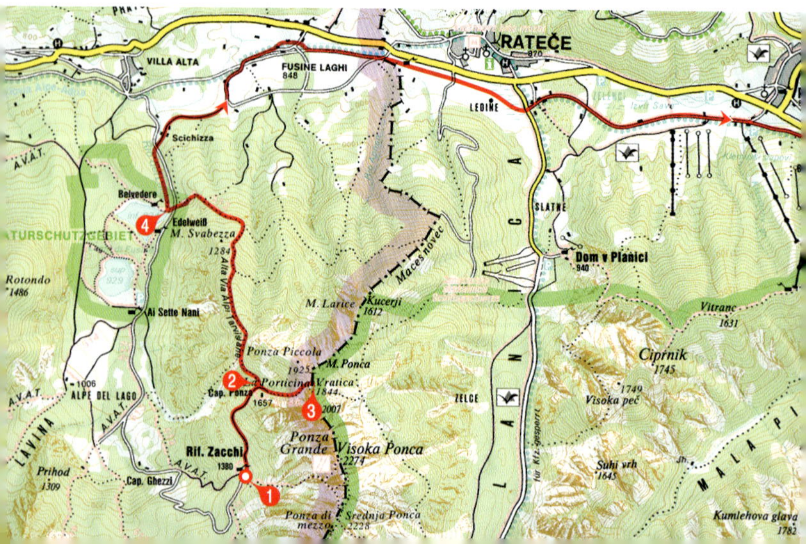

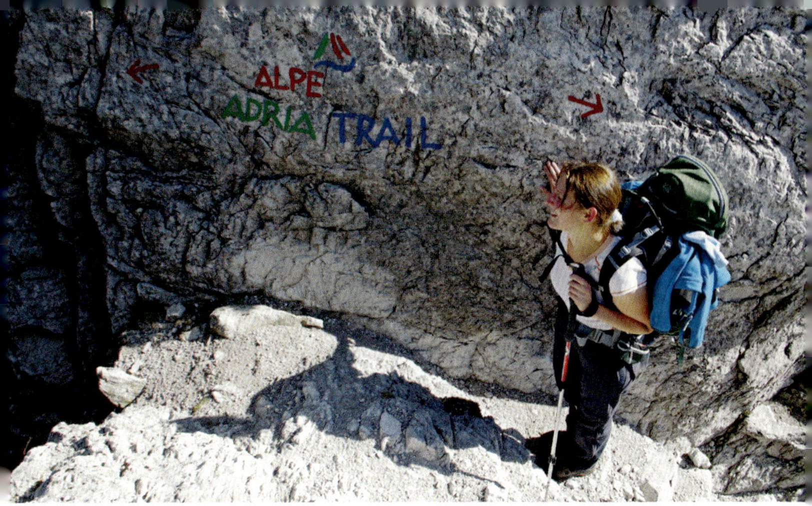

Der höchste Punkt am Rundweg.

Wer auf der Feistritzer Alm von einem Besuch des Oisternig abgesehen hat, befindet sich hier am höchsten Punkt der gesamten Rundtour.
Wir gehen am Aufstiegsweg zurück bis zur Wegteilung. Hier folgen wir dem markierten Weg 512 rechts hinunter bis zum Lago di Fusine inferiore, dem **Unteren Weißenfelser See (4)**, 924 m. Wir erreichen die Zufahrtsstraße zu den Seen ungefähr auf der Höhe der Osteria Belvedere, die sich bereits auf der gestrigen Etappe als Einkehrmöglichkeit angeboten hat.

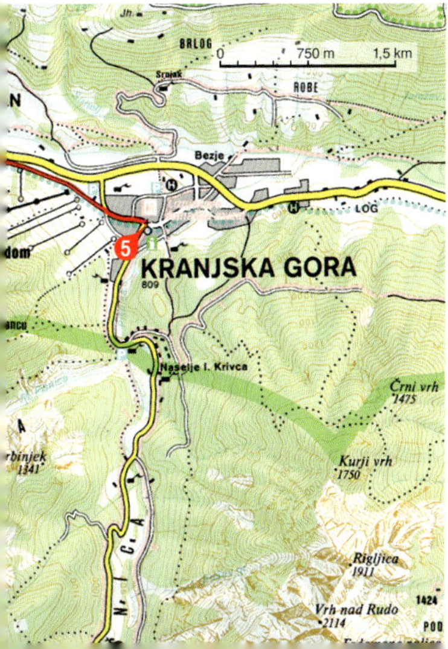

Der weitere Verlauf folgt leicht bergab einem komfortablen Spazierweg parallel zur Zufahrtsstraße, jedoch auf der anderen Seite des See-Abflusses **Rio del Lago**. Auf Höhe der Siedlung Scichizza wird die Zufahrtsstraße gequert. Im Talboden trifft unser Weg auf den bereits bekannten Alpe-Adria-Radweg, dem wir nun rund 2 Std. bzw. 8 km bis in die Ortsmitte von **Kranjska Gora (5)**, 810 m, folgen.

R7 Kranjska Gora – Baumgartnerhof

8.45 Std.

↑1300 ↓1190

Durch die Wälder der Karawankensüdseite

Die letzte Etappe der Drei-Länder-Rundtour entspricht der Etappe 20 des Alpe-Adria-Trails, verläuft aber in umgekehrter Gehrichtung. Lediglich die Gehzeit ist durch das geänderte Höhenprofil – in dieser Richtung sind etwas mehr Höhenmeter im Aufstieg zu absolvieren – ungefähr eine Viertelstunde länger.

Mit der Überquerung der Karawanken und der Rückkehr zum Startpunkt in Österreich endet die abwechslungsreiche Drei-Länder-Tour beim Baumgartnerhof hoch über dem Faaker See. Knapp 150 Kilometer, die man idealerweise auf der Terrasse des aussichtsreichen Gasthofes ausklingen lässt, liegen dann hinter uns.

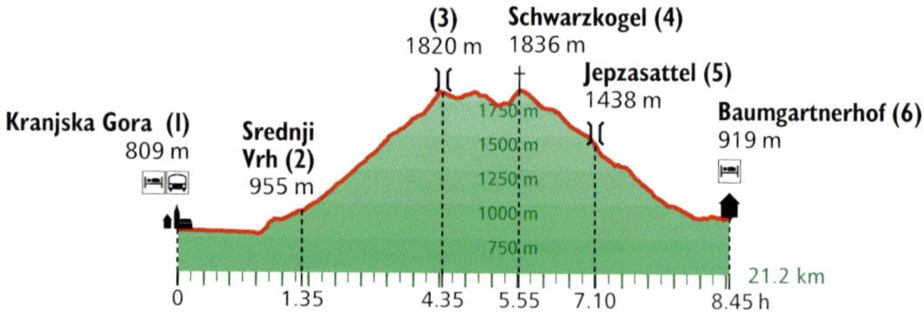

Bild rechts oben: Blick zum Mittagskogel.

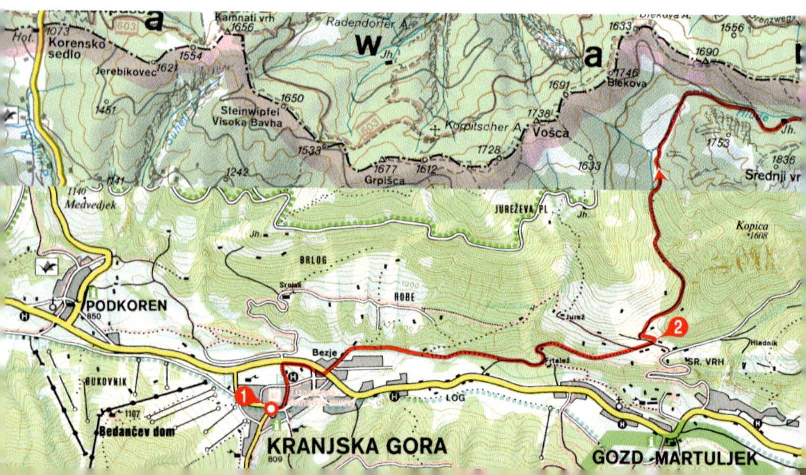

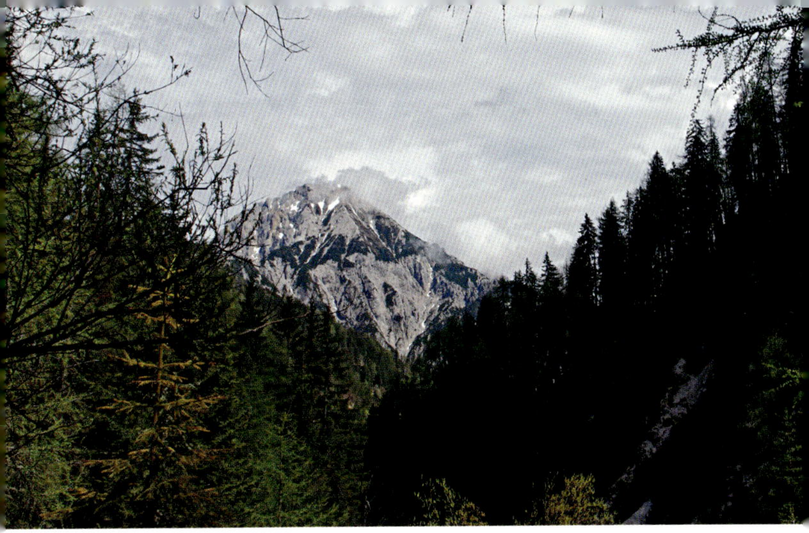

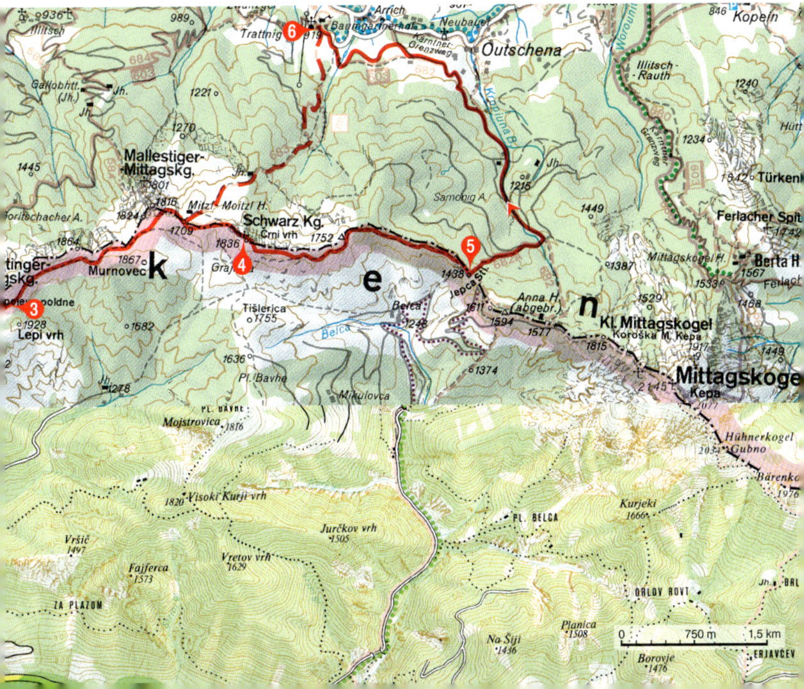

Trattnig
Baumgartnerhof
Arrich
Neubauer
Kärntner Grenzweg
Outschena
Kopein
Illitsch
Gallobhtt. (Jh.)
Illitsch-Rauth
Türkenk
Mallestiger-Mittagskg.
Mitzl-Moitzl H.
Schwarz Kg.
Črni vrh
Samonig A.
Ferlacher Spitz
Berta H.
Murnovec
Lepi vrh
Grajska
Tišlerica
Belca
Jepca Sit.
Anna H. (abgebr.)
Kl. Mittagskogel
Koroška M. Kepa
Mittagskogel
Kepa
Pl. Bavhe
Mikulovca
Mojstrovica
Visoki Kurji vrh
Jurčkov vrh
Vršič
Fajferca
Vretov vrh
ZA PLAZOM
PL. BELCA
Kurjeki
Hühnerkogel
Gubno
ORLOV ROVT
Planica
Na Šiji
Borovje
ERJAVCEV
0
750 m
1,5 km

Wanderlexikon Deutsch – Slowenisch – Italienisch

Ortsbezeichnungen

Bach	potok	torrente
Berg	gora	monte
Brücke	most	ponte
Burg, Schloss	grad	rocca, castello
Fels	skala	roccia
Fluss	reka	fiume
Gasthaus	gostilna, gostišče	locanda, albergo
Gipfel	vrh	cima
Haus	hiša, dom	casa
Höhe	višina	altitudine
Hütte	koča	rifugio
Kirche	cerkev	chiesa
Markierung	markacija	marcatura
Museum	muzej	museo
nach links / rechts	na levo / desno	a sinistra / destra
Quelle	izvir	sorgente
Richtung	smer	direzione
See	jezero	lago
Stadt	mesto	città
Straße	ulica, cesta	strada
Tal	dolina	valle
Wanderweg	pot	sentiero

Konversation

alt	staro	vecchio
auf Wiedersehen	na svidenje	arrivederci
bitte / danke	prosim / hvala	per favore / grazie
entschuldigen Sie!	oprostite!	scusi!
groß	veliko	grande
guten Abend	dober večer	buona sera
guten Morgen	dobro jutro	buon giorno
guten Tag	dober dan	buon giorno
Hilfe!	na pomoč!	aiuto!
ja / nein	da / ne	si / no
klein	malo	piccolo
neu	velo	nuovo

Zahlen

eins	ena	uno
zwei	dva	due
drei	tri	tre
vier	štiri	quattro
fünf	pet	cinque
sechs	šest	sei
sieben	sedem	sette

acht	osem	otto
neun	devet	nove
zehn	deset	dieci
zwanzig	dvajset	venti
hundert	sto	cento
tausend	tisoč	mille
null	nič	zero

Diverses

Arzt	zdravnik, doktor	medico
Bahnhof	železniška postája	stazione
Bushaltestelle	avtobusno postajalíšče	fermata d'autobus
Einzelzimmer	ênopósteljna soba	camera singola
für eine Nacht	za eno noč	per una notte
Halbpension	polpenzion	mezza pensione
Hotel	hotel	albergo
Krankenwagen	reševalni avtomobil	ambulanza
Pension	penzion	pensione
Polizei	polocija	polizia
reservieren	rezervirati	riservare
Stunde	ura	ora
Telefon	telefon	telefono
Wieviel kostet das?	Koliko to stane?	Quanto costa?
Zimmer frei	prosta soba	camere libere
Zweibettzimmer	dvoposteljna sôba	camera doppia

Essen & Trinken

Apfelsaft	jabolčni sok	succo di mela
Bier	pivo	birra
Brot	kruh	pane
Butter	maslo	burro
Fisch	riba	pesce
Frühstück	zajtrk	colazione
Gemüse	zelenjava	verdura
Kaffee mit Milch	kava z mlekom	caffè latte
Kartoffeln	krompir	patate
Käse	sir	formaggio
Obst	sadje	frutta
Rindfleisch	goveje meso	manzo
Salat	solata	insalata
Schweinefleisch	svinjina	maiale
Spaghetti	špageti	pasta
Tee	čaj	tè
Tomaten	paradižnik	pomodori
Wasser	voda	aqua
Weiß- / Rotwein	rdeče / belo vino	vino bianco / rosso
Wurst	klobasa	salume
Zwiebel	čebula	cipolla

Stichwortverzeichnis

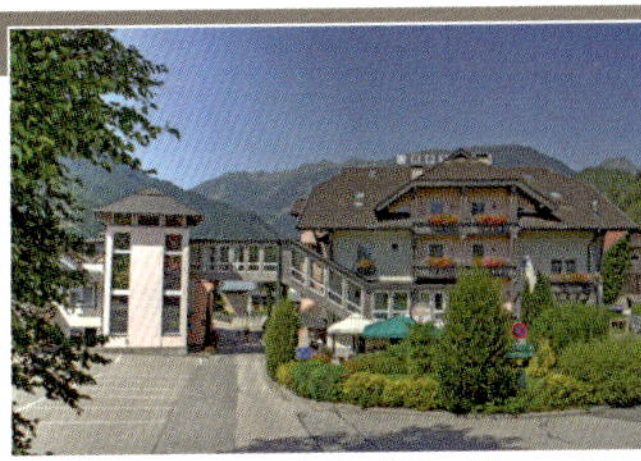

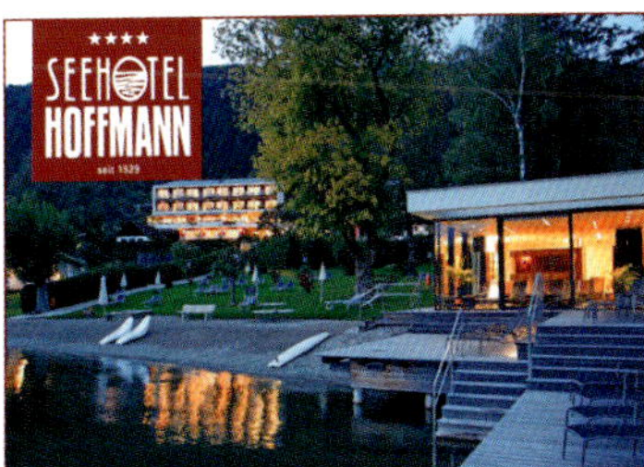
★★★★
SEEHOTEL
HOFFMANN

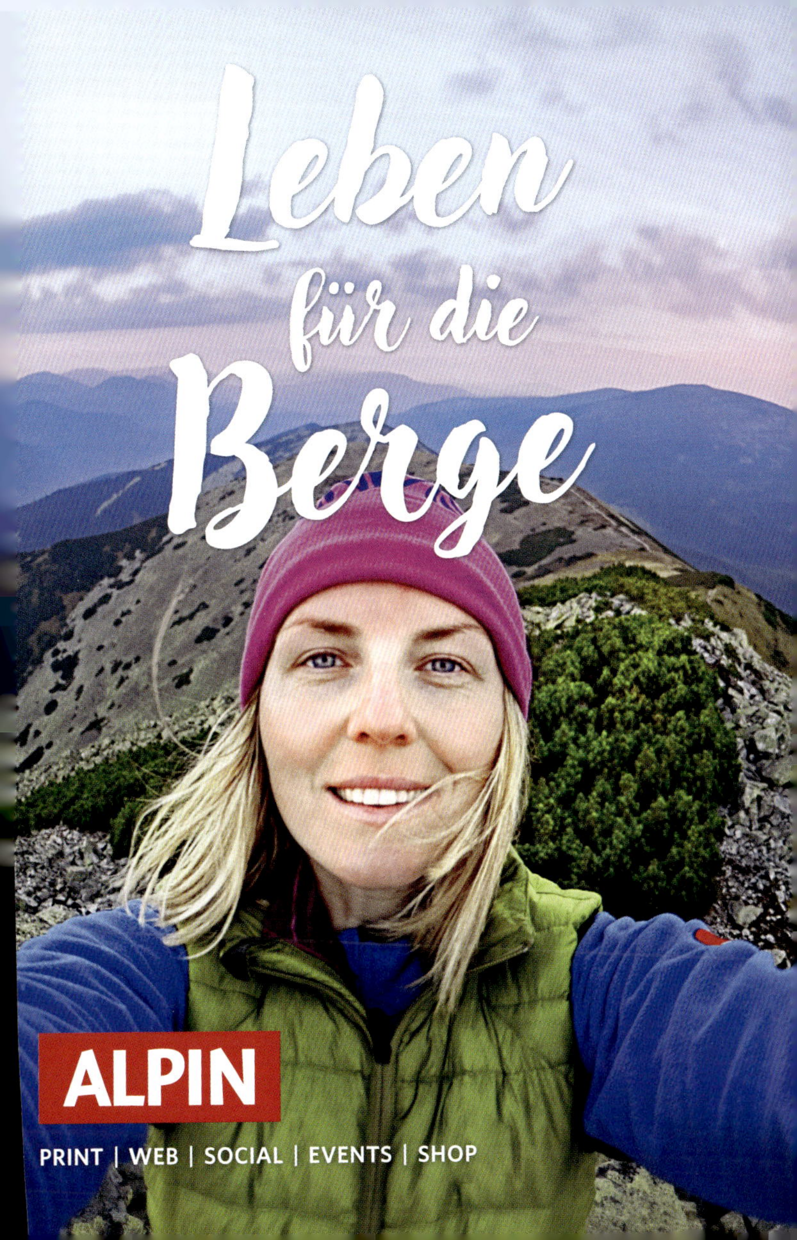
Leben
für die
Berge
ALPIN
PRINT | WEB | SOCIAL | EVENTS | SHOP

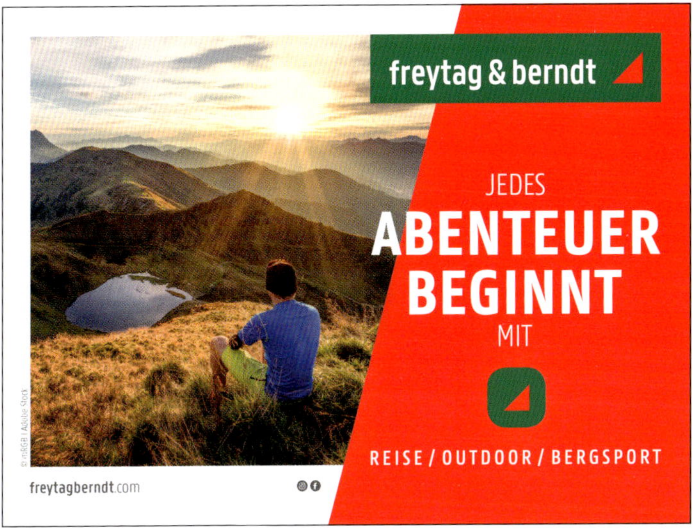
freytag & berndt
JEDES
ABENTEUER
BEGINNT
MIT
REISE / OUTDOOR / BERGSPORT
freytagberndt.com

Umschlagbild: Schloss Duino (Etappe 31/32).

Bild im Innentitel: Rast auf der Falkertspitze (Etappe 14).

Alle Fotos stammen von den Autoren.

Kartografie:
10 Wanderkärtchen im Maßstab 1:75.000
(gezeichnet von Stefan Krabichler, Schernfeld)
© Bergverlag Rother GmbH, München,
31 Wanderkärtchen im Maßstab 1:75.000 sowie
2 Übersichtskarten im Maßstab 1:1.100.000 und 1:2.000.000
© Freytag & Berndt, Wien

Die Ausarbeitung aller in diesem Führer beschriebenen Wanderungen erfolgte nach bestem Wissen und Gewissen der Autoren.
Die Benützung dieses Führers geschieht auf eigenes Risiko.
Soweit gesetzlich zulässig, wird eine Haftung für etwaige Unfälle und Schäden jeder Art aus keinem Rechtsgrund übernommen.

5., aktualisierte Auflage 2023

ISBN 978-3-7633-4679-0

MIX
Papier aus verantwortungsvollen Quellen
FSC
www.fsc.org
FSC® C021956

Wir freuen uns über jeden Korrekturhinweis zu diesem Wanderführer!
Bitte per E-Mail an: leserzuschrift@rother.de

ROTHER BERGVERLAG · München
D-82041 Oberhaching · Keltenring 17 · Tel. +49 89 608669-0 · rother.de